こころのケアに生かす

セミナー
子どもの
精神分析
心理療法

【編著】木部則雄｜平井正三
【 著 】鵜飼奈津子｜黒崎充
脇谷順子｜松本拓真

まえがき

木部　則雄

　本書は日本精神分析学会の教育研修セミナー「子どもの精神分析的心理療法」として開催された第1回から第4回までの講演を同学会誌「精神分析研究」に特集として発表したものを基本としている。この特集の原稿に，初心者や精神分析的心理療法に馴染みが乏しい読者のために，それぞれのセミナーに「はじめに」を加筆し，各論文の理解の助けとなるように構成したものである。また，各セミナーの最後には，何冊かの参考図書も掲載した。

　本セミナーはメラニー・クラインとクラインから影響を受けた英国の子ども・青年期の精神分析の知見を中心に述べてある。

　子ども・青年期の精神分析は，歴史的には，フロイトのハンスの症例から始まり，クラインのプレイ・テクニックを経て，現代に至っている。クラインのプレイ・テクニックは1920年代に完成されて以来，理論，技法の変遷を経てきた。クラインがプレイ・テクニックを創案したことは，フロイトが自由連想を創案したことに匹敵するほどの偉業であった。クラインが垣間見て，その詳細を論じた子どものこころの世界は，現代の子どもたちにも変わりない普遍的な心的世界であり，クラインの偉業は決して机上の空論ではないことを，本書の執筆者たちは実感している。

　このクラインの子どもの精神分析の理論と実践は，英国を中心に発展し，その後，子どものみならず，成人の精神分析でも重要な位置を占め，クライン派として継承されている。また，クラインの理論に大きな影響を受けながらもクラインから個人的に距離を置いた分析家たち，ウィニコットやポーラ・ハイマンなどは独立派として知られている。双方は，総じて対象関係論学派とも言われている。

　クラインがプレイ・テクニックを創案した時代は，第二次世界大戦以前であり，子どもは厳しく躾けられて，現代の視点からすれば，まさしく虐待そのものであった。子どもの養育環境という視点はほとんどなく，子どもは貧

しい家庭であれば働き手，豊かな貴族などであれば婚姻の道具に過ぎなかった．クラインはこの当時の養育環境をそれほど重視せずに，子どものこころの探求に向かった．これはフロイトが性的外傷などの外的現実を重視せずに，内的世界への関心に向かったとことと同じことであったのであろう．クラインの重要な概念である「早期超自我」はこうした時代背景の賜物であったかもしれないが，クラインはこれと「死の本能」を結び付けて理論を展開した．クラインは環境を無視した訳ではなく，早期母子関係における母親の重要な役割に関して「大論争」で論じている．これはビックの「乳幼児観察」という実践，ビオンの「コンテイメント」の理論として結実した．

その一方，アンナ・フロイトは当初から幼児に精神分析は適応できないことを論じ，クラインと対立関係にあった．また，ボウルビィ，ウィニコットは第二次世界大戦後の戦争孤児の問題に直面し，環境重視に方向に舵を切った．ボウルビィの業績に関して本書では記載されていないが，「愛情剥奪」，「愛着」といった概念は，児童精神科，研究領域で現在に至るまで，大きな影響力を与えている．ここにはクラインの影響は否定できないものである．ウィニコットはクラインの妄想分裂ポジションに関しての疑義から，早期の乳児の世界に異なる見解を提唱した．これは「錯覚・脱錯覚」，抱っこなどの概念である．また，児童精神科医として，多くの子どもの相談者に対応する為に，「スクイッグル技法」を開発し，その成果を『子どもの治療相談』としてまとめている．

こうした生得的な素因と環境という対立項は相互に関係しあって症状が形成されていることは，現在では自明であるが，こうした歴史的討論によって，子どもの精神分析の概念が洗練されていった．

さて，本書はこうしたクライン派，対象関係論学派の理論と実践に基づき，この現代の子ども・青年期の精神分析的心理療法の意義に関して論じたものである．現代の子どもたちはクラインの時代の躾という虐待的な環境で我慢する子どもたちでも，ボウルビィやウィニコットが活動した，戦後の食糧難で大人でも生きて行くことが困難な時代の子どもたちでもない．現代は望ましいことに，子どもたちが初めて個人として尊重され，その権利も認められる時代である．これは歴史上，画期的なことである．戦前，戦後という生命に関わるような悲惨な時代ではなく，封建制の制度は殆どなくなり，家業を継ぐということはなくなった．ある意味，自由に職業を選択し，自由に自ら

の能力を発揮できる時代になった。しかし，極めて能力の高い子どもにとって好都合な環境は，普通，あるいはやや能力の劣る子どもにとっては生き難い環境である。自由を謳歌するには，能力が必要であり，現代は正しく「弱肉強食」の世界になっている。子どもたちの目標，つまり立派な大人のモデルは木端微塵となり，自由の中で右往左往した結果，多くの子どもや若者は不登校やひきこもりに陥っている。ひきこもりは精神疾患というより，社会現象という枠組みで捉えるべきものであるかもしれない。ここに大きな寄与を為しているのは，ヴァーチャルな空間や，SNSによるコミュニケーションの世界である。現実に絶望した人たちは，このネット環境にひきこもることで，現実と関わることなく過ごすことができる。

　また，子どもたちにとっての家庭環境も大きな変化に見舞われている。都市部では核家族が当然であり，離婚が増えて母子家庭も珍しくない現状がある。子育て支援政策などが行われているが，現状に追いついてはいない。こうした養育環境の不全の結果，虐待の問題が社会化し，児童養護施設に入所する子どもたちが増えている。

　さらに，発達障害が昨今，注目されているが，これも社会環境が関係している。例えば，数十年前にはADHDは問題にならなかった。学校や教師には権威があり，力による強制によって，多動などの症状は認められなかった。この権威は低下し力は否定されて，子どもは自由に動き回ることもできるようになってしまった。これは子どもにとって良質な環境といえる半面，時に学級崩壊へと至ってしまう。ASDの子どもたちは，枠組みがあった時代は適応することができたが，枠組みがなくなった現代では生きるのが難しい。ASDの顕在化は，変化がなく淡々と寡黙に同じ仕事を続けるという製造業や農業が減り，営業職というコミュニケーション能力が問われる時代であることも大きな要因である。

　このように現代人のマインドは，フロイトやクラインが精神分析を創案した時代とは大きく異なっているが，人のこころは普遍的であり，精神分析の真髄は変わりないものである。こうした観点から，是非とも精神分析を学んでほしい。

　本書を読むに当たって，各セミナーの最初に記載されている「はじめに」を読んでほしい。ここでは，本書のセミナーの内容に関しては最小限の紹介に留める。まず，セミナーⅠは精神分析を「学ぶことの意義」とした。古典

的なクラインの理論から始まり，ビオン，ウィニコットの精神分析を紹介し，現代の子どもの精神分析的心理療法の意義を論じた。精神分析を学ぶことは，並々ならぬ労力と時間，費用を必要としている。しかし，こうした困難さを超えても，精神分析を学ぶことの意義を分かってほしいと思う。セミナーⅡは「アセスメント」である。これは最も精神分析が有用であることを分かって頂けるセミナーであると思う。子どもの心理療法に関わっている専門家には，まったく子どもや母親の病理に無頓着で，その内容に関して理解できていない人が多い。精神分析的アセスメントは，詳細にその心的世界や母子関係などを明確にして，その後の治療の方針の羅針盤を提供する。これだけでも，精神分析を学ぶことの意義はあり，是非ともその醍醐味を味わってほしい。セミナーⅢは「自閉スペクトラム症」である。自閉症の精神分析はクラインの症例ディックから始まり，メルツァー，タスティンといったクライン派の分析家によって，その実践が行われていた。ローナ・ウィングの貢献により，自閉症の診断は大幅に拡張された。その結果，現代では従来のカナー型だけではなく，アスペルガー障害など，カナー型に比せば軽症の自閉症も臨床現場を訪れている。クライン派の知見は，こうしたASDの子どもや人々に多くの貢献を提供していることを知ってほしい。セミナーⅣは，「虐待をめぐるトラウマとその影響」である。ここでは，被虐待児の心的世界や世代間伝達などの複雑な心的世界を紹介している。欧米でも1980年代から虐待が注目され，その影響が社会問題化していた。トラウマという外的現実に注目することは，内的現実を重視するクライン派にとって困難なテーマであった。しかしながら，クラインを始めとするクライン派の分析家は，こうした子どもたちについてすでに多くの経験があり，トラウマという外的現実を付記するだけで，理論的な変更や実践を変えることなく，現代でも有効な技法であることを示した。

　本書は初心者から経験豊かな子どもの専門家まで，幅広い読者を想定している。また，それ以上に子どもの精神分析的心理療法が多くの子どもたちや専門家に意義あるものであることを紹介したものである。是非とも，難解と思うことなく，想像力を巧みに働かせて，読み込んでほしい。これは次の世を担う子どもたちにとって，大きな支援となると思う。

目　次

まえがき………………………………………………………………………… iii

セミナーⅠ　学ぶことの意義

はじめに………………………………………………… 木部　則雄　　2
子どもの精神分析的心理療法の歴史と心的世界……… 脇谷　順子　　7
ポスト・クライン派の世界
　──クライン以降の子どもの精神分析の展開………… 平井　正三　 22
子どもの精神分析／精神医学
　──現代の子どもの治療相談…………………………… 木部　則雄　 37
討論　臨床心理士養成指定大学院において，子どもの
　　　精神分析的心理療法を学ぶことの意義………… 鵜飼奈津子　 53
討論　経験から学ぶこと──考え続けることの難しさ　吉沢　伸一　 64
討論への応答１………………………………………… 脇谷　順子　 75
討論への応答２………………………………………… 平井　正三　 78
討論への応答３………………………………………… 木部　則雄　 81

　■文献案内………………………………………………………………… 84

セミナーⅡ　アセスメント

はじめに………………………………………………… 平井　正三　 86
子どもの精神分析的心理療法のアセスメント………… 鵜飼奈津子　 89
子どものサイコセラピーのアセスメント
　──病院臨床の立場から………………………………… 黒崎　充勇　104
思春期のためのアセスメント
　──心的脱皮と思春期グループの体験をめぐって…… 飛谷　　渉　118
討論　子どもの精神分析的心理療法における
　　　アセスメントの基盤をなすもの………………… 脇谷　順子　133

| 討論　子どもの心理療法アセスメントにて
セラピストは何をするのか？………………………	松本　拓真	140
討論への応答1 ……………………………………………	鵜飼奈津子	147
討論への応答2 ……………………………………………	黒崎　充勇	150
討論への応答3 ……………………………………………	飛谷　　渉	152
■文献案内 ………………………………………………………		155

セミナーIII　自閉スペクトラム症

はじめに……………………………………………………	木部　則雄	158
自閉スペクトラム症と子どもの
精神分析的心理療法　序論………………………………	脇谷　順子	163
自閉スペクトラム症の精神分析
――感覚過敏と過剰記憶に注目して ……………………	木部　則雄	175
自閉スペクトラムをもつ思春期・青年期の
クライエントとの精神分析的心理療法 …………………	平井　正三	190
討論　自閉スペクトラムと子どもの精神分析的心理療法
………………………………………………	鵜飼奈津子	202
討論　自閉スペクトラムをもつ子どもへの
精神分析的アプローチ …………………………	黒崎　充勇	210
討論　自閉スペクトラムの臨床に精神分析が
なぜ／どう必要なのか …………………………	松本　拓真	216
討論への応答1 ……………………………………………	脇谷　順子	223
討論への応答2 ……………………………………………	木部　則雄	225
討論への応答3 ……………………………………………	平井　正三	228
■文献案内 ………………………………………………………		231

セミナーIV　虐待をめぐるトラウマとその影響

はじめに……………………………………………………	平井　正三	234
被虐待児のこころの世界
――子どもの倒錯・病理的組織化 ………………………	木部　則雄	237

鬼のいない隠れん坊——母親の躁うつ状態を生き延びた
少女が自分自身になる思春期治療過程から…………… 飛谷　　渉　250
トラウマ体験を抱える学童期女児
——世代間伝達された家族病理の視点から…………… 黒崎　充勇　266
討論　「虐待をめぐるトラウマとその影響」について
　　　　——その影響は誰に向けられているのか？…… 吉沢　伸一　277
討論　「虐待をめぐるトラウマとその影響」への応答　　平井　正三　286
討論への応答１ ………………………………………… 木部　則雄　294
討論への応答２ ………………………………………… 飛谷　　渉　297
討論への応答３ ………………………………………… 黒崎　充勇　300

　■ 文献案内 ……………………………………………………………　303

　　あとがき ……………………………………………………………　305
　　索　引 ………………………………………………………………　307

セミナーⅠ
学ぶことの意義

はじめに

木部 則雄

　セミナーⅠ「学ぶことの意義」では，まず脇谷，平井，木部がそれぞれにこのテーマに関して論じた。本書の執筆者はタヴィストックで研修を受けた，さらにその影響下にある専門家によって，トピック的に執筆されている。この為に，初心者には理解しにくい点も多いと思われるので，英国だけでなく子ども・青年期の精神分析に関する全体的な歴史と展開を中心に記述する必要があると思われる。

　まず，脇谷は「子どもの精神分析的心理療法の歴史と心的世界」に関して論じた。児童分析を最初に手掛けたヘルミーネ・フーク‐ヘルムート（1871-1924）は，フロイトの方法論に則り，精神分析の技法は6歳以上の子どもにだけ適応できるとした。その後，メラニー・クライン（1882-1960）はより幼い子どもとの精神分析に取り組んだ。クラインは子どもたちが遊びを通して表現する強烈で生々しい感情に着目し，フロイトが想定していたよりも早期の心の世界を探究していった。前半では，クラインが子どもとの精神分析を通して発見し，洗練させていった代表的な理論のいくつか（無意識的空想，早期エディプス・コンプレックス，部分対象と全体対象，よい対象と悪い対象，妄想分裂ポジションと抑うつポジション，投影同一化など）を概観した。また，子どもの心の世界の理解に関するクラインとアンナ・フロイトの考え方の相違にも言及した。後半では，乳幼児観察の一場面を用いて，クライン理論を通して見えてくる乳幼児の心の世界の一端を紹介している。最後に，論者自身の児童青年精神分析的心理療法の訓練について触れ，訓練を通して自分の中の強烈で生々しくも，生き生きとした乳幼児的心性を経験し，見出したことが，子どもの精神分析的心理療法を学ぶ意義でもあり，そうした経験が子どもとの精神分析的心理療法の基盤となり得ることを述べた。

　脇谷のこの論文に付け加えると，フロイトは神経症の鍵概念としてエディプス・コンプレックスを位置付け，実際の症例としてハンスの幼児性欲の症例を発表した。ここでフロイトは両親の性交の後の同胞の誕生を含めたエディプス・コンプレックスの概念を定式化した。その後，フロイトは狼男の論文で原光景という，実際に幼児が両親の性交を見ることの弊害について指摘し，子どものメンタル・ヘルスに関して論じた。このことは当時としては極めて稀有なことであり，子どものこころの発達の重要性に大きな光を当てた先駆けとなった。フロイトのこの貢献は，殆どこうした視点で語られることはないが，現代の子育て支援，養

育環境などの支援への基盤となっている。

　20世紀に入ると世界は，第一次世界大戦，世界大恐慌，第二次世界大戦などの惨事に見舞われ，こうした時代に最も犠牲になるのは常に弱者であり，多くの子どもたちであった。世界大恐慌後のアメリカでは，ルネ・スピッツは乳児院での乳児の悲惨な現実をフィルムに収めて，乳幼児のメンタル・ヘルスの重要性を可視化した。スピッツは乳幼児の発達のマイルストーンとして，無差別的微笑，人見知り，いやいや期などの概念を定式化した。また，委託性うつ病という，依存対象としての母親を喪失することで死に至る悲惨な乳児について論じた。このことは乳児がミルクという物質的栄養だけでは生き残ることはできず，母親や一定の養育者による愛情という情緒的栄養が必須であることを明確化した。これは児童虐待，特にネグレクトに関して論じた先駆けとなった。この映像は今でも，YouTubeなどで見ることはできるので，是非とも閲覧してほしい。

　次なる子どもの惨事は，第二次世界大戦後の戦争孤児の問題と敗戦国での子どもの悲惨な養育環境における惨状であった。第二次世界大戦後の戦争孤児の問題は，英国ではアンナ・フロイトのハムステッド・ハウスの児童養護施設の設立，ウィニコットやフェアバーンなどの戦争孤児への支援など多くの児童精神科医がこの子どもたちの支援に関わった。また，ボウルビィは敗戦国の子どもたちの悲惨な現状について，WHOの委託を受け世界各国への視察による報告書『乳幼児の精神衛生』(邦訳は岩崎学術出版社 1967)をまとめた。

　ウィニコットとボウルビィは，これ以前の1925年にクラインが英国で行い，『児童の精神分析』(邦訳は誠信書房 1997)としてまとめられた講義を聞いてクラインの理解者になった。脇谷が記述したのはクラインの基本的な技法と諸概念であり，これはクラインが英国への移住前の，ベルリンでの業績を基盤としている。フロイトとアンナ・フロイトの英国亡命後にクラインとの間で「大論争」が勃発したが，クラインはこうした早期の乳幼児の心的世界を論じることで，窮地を乗り切り，英国精神分析協会での地位を確立した。ウィニコット，ボウルビィの二人ともに，この「大論争」でクラインの擁護者としての役割を担った。この二人はクラインとは異なる業績を挙げたが，クラインからの大きな影響を受けた。

　まず，ウィニコットはクラインの緻密な子どものこころの世界の分析に大きな感銘を受け，クラインの抑うつポジション，躁的防衛などの諸概念を重視しながら，臨床研鑽を積んでいった。その後，クラインの古希の記念論文集で移行対象・移行空間の概念を提案することで，クラインと袂を分かつことになった。ウィニコットは小児科医であり，クラインの妄想分裂ポジションという闘う母子関係には同意できず，母子一体化に伴う錯覚・脱錯覚という異なる見地から早期母

子関係を論じた。技法面でもクラインと異なる慎重な解釈などの異なる技法に関して論じている。この背後には，両者の年齢が大枠15歳ほど離れていて，活躍時期が異なり，ウィニコットの時代は古典的精神分析の技法からの過渡期にあったことがある。またウィニコットは児童精神科医であり，戦後の悲惨な環境から反社会的行動に陥ってしまう少年少女への対応に苦慮し，クラインよりも必然的に環境を重視するようになったのであろう。ウィニコットの環境の定義は広く，遺伝的背景なども環境に含まれている。その後，ウィニコットは児童精神科医としてパディントン児童病院で40年以上小児科医として勤務し，ここで数多くの子どもと出会うことになり，スクイッグル技法を確立した。

　木部は「精神分析的心理療法と児童精神医学との関連」について論じた。現代の児童精神科の臨床現場での精神分析的治療相談について論じた。ウィニコットは『子どもの治療相談』において，1，2回の治療相談のみで子どもたちの問題に対して大きな寄与が為されることを記述した。ウィニコットは児童精神医として数多くの子どもと家族を診療しなければならず，たとえ精神分析療法が適応であっても，リソースや家族の事情でこれを行うことは困難であることに苦慮していた。ここでは，発達障害のある子どもとの児童精神科の治療相談と継続的な精神科診療の臨床実践を報告した。この治療相談はスクイッグル技法でなく，子どもの自由な描画を継続的に精神分析的に理解することによって為された。その一方，ここでの治療態度は子どもの理解が中心となり，ウィニコットが治療相談で強調したものと変わりないものである。現代の児童精神医学を取りまく環境はウィニコットの時代と大きく異なり，家族の変化，エディプス葛藤がテーマとならない発達障害や虐待を受けた子ども，この十年ほどの薬物療法の進歩などが挙げられる。こうした変化を充分に勘案することで，発達障害を基盤にする子どもであっても，精神分析的治療相談は有益な治療的介入となり，現代の不安定な家庭環境の子どもたちとの児童精神科の臨床で一層重要なものとなると結論した。

　更に，本書では殆ど記載されていないが，ボウルビは英国の子ども・青年期の児童精神分析にとって重要な功績を残した。ボウルビは当初，クラインの理解者であったが，戦後の不遇な子どもたちの支援に関わるために，タヴィストックに子どもの精神分析的心理療法の医師以外の心理職の専門家のコースを設立した。ここにエスター・ビックの協力のもとに乳幼児観察セミナーを導入し，その普及に尽力し，乳児の心的世界への関心も深めた。ボウルビは戦後間もなく，WHOの嘱託を受けて，世界各地の子どもたちのメンタルヘルスに関わる視察を行った。ここで愛情剥奪という，養育不全による子どもたちの不遇な環境に関して論じた。これに対してはこの概念が曖昧であるというマイケル・ラターなどの

批判があり，敗戦国の悲惨な現実で子どもの養育までに手が及ばないことなどからも批判を受けることになった。ボウルビィは，その後，乳幼児の母親に対する愛着を論じ，これはエインズワースの協力のもとに「ストレンジャー・シチュエーション」として，愛着研究の根幹となった。ボウルビィは愛着スタイルをB型（安定型），A型（回避型），C型（アンビバレンツ型）に分類した。これは一応，健康な母子に関して行われた実験であり，障害のある母子関係の分類ではないことに注意する必要がある。この愛着スタイルをクラインの発達論に当て嵌めると，B型は抑うつポジションに展開した母親対象であり，C型は妄想分裂ポジションにおける母親対象のスプリットである。A型に関しては，些か評価が困難であるが，ここにはASD圏内の母親にまったく関心を示さないタイプと抑うつポジションに至っているが表現が曖昧なケースがいるように想像している。つまり，ボウルビィの愛着スタイルは，クラインの発達論から大きな影響を受け，その実験室での展開であるともみなせるであろう。ボウルビィ自身は障害などによる愛着スタイルの概念を提唱した訳ではないが，ボウルビィの死後にD型（無秩序型）の概念が米国を中心に提案された。D型は健康な母子関係から，明らかに障害のある主に発達障害，被虐待児などに適応されることで，そのスタイルの範囲を広げた。愛着の研究は発達心理学の中心となり，その研究は現在も展開している。また，愛着研究は愛着修正療法やメンタライゼーションなどの現代の治療理論の中心となっている。

　さて，平井は「ポスト・クライン派の世界――クライン以降の子どもの精神分析の展開」において，クライン以降のクライン派の子どもの精神分析の展開を概観している。まず，ビオンによる仕事を通じて技法上の変革が進んでいったことが指摘された。ビオンはクラインが創案した乳児を基本としたモデルから，「思考（考えること）の理論」等で，乳児・母親の相互関係にその力点を置いた。乳児は適切に欲求不満を母親に投影同一化を通して伝え，母親はそれを認知し，夢想の機能によってこれを緩和して乳児に対応して，乳児はこれを摂取同一化するというものである。このモデルは子ども，治療者間の相互性や互恵性となることを論じている。子どもの精神分析的心理療法は，逆転移への注目，コンテインメント概念の導入，そして考えることへの着目という観点が大変重要になってきている。さらに，もう一つの大きな展開は被虐待児，そして自閉症の子どもとの精神分析的心理療法の取り組みである。ビオンの仕事に依拠しながらも，ビック，メルツァー，タスティン，アルヴァレズなどは，こうした子ども取り組む中で子どもの精神分析の新たな理論や技法を生み出していった。こうした動きの中で，治療関係の相互性や互恵性が強調されてきている。また，ハリスは精神分析的観

察を中核とするタヴィストック・モデルを構築し，精神分析を広く心理臨床に応用可能にしていった。このようにクライン以降の子どもの精神分析は，実践と理論の両面でクラインの時代とは似ても似つかないようなものになっており，英国の他学派との相違はほとんどなくなっているのが現状であり，クライン派はそのアイデンティティや独創性の起源は何か自問する必要があるかもしれないと結論付けた。

この「思考の理論」モデルからすれば，ASDなどの発達障害では，乳児には前概念がなく，また欲求不満に耐える能力が欠如しているため，最終的に乳房という概念が形成されない。また，乳児期のネグレクトなどの虐待は，乳児に前概念があり投影同一化が為されても，母親には夢想の能力がなく，時には現実的な授乳（現実的投影同一化）も行われず，最終的に乳房という概念は形成されない。このモデルからすれば，発達障害も虐待も同じように乳房という概念を形成できないということになり，双方が臨床的に同じような臨床像を呈することを示唆している。さらに言えば，双方ともに基本的なコミュニケーションの困難さ故に，その治療は困難をきたすことは当然のことである。このアイディアはその後の虐待や発達障害の子どもたちの精神分析の大きな指針となっている。

平井はポスト・クライン派のメルツァー等の業績を論じているが，これはセミナーⅢ「自閉スペクトラム症」，セミナーⅣ「虐待をめぐるトラウマとその影響」で詳細に論じられる。

英国を中心にして発展したクライン派，対象関係論学派によるこうした貢献は，現代の子どもたちにとっても極めて重要な知見が満載されている。現代では社会適応が重視され，マニュアル化された表面的な治療が発展しているが，こうした治療の根底にも精神分析の知見があることが多く，子どもに関わる専門家にとって，精神分析を学ぶ意義は，現代でも変わりないものである。

この3名の講義ののちに，鵜飼，吉沢による指定討論が続き，それぞれの講義に関する活発な議論が為されている。

子どもの精神分析的心理療法の歴史と心的世界

脇谷　順子

1．はじめに

　現在の日本おいて，子どもの精神分析的心理療法を実践している人たちの共通理解となっていること，あるいは私たちが当たり前のように用いている技法の多くは，メラニー・クライン Melanie Klein の考え方や実践に負うていると言えるだろう。例えば，子どもとの精神分析的な仕事が可能だと想定していること，子どもとの心理療法は子どもの自宅以外の場所で行うこと，子どもの遊びには子どもの空想や気持ちが表現されていると考えていることなどである。そして，セラピストの役割は，教育的，道徳的に子どもを感化することではなく，子どもがセラピストに向けて表現しているさまざまな感情について理解しようとし，それを子どもに伝えていくことであるといったこと，つまり，陰性感情も含めて解釈することだと捉えられている。

　セミナーⅠでの私の担当は，"子どもの精神分析的心理療法の歴史と心的世界"についてであり，メラニー・クラインの仕事に注目してみたい。最初にクラインが子どもとの精神分析的な仕事を通して見出したことについて概観し，次にクライン理論の今日的意味について述べ，最後に私自身の臨床経験と子どもの心理療法を学ぶことの意義についての思いに触れたい[注1]。

2．子どもの精神分析のはじまり

　クラインの文献をあらためて読むと，子どもたちの遊びによって表現され

注1）メラニー・クラインの人生については，飛谷[9]に生き生きと描かれている。

ている強烈で生々しい感情にクラインが時には圧倒されながらも，その描写からは，内的世界や無意識の世界に対するクライン自身の好奇心が絶えず刺激されていることが伝わってくる。そして，フロイトが想定していたよりも早期の心の世界を知っていくことにクラインが魅了され，その探究に取り組み続けた彼女の果敢さに感動を覚える。以下，クラインが見出した子どもの心の世界，私たちの心の中の原始的な側面とその特質について概観していきたい。

早期分析

子どもとの精神分析については，フロイトFreud, S.[1]の『ある5歳児の恐怖症分析』に書かれたハンスの分析が有名だが，児童分析を最初に手掛けたのはヘルミーネ・フーク-ヘルムート Hermine Hug-Hellmuth とされている。彼女はフロイトの方法論に則り，精神分析の技法は6歳以上の子どもにだけ適応できるとし，6歳以上の子どもを分析していたようである[2]。また，ヘルムートは子どもの教育的側面を強調し，積極的に子どもと関わったり遊びを導入したりすると共に，セラピストの親との関わり方についての指針も示しているが，その方法論を体系化することはなかった[7]。クラインは，子どもについての観察を通して，子どもの好奇心の旺盛さ，特に母親の胎内，出産過程，出産における父親の役割，性的行為に関する好奇心の強さについて知り，子どもはそれらを言葉や遊びを通して表現すること，あるいは，強い抵抗ゆえに好奇心が何かに置き換えられることを見出していった。そして，6歳以下の子どもにも精神分析は可能だと考えて実践していき，理論化にも努めていった。

クラインの描く乳幼児の心的世界

　無意識的空想

クラインは，フロイトが1歳6カ月の孫のコットンリール遊びの観察から，"母親が行ってしまった"という体験を孫が遊びとして繰り返したという理解を提示したことを手掛かりに，子どもの遊びを観察し，不安や空想が遊びを通して表現されていることを目のあたりにして，その確信を強めていった[8]。『子どもの心的発達』(1921)の中で，クラインは近所に住む親せき

の子どものフリッツ（実際には，彼女の子どもの一人）について，彼が4歳9カ月のとき，出産についての質問が始まり，他の質問の数も増えて行った様子を描写している。例えば，フリッツは，「僕が生まれる前に，どこにいたの？」と質問した後で「人はどのようにして生まれるの」という形で聞き，そうした質問はほとんど毎日繰り返された。出産に関わることへの質問の他にも，フリッツは，イースターのウサギやサンタクロースの存在の有無，神の存在，死，大便と尿への興味と，彼の好奇心は留まることを知らないようだった。クラインは，それは目に見えないものの存在，そして子ども自身の体内への関心の表れであると考えた。そして，幼い子どもたちとの精神分析を通じて，子どもは現実の生活や親やきょうだいとの現実の関係だけではなく，それらを材料にしながら作り上げた他者への感情や関わり，つまり空想も遊びを通して表現されていることを見出していった。

　クラインは彼女の最初の分析家であったカール・アブラハム Karl Abraham の考えの影響を色濃く受けている。アブラハムは身体と精神の密接な関係に関心を持ち，探究していった。彼は，さまざまな情緒の摂取（introjection）／体内化（incorporation）という心的過程と，その反対の投影（projection）／排出（expulsion）という心的過程を非常に重要なものだと捉え，人は他者との間でこのようなやりとりを絶え間なく行っているのだと考えた。アブラハムは，空想は乳児のあらゆる身体的活動に伴うと考え，体内化と排出という消化過程の観点から乳児の母親との関わりを考えた。またアブラハムの想定を基にクラインの着眼点は身体へと向けられ，早期の乳児期の関係の性質に関するアブラハムの仮説に実質を与えていった。クラインは，子どもの無意識的空想は母親の胎内に向けられ，そこには父親のペニス，赤ちゃんたち，糞便でいっぱいだという空想があることを見出していった。そして，遊びの中で子どもが見せる不安に着目し，子どもの空想の中では，父親のペニスを内部に取り入れている母親は男児にとっては不安の対象になり得るし，胎内にペニスや赤ちゃんたちをもつ母親は女児にとっては攻撃や羨望ゆえに不安の対象になり得るという理解を獲得していった。

　クラインは，空想は本能の心的表現であり，誕生から作動し続けるものであると考えている。つまり，乳児は人生の初めから，身体的欲求や情緒的欲求から生じる空想に基づいた原始的な関係を母親との間にもつと仮定してい

る。そして、無意識的空想は極めて原始的であるが、乳児だけではなく、常に人の心の中で活発に働いているものだと想定している。

早期エディプス・コンプレックス

　クライン[2)3)]は、幼い子どもたちとの分析、例えば、2歳9カ月のリタ、3歳3カ月のトルードとの分析を通じて、フロイトが想定していたよりも早期にエディプス・コンプレックスが生じることも見出した。リタは1歳6カ月の時に夜驚症を発症したが、彼女は2歳近くになるまで両親と寝室をともにし、2歳頃に弟が生まれたという事実があり、クラインは、夜驚症はリタが原光景を目撃した結果だと考えた。トルードはクラインとの分析の中で、夜の時間でクラインと彼女は二人とも眠っているという"ごっこ遊び"を繰り返した。そして、トルードはクラインののどを突き刺すとか、窓から放り投げるとか、丸焼きにするというさまざまなやり方で脅かしたり、母親のお尻の中の大便を探したいという意味のことを言ったりした。その他の時にはクラインのお腹を叩きたがったり、お腹から大便を取り出してクラインを貧乏にしていると話した後、トルードが"子ども"と呼ぶクッションと一緒にソファの後ろに隠れて、恐怖の表情で指を吸いながらお漏らしをしたことも描写されている。クラインは、夜驚症をもつ幼い子どもたちが分析で見せる激しい不安と罪悪感に着目し、幼い子どもの早期の不安と罪悪感は、エディプス葛藤に関連している攻撃的な傾向の中にその起源があることを見出していく。そして、超自我の起源にも言及していった。

　羨望は口唇期の貪欲さに固有に備わっているというアブラハムの考えを踏まえて、はじめ、クラインは、乳児の羨望は母乳を与えてくれる乳房に向けられ、エディプス状況が生じると、初期の羨望に嫉妬が加わると考えた。クラインの仮説では、乳児の空想の中では、自分が欲求不満に陥っているとき、父親や母親は乳児自身が欲していたのに奪われてしまった対象、つまり母親の乳房や父親のペニスをいつまでも享受し続けている。両親が互いに口唇期的、肛門期的、性器期的な満足をいつも満たし合っているという空想は、乳幼児の激しい情緒と貪欲さの特徴でもあり、"結合した両親像"の基礎をなす。クラインが考えた結合した両親像とは、母親は父親のペニスまたは父親全体を含み、父親は母親の乳房または母親全体を含んでいて、両親は性交に

よって分かちがたく融合しているという乳幼児の空想の一つである。クラインの仮説は，乳児にとって対象を個々に独立した存在として認識することがいかに難しいかを表していると言えるだろう。

部分対象と全体対象

クラインは，幼い子どもたちに見られるエディプス・コンプレックスが歴史を経ていることに気づいていく。幼児の空想における結合的両親像が示すように，"幼児は父親のペニスを憎むと同時にそれを望み，父親の一部として捉えると同時に，自分の中にも母親の中にも存在するものと感じる"[3]と述べており，幼い子どもたちの敵意や攻撃性は全体としての対象と同様に部分的な対象にも向けられると考えた。そして，両親との全体的な人間関係をもつ以前の段階で，乳児は乳房やペニスとの部分関係をもつと想定し，早期の対象関係においては，現実との関係と言うよりは，部分的な対象に向けた乳児の無意識的空想が活発に作動し，それによって対象との部分的な関係の質が決まると考えた。クラインは，幼い子どもたちが遊びの中で展開する攻撃性とリビドーとの間の葛藤の強烈さを目の当たりにし，部分対象への攻撃性，それゆえの不安がリビドーに優ると，防衛が働くという着想を得ていったようだ。そして防衛としての抑圧が作動する以前の段階では，否認，スプリッティング，理想化，万能感，投影，摂取が防衛として使用されるとクラインは考えていた。

よい対象と悪い対象

フロイトは，生の欲動と死の欲動という二つの欲動は本能的に人間の心に内在しており，この二つの欲動は二極性という性質をもつと考えていた。そして，死の欲動が有する破壊性に対して，自我は死の欲動を外に向けることによって防衛すると想定した。フロイトのこうした考えに基づいて，クラインは，幼い子どもたちの中に，愛する衝動と他者と自己を破壊しようとする憎しみの衝動が存在すること，そして，そうした衝動は，人物の全体像よりも，身体の一部分，例えば，母親の胎内や乳房に向けられており，よいと悪いという二極性といった原始的な性質をもつことを理解していく。

妄想分裂ポジションと抑うつポジション

　フロイトは，本能の発達段階に対応して，口唇期，肛門期，男根期という理論構成を行った。クラインは，内的対象と外的対象との自我の関わり方の特徴を基礎に，妄想分裂ポジションと抑うつポジションというポジションの概念を発達させる。そして，2つのポジションは発達段階とは異なり，2つの間を揺れ動き続けると考えた。クラインが想定した乳児の妄想分裂ポジションと抑うつポジションは次のように説明できるだろう。

乳児の妄想分裂ポジション

　クラインは，妄想分裂ポジションは生後3，4カ月までの精神生活に見られるものと想定した。乳児の空想の中では，母親の乳房はよいと悪いにスプリッティングされ，リビドーを向けるよい乳房と憎しみを向ける悪い乳房との関係は，乳児の最初の対象関係となる。乳児は，欲求不満を与える悪い乳房と，栄養やあたたかさを与えてくれるよい乳房といった2つの乳房があるという空想を抱いており，それは乳児の心の中では互いに切り離されたままである。人生早期の情動は極めて強力で，かつ，乳児の限られた自我の能力では不安に耐えることができず，この段階では，スプリッティング，万能感，理想化，否認が優勢である。こうした防衛は，よいと悪いにスプリットされた対象が統合されるのを妨げ，迫害的な悪い対象をよい対象から切り離すことができ，自我は不安から救われる。そして，よい（理想的な）対象を維持することによって，愛情と満足感に満ちた感情を持ち続けることが可能となる。自我が次第に不安に耐えることができるようになると，防衛手段もそれに応じて変化し，破壊衝動と被害的な不安の程度は弱まり，抑うつ的な不安が強まるとクラインは考えた[4）5)]。

乳児の抑うつポジション

　生後4～6カ月にかけて，乳児の知的，情緒的発達は著しい変化を遂げ，それに伴い，自我は外的世界と内的世界，外的対象と内的対象のギャップを埋めることを駆り立てられるようになる。そして，母親の乳房の愛すべき側面と憎むべき側面，よい側面と悪い側面は接近したものになり，このような過程によって，自我の統合も進んでいき，スプリットされ，排除された自我のそれぞれの部分はより一貫したものとしてまとまっていく。乳児は母親を全体像として知覚するようになり，一人の人間としての母親との関係が発達

していき，全体対象としての母親を取り入れるようになる。そうすると，よい側面と悪い側面を両方持つ全体対象としての母親に両価的な感情を抱くようになり，愛と憎しみの葛藤が生じるようになる[4)5)]。

　クラインが想定した妄想分裂ポジションにおいては，自我が悪い対象に破壊されないかという不安が優勢だが，抑うつポジションにおいては，自分自身の破壊的衝動がよい対象と悪い対象を含む全体対象を破壊してしまったのではないか，あるいは，破壊してしまうのではないかという不安が高まる。そのため，よい対象を失ったり破壊されてしまったという喪失感や，失ったり破壊された対象を思い慕う感情や罪悪感が生じ，抑うつ的な感情を体験するようになる。そして，攻撃に対して報復してこなかった対象に対する感謝とともに，失ったり破壊されてしまったよい対象への償いと修復，あるいは回復といった心の動き（防衛でもある）が生じる。償いに罪悪感が伴わない場合，それは躁的防衛であり，対象との関係は支配的（controlling），征服的（triumph），侮蔑的（contempt）なままである。さらなる発達にしたがって，乳児の破壊的衝動が万能的な力を持っているということは修正され，自分の憎しみや愛情には限界があることも知っていくとクラインは考えていた。

投影同一化

　現代の精神分析の鍵概念のひとつに投影同一化がある。クラインは，『分裂機制についての覚書』[4)]（1946）の中で，投影過程の対象支配的な側面について次のように述べている。対象の中に強引に侵入して自己の一部による対象の支配を行うという投影過程の結果，"取り入れは外部から内部への強力な侵入として，すなわち暴力的な投影に対する報復として感じられることになるだろう"。そして，取り入れ過程においては，強引に侵入した対象を再び取り入れることによって，主体の内的な迫害感はさらに強化される。再び取り入れられた対象は，自己の危険に満ちた側面（つまり，"悪い部分"として自己からスプリットし，対象に投影した部分）を含むように感じられるので，ますます迫害感は強まる。クラインは，この種の不安の積み重ねによって，自我はさまざまな外的および内的な迫害状況の間に捕らえられていることになり，パラノイアの基本的要素になると考えた。クラインは，投影同一

化を不安の基として捉え，その病理的性質に着目した。クライン以降，コミュニケーションとしての投影同一化という側面が見出され，その概念は発達している。

子どもの精神分析におけるクラインの"発見"

以上のことは，クラインが子どもとの精神分析，そして大人との精神分析を通して見出し，理論化していったことである。子どもの精神分析にあらためて焦点を当てると，クラインの発見や子どもとの分析的仕事の中核にあったことは次のことだと言えるだろう。
1）子どもの心の世界：無意識的空想の存在
2）子どもが遊びを通して無意識的空想を表現すること
3）子どもと分析家（セラピスト）との間で転移関係が生じること
4）子どもの不安や陰性感情を解釈すること

それらに対して，アンナ・フロイト Anna Freud は異なる見解を示していた。無意識的空想と転移解釈に関して，クラインとアンナ・フロイトの考え方の相違について概観したい。

無意識的空想とその表現

クラインは，乳幼児の心の中では無意識的空想が活発に生じており，部分対象，あるいは全体対象への投影と摂取，および早期のエディプス・コンプレックスも生じていると考えていた。そして，外的世界と内的世界に対する子どもの空想や情緒や両親との関係性は遊びを通して表現されることを見出し，遊びの心理的意味について話すことを通して子どもの心の深層に接近できると考えた。一方，アンナ・フロイトは，言語発達が十分ではない乳幼児は無意識の表現手段がないと考えており，両親への教育ガイダンスが有効だと考えていた[6]。

転移関係と転移解釈

クラインは，乳幼児でも対象関係を結ぶ能力があり，分析家に対してさまざまな感情を向けること，つまり転移は生じると考えていた。クラインは，

子どもの不安に接することができる時にはいつでも，その不安を解釈して，不安を和らげることによってのみ子どもの無意識に接近できるし，子どもの空想がさらに展開していくのを可能にすると考えた。また，分析家が子どもにとって権威，嫌悪，愛着の対象であろうと，陰性転移も含めて常にそれについて分析していくべきだと考えていた。それに対して，アンナ・フロイトは，エディプス・コンプレックスを経験していない発達早期の乳幼児は，一時的ナルシシズムの段階なので自我がない上，幼い子どもは現実の母親との関係が密であり，分析家への転移は生じないと考えていた。そして，子どもが分析家に対して陽性感情をもつことを促すことが必須条件と考え，陰性転移が向けられることは望ましくないと考えていた[6)注2)]。

3．クライン理論の今日的意義

私たちが子どもとの精神分析的心理療法を実践する中で，子どもとセラピストとの間に転移・逆転移関係（さまざまな感情がコミュニケートされていること）が生じること，また，子どもの不安や陰性感情にも目を向けて，それらについて解釈をすること（子どもからコミュニケートされている感情についての理解を伝えていくこと，そして，もちろんそのタイミングや内容の吟味は重要である）は子どもの心の発達の助けになることは実感され，実証されていると言えるだろう。また，クラインの無意識的空想，そしてエディプス葛藤についての仮説は，決して，クラインの実践においてのみ，あるいはクラインの時代の子どもたちやヨーロッパの子どもたちに特有のものではなく，普遍的なものだと思われる。その例として，乳幼児観察と子どもとの精神分析的心理療法の素材を用いながら述べたい。

乳幼児観察からの素材[注3)]

次は，1歳1カ月になったA（男児）と家族のある観察記録からの抜粋で

注2) 近年，子どもの精神分析的心理療法において，陰性転移だけではなく陽性転移にも着目し，両者について解釈する意義が共有されているし，子どもの心の状態に合う解釈の内容や性質に関しての研究も発展し続けている。
注3) エスター・ビックが創始した精神分析の訓練方法である。1週間に1回の頻度で2

ある[注4]。家族と観察者のそれぞれの都合のために2週間観察が空き，3週間ぶりの観察である。

　（玄関を入ったあたりで）父親に抱かれたAは私を見るとにんまりして，「だぁー」と笑い，よだれを垂らす。父親は「おい，よだれ出し過ぎだろ」と言いながら，ダイニングに入っていくが，Aは父親に後ろ向きに抱かれ，私を見て「キャハッ」と笑っている。いつものようにダイニングに私も入ると母親がテーブルを拭いていた。（中略）父親がクローゼットからクッションを出し，Aに「A，Bさん（観察者）に渡して」と言って，Aを床に下ろすが，Aはクッションを受け取るもののそのまま落としてしまったため，父親が「どうぞ」と私に渡した。母親はソファに座り，父親はクローゼットの周りを行ったり来たり，うろうろしている。Aはテーブルの周りを伝い歩きと言ってもほとんど手を放して，時々テーブルに触れながら歩いてぐるぐる回り始め，すぐに床に座っている私の目の前に来て，私のロングスカートに手を置き，裾をサラッとめくる。母親は「もうちょっとなんですけど，まだ一人で歩けないんですよ」と言う。Aは私のバッグ（筆者加筆：物がたくさんはいっていて，パンパンに膨らんでいるリュック）の上に置いてあった私の上着を落として踏み，私のすぐ左後ろのカーテンに隠れ，イナイ・イナイ・バーをして笑う。もう一度イナイ・イナイ・バーをしてから，今度はレースのカーテンに隠れ，透けているところから私を見て笑い，また顔を出す。母親はその様子を見ながら，「ああ，すみません」と言う。「昨日まで〜〜（遠方）に行っていたんですよ。」私は「ああ，そうでしたか」と言う。Aはレースのカーテン越しにイナイ・イナイ・バーを繰り返して笑い，私が着ている服のレースの部分を「あー」と指差す。母親が「穴があいているねー」と声をかける。それからAはテレビの前に行き，「ふんっ」と力みながらテレビボードの上の小物を落とす。よく見るとアンパンマンのひらがな表のプラスチックの上に立っていて，バラン

　　年間，観察者は同じ家庭に訪問し，赤ちゃんと家族の生活を1時間観察する。観察時に録音や録画はせず，メモもとらない。観察終了後に詳細な観察記録を書き，それを5名のメンバーから成るグループで発表し，乳幼児と母親および家族間の言語的，非言語的コミュニケーションの心理的な意味やそこに流れている空想などについて，観察とグループディスカッションを通して学んでいく。

注4）筆者がグループリーダーである乳幼児観察グループのメンバーの観察記録からの抜粋である。

スをとっている。それからまた私の目の前を通り，私の右後ろにある五月人形の前に立ち，ケースを手でバンバンと叩き始めた。「ねあー，ねあー」と言いながら，だんだんと叩く力は強くなっていく。Aは五月人形のケースの隣に立ててある旗を手にとり，棒の部分でカンカンと五月人形のケースを叩く……黙って見ていた母親は「ああ，それはちょっと」と言ってAを抱っこして，五月人形から離す。Aは目の前にあるテーブルの下のスペースにあるポーチなどの小物を取り，小さなかごにはいっているものをぶちまけ，それを拾ってかごに戻し，薬の箱を手に持つ……いつの間にか母親の姿はなくなり，うろうろしていた父親も玄関側の部屋に引っ込もうとしている。Aはそれに気づき，声を出しながら父親を追いかける……間もなく母親が戻ってきて，「お腹すいちゃったんだよ」と言ってソファに座り，袋に入ったお菓子を食べ始める。Aはテーブルの前で尻もちをつき，「えっえっ」と泣き声を上げると母親が「あら，痛かった？」と抱き上げる。

　乳幼児観察グループでは，観察者の観察記録が読み上げられた後，グループでのディスカッションを行っている。まずグループで共有されたのは，観察の最初から母親がどことなく心ここにあらずという印象だということだった。そして，父親から渡されたクッション（これは，いつも観察者用に準備されているもの）をAが落としたことにグループの関心は向いた。その後，Aは観察者のスカートの裾をめくった後で，リュックの上に置いてあった観察者の洋服を取った。Aの関心は，3週間の不在の間に観察者がどうしていたのかに向けられていたのかもしれないし，観察者の内部や内側，つまり見えないけれども存在しているものに向けられていたのかもしれない。Aは観察者が脱いで，リュックの上に置いておいた洋服を床に落とすが，Aは洋服の膨らみに関心を持つと同時に，膨らんでみえる洋服の下にあるものを見たかったのかもしれないという考えがグループの中に生じた。観察者の洋服を取り，膨らんだリュックを見たAは，膨らんだお腹，そして，胎内に赤ちゃんがいて膨らんでいるお腹を空想したのではないかという想像もグループの中で生まれた。また，観察者の洋服を踏んでいたAは，彼の空想の中では母親の膨らんだお腹を踏んでいたのかもしれないとの連想も生じた。イナイ・イナイ・バーをするAは，見えない対象も存在していることを知っているようだ。Aはガラスケースに入っている五月人形をたたくが，Aの心の中

では，内側や内部，母親のお腹の中，赤ちゃんといった空想が生じていたのかもしれない。五月人形のケースを叩くのは，赤ちゃんを内部にもつ母親のお腹，母親の内部の赤ちゃん，母親の心を占めている赤ちゃんへの怒りや攻撃というAの空想の表れだったのかもしれないし，両親の性行についての空想の表現だったのかもしれない。そして，Aがテーブルの下の小物を取ったり，小さなかごに入っているものをぶちまけるのは，母親の内部にあるものを内側から外に追い出すというAの空想の表れだったのかもしれないという仮説もグループの中で生じた。グループの関心は，心ここにあらずの母親に再び向かった。そして，「お腹がすいちゃったんだよ」と言ってお菓子を食べ始める母親に対して，母親の妊娠の可能性，つまり胎内の赤ちゃんが栄養を摂取しているために母親は空腹を感じているのかもしれないという空想をめぐらせた。

　クラインの無意識的空想に基づいて，Aの中に観察者の内部への関心，母親の内部や胎内にいる赤ちゃん，両親の性行といった空想が生じていたかもしれないという連想が観察セミナーグループの中に生じたようである。

子どもとの心理療法より

　5歳の男児のCは，他の子ども，特に年下の子どもへの暴力を理由に心理療法に紹介されてきた。出産を控えた母親は，もうすぐ生まれてくる赤ちゃんに対するCの暴力への不安を強く訴えるようになり，Cとの週2回の個人心理療法が開始された。

　Cは，セラピーの部屋から飛び出して建物内を走り回ること，おもちゃの破壊，セラピストである私への暴力などなど，さまざまな挑戦的および挑発的な行動を呈した。例えば，Cはままごとセットのカップやスプーンなどを壊し，赤ちゃん人形とテディベアを憎しみに満ちた表情で激しく執拗に攻撃し，廊下に投げ，最終的には窓の外に広がる屋根の上に落とし，それらは雨ざらしにされた。そして，セラピーの休み前には，Cは私のお腹を攻撃しようとしたり，私の洋服をひっぱって胸を触ろうとすることを繰り返した。

　Cにとって，母親の妊娠と出産は，父親と母親がカップルであり自分は母親とはカップルにはなれないこと，自分は母親を妊娠させる能力がないこと，母親の胎内は赤ちゃんに乗っ取られてしまい，自分はそこから追い出された

と思っていること，つまり，子どもであることの無力感や無能さでいっぱいのようだった。そして，休暇中に私が妊娠するのではないか，あるいは，私が出産し，彼は胎内からも乳房からも追い出されるのではないかという不安や怒りでいっぱいだったようにも理解できる。私は，Cの怒りの強さや激しさに驚きながらも，クラインが展開した子どもの無意識的空想についての理解に助けられながら，私や玩具に向けられるCの怒りや攻撃の意味について考えてみることができたように思う。

4．子どもの精神分析的心理療法を学ぶことの意義

　最後に，子どもの精神分析的心理療法を学ぶことに関する私自身の経験について少し述べてみたい。子どもの心理療法を学ぶことは，子どもの心理療法に関する知識や理論について学ぶだけではなく，自身の心の中に生きている乳幼児や子ども，そして親，親子関係についても知っていくことであるように思う。そうした観点から考えると，タヴィストック・クリニックの「精神分析的観察研究コース」[注5]のセミナーの一つである乳幼児観察を通して，乳児と主たる養育者である母親との情緒的な関係性の発達について，2年間の乳幼児観察とグループディスカッションを通して学ぶ機会を得たこと，そして，乳幼児観察を通して，また，学ぶという経験によって活性化された私自身の中の乳幼児的な心性や親子の関係性がロンドンでの個人精神分析の中で抱えられたことは非常に助けとなった。それに加えて，ロンドンでの個人精神分析を通して，私の中の激しく，生々しく，そして生き生きとした乳幼児的な心性に出会い，それらについて知っていくことができたことは非常に貴重だったと思う。乳幼児的な心性は，クラインの文献の中，あるいは乳幼児観察の乳児の中にだけあるのではなく，まさしく自分の中にもあることを身を持って体験することができたこと，そしてそれらが個人精神分析，そして分析家によって抱えられていたという経験は，私が子どもの精神分析的心理療法を学び，実践していくときの基盤になっているように思う。

　不安，さみしさ，無力感，よいものや成長へのアンビバレントな思いなど

注5) タヴィストックセンターの児童青年の精神分析的心理療法の訓練コースの前に位置付けられているコースである。

など，見過ごされたり放っておかれがちな感情に関心を持ち続けてくれた私の分析家の心，そして，タヴィストックのスーパーバイザーやセミナーリーダーたち，訓練生仲間たちの心があってこそ，心理療法で出会う子どもたちの心の中，そして私の心の中の乳幼児的な感情は見出され，意味を与えられ，生きていくことができたのだろうと，今，あらためて実感している。子どもの心は親の心，すなわち子どもの心や気持ちに関心を持つ大人の心なしには見出されないし，育たないのだろうと思う。
　ウィッテンバーグ Wittenberg, I. S.[10] は，『臨床現場に生かすクライン派精神分析』（1970）の序文で次のように述べている。"この仕事に取りかかるのに，少なくとも二つの方法があります。ひとつは，はじめに理論を説明してしまってから，その理論のどこが心理療法にとって関連があるのかをみる方法です。もう一つの方法は，心理援助者とクライエントとの関係を出発点として，精神分析の分野で得られた洞察に照らしてその関係を吟味し，続いて理論を学ぶというものです。私はその後者をとることにしました。" クラインが子どもとの精神分析を通して子どもの心の世界についての理解を深めていったように，子どもの心理療法は，セッションの中での子どもとセラピストとの情緒的なやりとりを通して，お互いがそれぞれについて知っていくプロセスだと言えるだろうし，子どもが彼（女）自身の心を知っていくプロセス，そしてセラピストも自身の心を使って子どもの心について知っていくプロセスだと言えると思う。私たちセラピストが子どもの精神分析的心理療法やその理論について学ぶやり方とセラピーの場で出会う子どもの心について理解していく方法はおそらくとても似ているのだろう。

付記：本稿は，日本精神分析学会第61回大会の教育研修セミナーの発表原稿を加筆修正したものである。

謝辞：乳幼児観察記録の引用を了承くださったグループメンバーに感謝申し上げます。

文 献

1) Freud, S. (1909)：Analysis of a Phobia in a Five-Year-Old Boy. Standard Ed. Vol. 10. 高橋義孝, 野田倬訳 (1969)：ある五歳男児の恐怖症分析. フロイト著作集5. 人文書院, 京都
2) Klein, M. (1921)：The Development of a child. In The Writing of Melanie Klein, Vol. I. The Hogarth Press. London, 1975. 西園昌久, 牛島定信訳 (1983)：子どもの心的発達. メラニー・クライン著作集1. 誠信書房, 東京
3) Klein, M. (1932)：The Psycho-analysis of children. In The Writing of Melanie Klein, Vol. II. The Hogarth Press. London, 1975. 衣笠隆幸訳 (1996)：メラニー・クライン著作集2. 誠信書房, 東京
4) Klein, M. (1946)：Notes on some schizoid mechanisms. In Envy and Gratitude and Other Works, 1946-1963. The Wiring of Melanie Klein, Vol. III. The Hogarth Press. London, 1975. 小此木啓吾, 岩崎徹也責任翻訳 (1985)：分裂的機制についての覚書. メラニー・クライン著作集4. 誠信書房, 東京
5) Klein, M. (1952)：The Mutual Influences in the Development of Ego and Id. In the Writing of Melanie Klein, Vol. IV. The Hogarth Press. London, 1975. 小此木啓吾, 岩崎徹也責任翻訳 (1985)：自我発達とエスにおける相互影響. メラニー・クライン著作集4. 誠信書房, 東京
6) Klein, M. (1955)：The Psycho-Analytic Play Technique: Its History and Significance. In the Writing of Melanie Klein, Vol. IV. The Hogarth Press. London, 1975. 小此木啓吾, 岩崎徹也責任翻訳 (1985)：精神分析的遊戯療法──その歴史と意義. メラニー・クライン著作集4. 誠信書房, 東京
7) 丹羽郁夫 (2014)：最初の児童分析家 ヘルミーネ・フーク・ヘルムートの児童分析の技法. 現代福祉研究 14, 73-94
8) Segal, H. (1973)：Introduction to the Work of Melanie Klein. The Hogarth Press Ltd., London. 岩崎徹也訳 (1977)：メラニー・クライン入門. 岩崎学術出版社, 東京
9) 飛谷渉 (2012)：メラニー・クライン──その生涯と Negative Capability, あるいはフェミニンなるもの. 大阪教育大学紀要 第Ⅳ部門 60(2), 77-87
10) Wittenberg, I. S. (1970)：Psycho-Analytical Insight and Relationships: A Kleinian Approach. Routledge, London. 平井正三監訳 (2007)：臨床現場に生かすクライン派精神分析──精神分析における洞察と関係性. 岩崎学術出版社, 東京

ポスト・クライン派の世界
―― クライン以降の子どもの精神分析の展開

平井　正三

1．はじめに――クライン以降の子どもの精神分析の展開

　クライン Klein, M. は，1960年に亡くなっているので，「クライン以後」，すなわちポスト・クライン派の流れはすでに半世紀以上経つことになる。本稿では私は，この「クライン以降」の子どもの精神分析もしくは精神分析的心理療法の流れを英国での展開に限定して概観していきたい。英国に限定するのは，この流れの主要なものは英国に起こってきたからである。ただし，近年は，ヨーロッパやアメリカ諸国にもこうした流れを引き継いでいる精神分析家や心理療法士は出現していることは付言しておく。

　さて，端的に言うと，ポスト・クライン派の子どもの精神分析的心理療法は，ドラスティックな変貌を遂げている。おそらく，クラインが，現在の英国での子どもの精神分析的心理療法実践の様子を見たら，自分の技法との違いに驚くのではないかと思われる。この違いを生み出していったものは何なのか，について簡単に答えることは難しいように思われる。しかし，一つは，大人の分析も含めてクライン派の精神分析が根源的に変わっていったのは，ビオン仕事の影響が最も大きいのではないかと思う。ポスト・クライン派は何よりもまず言わば，ビオン派なのである。ポスト・クライン派の子どもの精神分析的心理療法の技法的革新の方向性は主にこのビオンの仕事の線で進んでいったといっても過言ではないだろう。この技法的革新，理論の変容を導いていったのは，自閉症の子どもや虐待を受けた子どもなど，従来の精神分析では対象とならなかった重篤な病理を持つ子どもたちとの臨床実践だったと考えられる。このような臨床実践の背景には，クライン以降の子どもの分析の中心が，精神分析研究所ではなく，無料の公的医療機関であるタヴィ

ストック・クリニックに移っていったことも大きいと思われる。そしてこれが3番目の要因であるが，このタヴィストックにおいて実践されるようになった乳幼児観察実践が，その応用も含めて，クライン以降の子どもの精神分析の理論的・実践的展開の主要な源となっていったことが挙げられる。

2．ビオンの仕事とその子どもの精神分析への影響

1）逆転移への着目

　ビオン Bion, W. R. の仕事は，精神分析実践とは何なのか，という私たちの理解を根源的に変えた。その仕事の概要を本稿で詳細に論じる余裕はもちろんないが，特に英国のポスト・クライン派の子どもの精神分析及び精神分析的心理療法実践に影響を与えていることが明白なものを指摘したい。

　まず，以上の意味でビオンの仕事の中でもっとも大きな影響を与えた点の一つは，彼が対人関係的な視点を精神内界論的な視点と結び付けた点であると私は考える。それはクラインにはほとんど見られなかった視点であり，具体的には，本来は精神内界論的な機制であった，投影同一化を対人関係での動き，すなわち非言語的コミュニケーションとして再定義した[6) 8)]点に現れている。こうしてビオンは，分析状況でのやり取りの基盤として，クライエントから分析家への投影同一化を想定するのである。

　この考えの含みは非常に大きなものがあった。すでに，クラインは，精神内界論的な機制として投影同一化を定式化し，転移はこの投影同一化が基盤となっていることを示唆していた。この考えは，クライエントがセラピストを自分の内的世界の住人として見るということを指しているが，セラピスト自身はその影響を受けるとは想定されていなかった。ところが，ビオンの投影同一化の再定義により，転移は，セラピストの心の状態にも影響を与える，すなわち逆転移を引き起こすと想定されるようになった。これにより，力学の作用と反作用のように，転移は必ず逆転移をセラピストに引き起こしていると想定され，精神分析的探査の焦点は，転移の分析であるとともに，逆転移の分析であると認識されるようになったのである。

　すでにフロイト Freud, S. は，技法論論文の中の有名な箇所[12)]で，クライエントの無意識は，分析家の無意識に電話線のように通じ，分析家はこうし

て無意識で受け止めたものを,電気信号を音声に変換するように,意識化する必要があると述べている。ビオンの述べた投影同一化は,まさしくフロイトが電話線の比喩で述べたクライエントの無意識が分析家の無意識へと伝播する過程を指していると見てよいだろう。

2）治療機序の理解の革新――コンテインメント

さて,ビオンは,統合失調症など考えることに困難を持つクライエントとの分析セッションでのやり取りの詳細な吟味を通じて投影同一化と考えることとの関係を探索していった[6)7)]。そして投影同一化を通じて,分析家に引き起こされた感情を,分析家は考えていき,それを言葉にしてクライエントに返していくことでクライエントは考えられるように手助けされるということに気づかされていった。考えることの困難,特に象徴化の能力の欠損や破綻の問題は,自閉症や虐待を受けた子どもの心理学的問題の中核であるので,ビオンのこの理解は,こうした子どもたちに,精神分析的心理療法をしていくうえで必須の理論的な基盤であり,技法的革新の原動力になっていったのである。

ビオンのこの新しい理解は,投影を包容する,コンテインすることが治療的だということを示唆している。実際,ビオンは,コンテイナー-コンテインド関係を通じて,考える力は培われることを示し,そのような関係が内在化されたコンテイナー-コンテインドは,考えるための装置そのものであるとも述べている[8)]。従来,精神分析の治療機序は,クライエントが,心の中で意識されていない感情や葛藤を分析家の解釈を通じて意識化していくことであると見られていた。大雑把に言えば,洞察が治癒を生むという考えである。しかしながら,このような考えでは,先に述べたような子どもに心理療法を行うことは大変難しいだけでなく,治療的にも見えないという問題があった。ところが,コンテインメントの理論は,投影を受け取り,それについてセラピストが考えていき,言葉にしていくというだけでも,子どもが自分自身では考えられない考えや気持ちを考え,感じていけるようになる手助けになることを示唆している。これはむしろ先ほどのフロイトの比喩で言えば,電気信号を音声に換えていく作業に匹敵するところがあるかもしれない。この考えに依拠して,現代クライン派の子どものセラピストは,いわゆる患者中心の解釈ではなく,セラピスト中心の解釈[23)]を多用するようになっている。

例えば，子どもがセッションでセラピストを無視し続ける場合，従来の精神分析の理解の枠組みでは，子どもの分析作業への抵抗や防衛と理解し，「自分の気持ちを見ていくことが怖くて，先生と口を聞きたくないんだね」などと解釈していた。こうした解釈が有用な可能性はあるが，現代クライン派の子どものセラピストは，「先生は，無視されて口を聞いてもらえない気持ちを味わうことになっているんだね」と解釈するかもしれない。

　こうしたコンテインメントの考えに基づいた心理療法で，セラピストは，このようにいわば短い周期でかつわかりやすい形の投影を受け止めそれを取り上げていくというだけでなく，子どもとの継続的な関わりの中で次第に蓄積される長周期でかつ意識化しがたいか，何らかの困難をセラピストに引き起こす逆転移感情について考えていけるようになることが求められる。こうした逆転移経験を通じて，セラピストは，子どもの共感的な理解が可能になっていき，またそのような共感的理解を通じて，子どもが困難な感情や対象関係について考えていけるように援助されるという認識が，ポスト・クライン派精神分析の中で大変重要になっている。

3）考えることへの着目——内容から形式へ，解剖学から機能の理論へ，再構成から今・ここへ

　ビオンのコンテインメントの理論は，考えることが精神分析の中心的な問題であることを明確にしたものであった[7)][8)][9)]。これは，関係性を通じて考えることが育まれるというだけでなく，関係性を考えるという視点から臨床事象をみるという新しい視点を提起している。そしてこの視点から，クラインの対象関係理論はすべて書き換えられていったのである。その中心的な着想は，クラインの言うよい対象の良さの中核は，「考えること」であるというものである。すでに，クラインにとって「乳房対象」は，養育対象の養育機能を指しており，具体的には愛情と理解と述べていた[18)]。ビオンは，さらに進めて「考えること」を養育機能の前面に出していった[8)]。それは，子どもの投影を受け入れ，言葉にならない情緒を考え，言葉にしていける能力のことを指している。その中で，受け入れることに関わる部分は，母性的機能であるとみていけるし，切り分けたり破壊的なものに対抗したりする部分を父性的機能として見ていけたりする。さらに，エディプス状況における，原

光景は，両親の創造的な活動であると見ていけるとともに，創造的な協働関係を指すと理解もできる。

　このような理論展開は，実践上にどのような変化を引き起こしただろうか？　この点を詳しく見ていくために，まずビオンの議論をもう少し詳細に見ていきたい。ビオンが「考えること」という場合，それは「経験から学ぶこと」に焦点づけられている[8]。もう少し言えば，情動経験をしていく中で，それを考え，そこから何かを学んでいけること，ということができるだろう。これに対して，クラインは，抑うつポジションのワークスルー，すなわちよい内的対象を安定的に内在化することが分析の目標であることを示している[18]。ビオンが示唆したのは，この二つの視点は同じものの二つの局面であるということではないかと思われる。なぜなら，よい内的対象は，経験から学ぶことのできる力の中核にあるとみていけるからである。そして，経験から学ぶ力は，内省できる力とも言い換えうるであろう。

　こうした見方は，精神分析的心理療法実践は，内省する二人の人が，情動経験を共有し，それについてともに考えていく営みであるということを示唆している。そのときにクライエントがその状況を捉える枠組みが，クラインの探索してきた内的対象関係といってよいだろうし，心理療法から学んでいくのは具体的にはその内的対象関係の変化という形で示されるものといえるだろう。この考えからすれば，クライン的な意味での内的対象関係の表象は，クライエントの心の働きや動きを表している訳であり，後者が実態であり，前者はその表象にすぎないということになる。すると，セラピストは，「子どもが表現したものが象徴的にどのような対象関係，そして転移関係を表しているか」考えるというクライン的な枠組み以上に，精神分析の営みにとってより本質的なのは，「今ここで，セラピストの心の中，セラピストと子どもの情緒的やり取りの中で起こっていること，そして子どもの心の中で起こっていると想定されること」を考えていくことであると思われる。

　このようなわけで，ポスト・クライン派の臨床実践では，子どもが遊びで表現していることの内容だけでなく，どのように表現したり，コミュニケーションしたりしているかに着目するし，乳房やペニスなど解剖学的な捉え方だけではなく，既述したように，「知的栄養分を与えてくれるもの」とか「何かを生み出す種を与えてくれるもの」など機能の点で捉え，それを転

移経験という文脈で吟味する。つまり，この「一緒に内省する」経験の中で，考えてくれる対象としてのセラピストをどう捉えているのかという視点で吟味するのである。

こうした新しい分析状況の理解では，転移と捉えられる現象は，先ず第一に今ここでの分析状況でのセラピストとの関係性経験そのものを子どもが表明していると理解できるし，子どもが経験から学ぶことと関わる問題を示しているとも理解できる。したがって，それを過去の実際の両親との関係に関する想起であること，すなわち再構成に注目することは二次的な意味しかないことになる。

最後に，ビオンが精神分析臨床において持ち込んだ，重要な視点を今一度明確にすれば，それは考えることとコミュニケーションの問題であるといえると私は考える。そしてこの両者は互いに密接に関連しているのである。

3．自閉症児と被虐待児の精神分析的心理療法実践と技法上の革新——ビック，メルツァー，タスティン，アルヴァレズらの仕事

1）被虐待児の精神分析的心理療法

虐待を受けた子どもの多くは，発達精神病理学の研究などが明らかにしているように，将来的には人格障害水準の精神病理を発達させるリスクの高い子どもであり，その時点ですでに問題行動を起こしていたりする場合はもちろん，そうでない場合も問題が潜在している可能性を見ていく必要のある子どもたちである。

クライン以降のクライン派の子どもの精神分析的臨床の中心になっていったタヴィストック・クリニックは，公的医療の一機関であるということもあって，特に貧困層に多発している虐待を受けた子どもの心理的なケアを社会福祉と手を携えて行っていくという社会的要請があり，それに着手していったわけである。この実践の集大成の一つが，ボストン Boston とスザー Szur が編集した『被虐待児の精神分析的心理療法』[10]（[注1]）である。

[注1] わが国における同様の試みとしては，平井・西村（2018）共編の『児童養護施設の子どもへの精神分析的心理療法』（誠信書房）が挙げられる。

この本の著者たちが一貫して探索し，取り組んでいるのは，クラインの妄想分裂ポジションの問題である見てよいだろう。大半の虐待を受けた子どもは，クラインが情緒発達の第1歩として重視した健常な分裂と理想化[17]が適切に成立していない。言い方を変えれば，発達上必須の理想的な対象関係が不適切にしか成立していないのである。こうした問題を，ビオンの理論的革新を背景に，「心的スペース」という点で本書の著者たちは捉えている。子どもは，養育対象に考えてもらうことを，その心的スペースの中に抱えられることとして理解できるというわけである。こうした心的スペース経験をめぐる，様々な感情や不安や葛藤を見ていくことが分析の焦点となるという視点が本書では示されている。

　この考えは，アン・アルヴァレズ Anne Alvarez（『こころの再生を求めて』）にも見られる。彼女も，原始的な妄想分裂ポジションという現象に注目する必要を説き，情緒発達上必須の理想的な対象を，迫害感情の防衛としての理想化された対象とを区別する必要性を強調する。さらに，迫害感情のように見えて，そこに抑うつ的な痛みの萌芽が見られるかもしれないことや，「防衛」と見られることが発達に寄与する自我の成長の一段階かもしれないことなどに注意を喚起している。

　繰り返すが，これらはおおむねクラインの妄想分裂ポジションの考えを，ビオンの視点も加味して，より詳細にみていく試みであると言える。そして，実践面では，先に述べたように，コンテインメントという考えに支えられており，技法的にはセラピスト中心の解釈が重要になっている領域といえる。これに対して，自閉症に関する分析研究はクラインの理論的枠組みを解体しかねないインパクトがあったように思われる。

2）自閉症児の精神分析

　端的に言えば，自閉症との出会いは，統合失調症とは異なった形での考えられなさ，そしてコミュニケーション障害の問題の存在との出会いであったといえるのではないかと思う。後者が，攻撃によるつながりの破壊に起因すると考えられるのに対して，前者は，つながりそのものの弱さ，つながれなさに起因すると考えられる。これらは同時に，主体性や自己感の根源的な脆さの問題にもつながっている。ポスト・クライン派の子どもの分析的探究の

中核を占めるこの自閉症研究について少し詳しく見ていこう。

　ビオンの描いた大きな心の地図上で主にβ要素領域と呼ばれる非象徴の心の世界，正確に言うと心と体のまじりあった世界，そこから心の世界が立ちあがってくる世界の探索は，エスター・ビック Esther Bick がまずパイオニアとして開拓していった[4) 5)]。彼女は，乳児観察や，重篤な病理を持つ子どもの分析などを通じて，自己がバラバラにならないように外的対象によってまとめ上げられる受身的経験の重要性を指摘し，そのような経験は皮膚によって自分がまとめられているという自己感の基盤になると論じている。これはビオンのコンテイナー理論を子どもの臨床に則した形にした理論であると理解できる。そして，こうした皮膚コンテイナーが適切に形成されないことで，代理皮膚（second skin）形成という防衛的な手段をとるという現象が，広く見られることがわかって来た。そして，こうした自己と対象の「皮膚コンテイナー」が形成されない対象関係は，クラインの妄想分裂ポジションよりも原始的な心の世界であり，投影同一化ではなく，付着同一化と呼ばれるタイプの同一化が主たる関係性になっていくこともビックは示した。

　ビックのこの着想を基盤にして，自閉症の子どもの世界を探求した，ドナルド・メルツァー Donald Meltzer（『自閉症世界の探求』[19)]）は，心的世界を見ていくときに，次元性という概念が有用であることを主張した。クラインが妄想分裂ポジションと抑うつポジションという概念化で捉えた心の世界は，主に非自閉症の子どもの心の世界であり，3次元と4次元世界であると理解できる。これに対して，自閉症の子どもの心の世界は，1次元と2次元に限定されがちである。

　このようにメルツァーは，自閉症の世界は，クラインが描いた心の世界の外側，ビオンがβ要素と呼んだ領域に入り，それは次元性という観点から区切られ，1次元性と2次元性という特性を持つ領域であることを明確にした。自閉症の子どもの精神分析的心理療法実践に精力を注いだフランセス・タスティン Frances Tustin（『自閉症と小児精神病』[25)]）は，自閉症の子どもは，母親と身体的に一体化しているという錯覚を育んでしまい，実際は身体的に分離しているという現実に気づくとそれが外傷的に作用して，「自分でないもの」を遮断する防御壁を設けること，すなわち自閉症が生じると考えた。彼女は，自閉症の子どもにとって，感覚性や官能性が非常に重要になる

ことを指摘するとともに,「自分でないもの」を遮断し,自分を守ってくれるものとして,彼女が自閉対象と呼ぶものが重要になっていると論じている。この自閉対象には,象徴的な意味はなく,硬いという感覚的性質により「自分でないもの」を寄せつけないという働きのみが大切になっているものと理解できる。

この自閉対象という概念化は,自閉症世界の精神分析的探究において大きな問題を提起した。精神分析的探究の命綱は,考えることとコミュニケーションである。自閉対象は,考えることやコミュニケーションの表れではなく,まさしくそれを拒否する行為そのもののように見えたからである。

自閉症の子どもが象徴的な世界にいないだけでなく,根源的にコミュニケーションにも背を向けた世界にいるかもしれないという,タスティンのこの見解に大きく影響されたアルヴァレズ[1]は,特に受け身的な自閉症の子どもとの精神分析的心理療法の仕事において,彼女が再生(reclamation)技法と呼ぶ,セラピストからの積極的な関わりが必要であると主張した。このように,アルヴァレズは,解釈以外の,一般には行為とみなされる介入も必要であると主張するなど,技法上の革新を提唱していった。

3）ポスト・クライン派の技法上の革新

タヴィストック・クリニックで重度の自閉症の子どもを多く治療する自閉症チームで長年自閉症の子どもを見てきたアルヴァレズは,自閉症の子どもとの心理療法においては,子どもが表現することの象徴的意味を理解し解釈するという方法のみに頼れないという問題に直面した。またセラピストが解釈しても,子どもの方がそれを受け取り,生かすことが難しいという問題にも注目した。このように彼女は,乳児観察の考えを背景に,まず心理療法のセッションの中で子どもとセラピストの関係性の中で何が起こっているか詳細に見ていきその問題点を把握していき,介入の方向性を見定めていくというスタンスを明確にしていった[2]。私が「対人相互作用フィールド・モデル」(『精神分析的心理療法と象徴化』[14])と名付けたこのような治療モデルにおいて,介入の方向性を探るときに,アルヴァレズが参照するのは,精神分析理論の他に,母子相互作用や間主観性に関する発達研究であり,そうした意味で彼女は「発達研究に裏打ちされた心理療法(developmentally informed psychotherapy）」と呼ぶアプローチを唱道している（『自閉症とパーソナリティ』[3])。

　さらに彼女は，子どもの病理に応じて，子どもが受け入れ消化できる解釈のレベルを調整していく必要があり，それらを説明レベル，記述レベル，活性化レベルと呼び，それぞれ神経症，ボーダーライン，自閉症に大雑把に対応すると主張している[2]。

　さて，このように行動水準で介入し，発達研究を参照し，「記述」や「活性化」と言った言語的介入を解釈と呼ぶのはすでに精神分析と呼べるのだろうかという批判が直ちに起こる。これには確たる答えはないと思われるが，クライン以後のクライン派の子どもの精神分析的心理療法はクラインの実践からずいぶん遠くに来たようには見える。

　このようなタヴィストックの主流派の流れとは別に，原始的な対象関係空想を理解しようとする，一見伝統的なクライン派的な自閉症理解の流れもある。例えば，フランスのディディエ・ウゼル Didie Houzel[16]は，タスティンの「巣の中の赤ん坊」空想[25]を展開し，自閉症の問題は，人間の心の中にあるもっとも原始的なエディプス状況の視点から母親の体内という場所をめぐるほかの子どもとの熾烈な闘争状態として理解できると主張している。これは分かち合うということの根源的な困難の表現であるともみなせる。別の言い方で言えば，自閉症の子どもが，占有するか，永遠に手放すかの二分法の中にいると理解できる。さらに，ロード Rhode, M.[20]は，母親の心の中の「家族」と子どもとの関係で，どちらかが他方を圧倒することのないバランスが取れることが，母親と発達的な共有経験，すなわち同一化が生じる基盤であると論じている。

　ウゼルやロードのこのような議論は，タスティンが，「安全性のリズム」[27]と呼ぶ，他者とのいわば音楽水準での関わりが，自閉症者には難しいという指摘ともつながっていく。私の理解では，タスティンは，よい乳房対象との互恵的で相補的なつながりの基盤を，授乳関係での音楽水準での相互的な適応に位置づけている。この「安全性のリズム」は，自己と対象の互恵的な関係を表すとともに，別のところで「世界という巨大なオーケストラ」[26]と呼ぶより広くて大きなものとのつながること，つまり間主観的な「人間の世界」の中の一員であることを実感することでもある。これと類似した着想は，

成人のポスト・クライン派においても中心的な位置を占めてきているように思える。例えば、ジョン・スタイナー John Steiner は、近著『見ることと見られること』[24]において、羨望の問題は、「与えることと受け取ることが相補的である、創造的なつながり」(Steiner, 2011, p.170) を否定することであるとみている。クラインの考えでは、よい乳房を内在化することが精神分析の治療的意義の焦点であったが、このように、ポスト・クライン派においては、それはむしろ相互的・互恵的なつながり[22]の内在化と考えられてきている。

　タスティン及びその影響を受けた分析家やセラピストたちのこうした言説は、発達研究で研究されている、母子の相互作用の重要性や、間主観性の発達が情緒発達の中核であるとする見方と重なるというだけでなく、発達研究とは異なり、子どもの主観的な経験にとどまり、かつ力動的に捉える視点を前面に出しているという点で、情動経験の主観性の記述科学としての精神分析の基本姿勢に変更はないと見てよいだろう。そこには、子どもの主観的経験に肉薄し、それを共感的に理解しようという姿勢が見られるのである。

　このようにタスティンの「安全性のリズム」という概念化は、間主観性／相互主体性（inter-subjectivity）を指し示す精神分析の言葉であると捉えられるとともに、主観性と意味の探求である、精神分析の営みはこのような間主観性／相互主体性の上に成り立っており、「安全性のリズム」はまさしく精神分析の基盤そのものを指していると考えてよいだろう。そしてこの基盤は、2 人の人間のキャッチボールあるいはダンスのようなものであり、本質的に運動状況とみなせるだろう。つまり、非言語的コミュニケーションも言語的コミュニケーションも本質的には行為水準の現象であるということをタスティンの「安全性のリズム」という概念化は明確にしていると理解できる。こうしたタスティンの概念化は、精神分析の基盤の「運動」的側面を明らかにし、そこにアルヴァレズの取り組んでいるような介入の領域が存在していると理解できる。つまり、タスティンの概念化は、アルヴァレズの取り組みも精神分析の営みであると捉えられる精神分析概念自体の拡大を意味しているのではないかと私は考える。

4．タヴィストック・モデルの精神分析——乳幼児観察実践とその応用の展開

　以上みてきたように，ポスト・クライン派の子どもの精神分析実践において，精神分析の定義領域はより広く，〈人とやり取りをし，関わる中で，その情動経験について考えていくこと，すなわち意味の生成の実践〉にまで拡大していると私は考える。こうした精神分析の考えの基軸になっているのが，乳幼児観察実践である[13]。乳幼児観察は，乳幼児と母親との関わりを観察するわけであるが，その情動的やり取りを観察し，考えていき，話し合っていくこと自体に意味があるという認識が次第に子どもの精神分析的心理療法士の間で共有されていったと思われる。その理論的背景は，ビオンのコンテインメントの理論である。このような考えは，乳幼児観察の手法をより広い臨床領域に応用しようという機運に結び付き，それはワークディスカッションという手法に結実した[21]。心理学的問題を転移と逆転移の問題として集約し，それを分析することで扱っていく，個人心理療法以外の様々な臨床現場で，精神分析を生かすという道筋をワークディスカッションは提示している。これは，タヴィストックの子どもの心理療法コースのヘッドとしてエスター・ビックの後を継いだマーサ・ハリス Martha Harris によって考案され，広められた[13]。この手法では，参加者は，各々の臨床現場で起こったことを詳細に観察し，記録にし，グループに持っていく。そしてそこでその記録をもとに詳しく討議していく。この観察，記録，グループ討議を通じて考えていく一連の流れが，コンテインメントを提供するというのが，ワークディスカッションの基本的な考えであり，この考えは精神分析のより広い臨床領域への応用を可能にしているといえるし，逆に個人心理療法実践に対しても大きな影響を与えているところがあるように思われる[15]。

　マーサ・ハリスの仕事は，個人の内界という，ともすれば視野狭窄になりがちなクライン派の精神分析に実践的な広がりを持つ社会的視座を創造的に導入したといえるだろう。

5. おわりに

　クライン以降の子どもの精神分析は，理論的にはビオンが示した方向性，そして実践的には，公的医療機関での無料の心理療法サービスという枠組みの中で，被虐待児や自閉症の子どもなど重篤な問題を持つ子どもとの分析的治療という課題に取り組む中で大きく変貌してきたと言えるだろう。子どもの精神分析実践は，精神分析研究所ではなく，タヴィストックがその中心になる中で，英国の公的医療制度の中の資格である児童青年心理療法士が実践を担うことになってきた[注2]。このことで，より多くの子どもが精神分析の恩恵を受けることが可能になったといってよいだろうし，ワークディスカッション・モデルやそれを用いた研修によって精神分析的な考え方や実践のあり方は広く浸透していった面があると考えてよいだろう。これらはハリスの残した「タヴィストック・モデルの精神分析」[13]の目に見える功績と言えるだろう。

　と同時に，ポスト・クライン派の子どもの精神分析実践には，次第に精神分析的な「核」が希薄になり，通常の「プレイセラピー」との相違が明確でなくなってきたとの批判もある。同様に，良くも悪くも，現代の「クライン派」の子どもの精神分析的心理療法士は，「アンナ・フロイト派」や「独立学派」と少なくとも実践面で大きな相違はなくなってきているし，互いにそれほど違いを強調しなくなっているという現実があるようである。

　こうしたなかで，「クライン以降の子どもの精神分析」は一体どこに向かっているのか，そのアイデンティティや独創性の起源を求めて自問する必要があるのかもしれない。

文　献

1 ）Alvarez, A. (1992)：Live Company, Routledge, London. 千原雅代, 中川純子, 平井正三訳 (2002)：こころの再生を求めて. 岩崎学術出版社, 東京
2 ）Alvarez, A. (2012)：The Thinking Heart: Three Levels of Psychoanalytic

---

注2）精神分析研究所で訓練を受けた児童分析家は，現在30人ほどなのに対して，タヴィストックなどで訓練を受けた児童心理療法士協会（Association of Child Psychotherapists）所属の児童青年心理療法士は推定1000人近くいる。

Therapy with Disturbed Childre. Routledge, London. 脇谷順子監訳（2017）：子どものこころの生きた理解に向けて．金剛出版，東京

3) Alvarez, A. & Reid, S. (1999)：Autism and Personality. Routledge, London. 倉光修監訳（2006）：自閉症とパーソナリティ．創元社，大阪
4) Bick, E. (1968)：The experience of skin in early object relations, In Spillius, E.(ed. 1988) Melanie Klein Today vol. 1,, Routledge. 古賀靖彦訳（1993）：早期対象関係における皮膚の体験．メラニー・クライン トゥデイ②（松木邦裕監訳）．岩崎学術出版社，東京
5) Bick, E. (1986)：Further Considerations on the Function of the Skin in Early Object Relations. British Journal of Psychotherapy, vol. 2. Reprinted in Briggs, A.(ed. 2002) Surviving Space: Papers on Infant Observation. Karnac Books
6) Bion, W. (1959)：Attacks on linking. International Journal of Psycho-Analysis, 40, 308-315. 中川慎一郎訳（1993）：連結することへの攻撃（松木邦裕訳）．メラニー・クライン トゥデイ①．岩崎学術出版社，東京
7) Bion, W. (1962a)：A theory of thinking. International Journal of Psycho-Analysis, 43. 白峰克彦訳（1993）：思索についての理論．メラニー・クライン トゥデイ②（松木邦裕監訳）．岩崎学術出版社，東京
8) Bion, W. (1962b)：Learning From Experience. Heinemann, London. 福本修訳（1999）：精神分析の方法Ⅰ．法政大学出版局，東京
9) Bion, W. (1963)：The Elements of Psycho-Analysis. Heinemann. 福本修訳（1999）：精神分析の要素．精神分析の方法Ⅰ．法政大学出版局，東京
10) Boston, M. & Szur, R.(Eds.)(1983)：Psychotherapy with Severely Deprived Children. Routledge. 平井正三，鵜飼奈津子，西村富士子監訳（2006）：被虐待児の精神分析的心理療法．金剛出版，東京
11) Fonagy, P., Gergely, G., Jurist, E. & Target, M. (2004)：Affect Regulation, Mentalization and the Development of the Self. Other Press
12) Freud, S. (1912)：Recommendations to Physicians Practising Psyho-Analysis, Standard Edition, 12. Hogarth Press
13) Harris, M. (2011)：The Tavistock Model: Papers on Child Development and Psychoanalytic Trainig. Karnac Books
14) 平井正三（2011）：精神分析的心理療法と象徴化――コンテインメントをめぐる臨床思考．岩崎学術出版社，東京
15) 平井正三（2014）：精神分析の学びと深まり――内省と観察が支える心理臨床．岩崎学術出版社，東京
16) Houzel, D. (2008)：The creation of psychic space: the 'nest of babies' fantasy and the emergence of the Oedipus complex. In Barrows, K.(ed.) Autism in Childhood and Autistic Features in Adults. Karnac Books. 世良洋，平井正三監訳（2016）：自閉症スペクトラムの臨床――大人と子どもへの精神分析的アプロ

ーチ．岩崎学術出版社，東京
17) Klein, M. (1946)：Notes on some schizoid mechanisms. In Envy and Gratitude. Virago, London. 狩野力八郎，渡辺明子，相田信男訳（1985）：分裂機制についての覚書．妄想的・分裂的世界（小此木啓吾，岩崎徹也責任編訳）．誠信書房，東京
18) Klein, M. (1957)：Envy and Gratitude. In Envy and Gratitude and Other Works 1946-1963: The Writings of Melanie Klein 3. Hogarth Press, London. 狩野力八郎，渡辺明子，相田信男訳（1985）：分裂機制についての覚書．妄想的・分裂的世界（小此木啓吾，岩崎徹也責任編訳）．誠信書房，東京
19) Meltzer, D., Bremner, J., Hoxter, S., Weddell, D. & Wittenberg, I. (1975)：Explorations in Autism:a Psycho-Analytical Study. Clunie Press. 平井正三監訳，賀来博光，西見奈子他訳（2014）：自閉症世界の探求．金剛出版，東京
20) Rhode, M. (2008)：Joining the human family. In Barrows, K.(ed.)Autism in Childhood and Autistic Features in Adults. Karnac Books. 世良洋，平井正三監訳（2016）：自閉症スペクトラムの臨床——大人と子どもへの精神分析的アプローチ．岩崎学術出版社，東京
21) Rustin, M. & Bradley, J. (2008)：Work Discussin: Learning from Reflective Practice in Work with Children and Families. Karnac Books. 鈴木誠，鵜飼奈津子監訳（2015）：ワーク・ディスカッション——心理療法の届かぬ過酷な現場で生き残る方法とその実践．岩崎学術出版社，東京
22) Schulman, M. (2014)：今，ここにおいて，2つの心が出会う場としての子どもの心理療法——乳児‐親の互恵性と乳児観察の心理療法における役割．精神分析研究 58(2), 121-136
23) Steiner, J. (1993)：Psychic Retreats: Pathological Organizations in Psychosic, Neurotic and Borderline Patients. Routledge. 衣笠隆幸監訳（1997）：こころの退避．岩崎学術出版社，東京
24) Steiner, J. (2011)：Seeing and Being Seen: Emerging from a Psychic Retreat. Routledge. 衣笠隆幸監訳，浅田義孝訳（2013）：見ることと見られること．岩崎学術出版社，東京
25) Tustin, F. (1972)：Autism and Childhood Psychosis. Karnac Books, London. 齋藤久美子監修，平井正三監訳：自閉症と小児精神病．創元社，大阪
26) Tustin, F. (1986)：Autistic Barriers in Neurotic Patients. Karnac Books
27) Tustin, F. (1986)：The rhythm of safety. In Barrows, K.(ed.)Autism in Childhood and Autistic Features in Adults. Karnac Books. 世良洋，平井正三監訳（2016）：自閉症スペクトラムの臨床——大人と子どもへの精神分析的アプローチ．岩崎学術出版社，東京

子どもの精神分析／精神医学
――現代の子どもの治療相談

木部　則雄

1．はじめに

　児童精神科の臨床実践を行う上で，子どもの精神分析を学ぶことの現代の意義について論じる。子どもの精神分析はクライン Klein, M.，アンナ・フロイト Freud, A.[2)3)]らの臨床実践，理論構成などによって大きな発展を為した。現代においても，その貢献や影響力が失われているわけではない。しかし，一人の子どもに要する時間や期間，費用などのコストを考えると，児童精神科のアセスメントにおいて，精神分析療法が適応とされる全ての子どもに精神分析を適応することは困難である。ウィニコット Winnicott, D. W.はスクイッグル技法を用いてこの問題に取り組み，その集大成は『Therapeutic Consultation in Child Psychiatry』（邦題『子どもの治療相談面接』岩崎学術出版社 2011）として周知されている。この実践は児童精神科の臨床で行われ，序文にその経緯と技法が記述されている。ウィニコットは初回面接に特別な価値があることを見出し，精神分析や心理療法と区別するためにそれを「治療相談面接」と名付けた。精神分析を児童精神医学の臨床実践に適応することは困難な課題であるが，ウィニコットは初回面接を十分に活用し，子どもの心的世界を理解することによって大きな成果を収めた。ここでの理解は知的理解だけでなく，情緒的な理解を含む精神分析理解である。

　筆者[4)5)]はスクイッグル技法でなく，初回面接時に保護者が病歴を語るのを聞きながら，子どもが自由に描く描画の重要性に注目した。この「自由描画法」によって，ウィニコットと同じように数回のアセスメント面接で症状の改善と心的世界の変化が為されたことを報告した。この自由描画法はスク

イッグルのような治療者側に絵心や卓越した理解力を必要とせず，初診時の外来診療でも簡便に行える技法である。

　ウィニコットの時代と異なり，現代の児童精神科の臨床ではエディプス葛藤や去勢不安といった中核的なテーマがほとんど影を潜め，発達障害や虐待に関連した子どもたちの外来受診が増え，数回の面接で問題解決に至ることは稀となった。また，家族の変化や崩壊が急速に進み，子どもを廻る環境は著しく悪化し，週に1回の精神分析的心理療法に継続的に連れてくる保護者も激減している。さらに，薬物の開発に伴う薬物療法は著しく進歩した。本稿では，薬物療法を併用した児童精神科の一般診療においても，この治療相談が発達障害の子どもの心的発達に貢献できることを論じる。

2．症例──悪天候の中で虹のシェルターに守られる女の子

　本症例は精神科クリニックを初診した後，50分間のアセスメント面接が2回，フィードバック面接が行われた。その後の2カ月間は毎週，3カ月目より隔週，半年後より月に1回の15分間の一般診療を行い，現在まで継続している。

1）初診（初回アセスメント面接）

　小学校のスクールカウンセラーからの紹介でクリニックを初診した。本児は小学校低学年の女児であり，両親，父親に抱かれている生後8カ月の妹と一緒に入室する。主訴は両親がワープロでまとめて持参する。集団行動ができず，日常生活のルールが守れない。常に反抗的で自宅でのトラブルが連日あり，いろいろなことを諦めていてやらないというものであった。両親は本児が保育園の頃からの集団不適応，生活態度を気にかけていた。小学校入学後，集団不適応などの問題行動が多くなり，連日のように担任教師から電話連絡があった。さらに，トイレの失敗があり，外出を怖がるようになった。本児は帰宅すると些細なことで数時間以上に及ぶ不穏状態に陥り，常に反抗的であり，投げやりで養育していく上で大きな不安を感じているということが記載されていた。両親の服装はともにカジュアルであり，中肉中背の人懐っこい感じのする人たちであった。妹は父親の胸に抱かれてすやすや寝てい

て，面接中ずっと静かだった。本児はカラフルな服装をしているが，その表情，目付きとも険しく，斜視矯正のための眼鏡をかけていた。本児は私を危険な獣を見るかのような目つきをして，とても警戒的であった。私はこの3人と赤ん坊に着席を促した。本児は両親の間に立ち，下を向いていた。私は挨拶をしてから，困りごとについて本児に尋ねた。本児は視線を下に向けたまま，私の質問に答えることなく，とても頑なな態度だった。一切のコミュニケーションは拒否された。

　私は母親に問題について尋ねた。母親はかなりの切迫感を交えながら，本児が毎日癇癪を起し，怒って指示に従うことなく，しばしば逆切れして，毎日パニックを起こして何時間でも泣きわめく，ふてくされて一切家族と関わりを持たないことを話した。さらに，食事すらも拒否して体重が減少し，睡眠もかなり不安定であった。そのことで，家庭生活そのものがガタガタになってしまっていると語った。また，本児は学校でも指示に従わず，特に集団行動を拒否し，たとえば冬には鉄棒が冷たいからと言って体育の授業を拒否し，担任教師からも連日のように苦情電話があるということであった。私は両親の話を聞きながら，そう深刻になるわけでなく，中々やるね〜といった感じで，不謹慎であるが何となく愉快そうに聞いていた。母親が本児に向かって，「まったく言うことを聞かないよね」と皮肉交じりに伝えると，本児は「いつもママは怒ってばっかり」と私の方を向いて，小声で答えた。私はそれ相応なコミュニケーションができることを確認できた。私は本児に画用紙を渡し，まず自分の好きな木を描いてほしいと欲しいと指示すると，本児は渋々ながら部屋の窓際に行き，絵を描きだした。父親はやや諦め加減に，親に対して謝ることは負けだと言って謝らないし，どうせ親が折れるに違いないと平然としているのでどうにもならないことを語った。母親は本児が人の気持ちを理解したり，まったく思いやったりできないし，人の話には平然と割り込んでくることを付け加えた。両親は下町で家業を営み，土日も早朝から晩まで仕事をしている。本児が幼児期の時から住居と家業は同じ建物になり，認知症を患っている祖母も同居している。生育歴として，妊娠出産には問題なかったが，母親は出産直前まで仕事を行い，産後数週後には復職した。本児は3歳までまったく手が掛からず，とても大人しく育てやすかった。保育園には生後半年後から預けたが，当初から泣くことなく，人見知りも全

くなかった。保育園年中まで，誰かれ誘われれば一緒に遊んでいたようであり，特に保育園から連絡もなかった。この頃は引っ越し，家業が多忙であり，十分に本児に注意を向けることはできなかった。本児は一人遊びが多く，自宅で問題はなかった。保育園の年中時より，集団行動を嫌うようになり，例えば学芸会の練習には参加するが，本番の出演には拒否するようになった。本人は「私はできるから，いいんだよ」と答えていたようであった。

　この時に，絵が完成したようであり，茫然と立ち上がった本児に私は絵を見せて欲しいと促した。私はモミの木のような木が二本描かれている絵（描画1）を見ながら，本児の伝えたいことについて思いを馳せた。その後，私は〈これってクリスマスツリーみたいだね。サンタクロースは来たのかな〉と伝えた。本児はぎくっとした感じで，母親は含み笑いをした。母親は些細なことでトラブルの後に，「サンタは来ないよ」と怒ったら，本人は「そんなのいらない」と嘯いたために，去年は何もなかったと語った。本児は冷静さを取り戻し，下を向きながら何も語らなかった。私は〈何か欲しいものがあったのかな〉と尋ねたが，本児は当惑したかのようであった。母親は本児には欲しいものは一切なく，困らないのではいかと語った。私は〈サンタ来なくて残念で悔しかったね〉と本人に伝えると，本人は俯きながら小さく頷いたようだった。私は別の画用紙を手渡し，好きな絵を描いて欲しいと伝えて，本児ははにかんだ笑顔で了解した。

描画1　バウムテスト　これは何の木でしょうか

私は本児の日常生活について尋ねた。母親によれば、学校からいつも不機嫌な様子で帰宅して、嫌々ながら宿題をして、些細なことで一悶着を起こす。他児への関心はなく、友だちもいないので誰かと一緒に遊ぶこともなく、自宅でシルバニアンファミリーを使って一人で物語を作って遊ぶか、読書をしているということであった。また、外出を怖がり、いつも自宅にいるということであった。妹は9カ月ほど前に誕生したが、今もほとんど関心なく、無視に近い状態である。

　本児は次の絵（描画2）を完成させた。私はこの絵に関していくつかの質問をした。この人物は同定されず、外の世界は雨、雷の悪天候の中、虹のシェルターに囲まれて、魚（ツムツムのキャラクター）とその子はさらに傘をさしている。私は〈あれあれ、この子はお外が嵐で怖くて外に出ることができないね。学校もお家も嵐みたいなものかもしれないね。だけど、このお魚と一緒だから一人でも寂しくないということかな〉と伝えた。母親はやや唖然として、さらに納得したかのような表情を浮かべていた。本児は自分のバックについているツムツムの小さなぬいぐるみを私に見せた。私は〈そうか、ツムツムは一緒だね〉と伝えた。私は一先ず、この親子関係の悪循環の解消のための対処を考えるために、公的機関の心理検査の結果を待って、今後のことを一緒に考えましょうと両親と本児に説明して初回のアセスメント面接を終了した。

描画2　お外は嵐と雨、そして虹のシェルター

2）2回目のアセスメント面接（初診後3週目）

　母親と二人で受診した。本児は初回よりリラックスした雰囲気ではあるが，まだ警戒心があると感じられた。母親は公的機関で行った WISC-IV の結果を持参した。私はこの結果に基本的に問題のないこと，ただし，頭での理解はとても優秀であるものの，板書や授業を集中して聞くことがやや苦手であり，授業中はストレスかもしれないと伝えた。母親によると授業中の態度は相変わらずで，行動を制止するとパニックを起こして，担任教師は頭を抱えているということだった。本児は「馬鹿にされてるんだよ」と呟いて，母親に言い訳をしているかのようだった。私は初回面接で本児が描いた絵を示して，〈いつも嵐の中だと，なかなか落ち着かないね〉と伝えた。本児はこれに大きな反応を示すことなく，渡した画用紙に描画を描き続けた。両親は家業に忙しく，放課後とか週末も継続的に本児を連れてくることは困難であることを語った。私は緊急対応という意味も含めて，薬物療法（Risperidon 0.25mg）を開始した。

3）フィードバック面接（2回目から2週後）

　母親と二人で受診した。本児の自宅での癇癪は軽減し，穏やかになってきた感じがすると母親は報告した。担任教師によると，どこでスイッチが入るか分からず相変わらずの状況であった。私は今まで本児と母親との間に親密な密着感を垣間見ることもないために，本児に母親に甘えることがあるかどうか尋ねた。本児は絵を描きながら，その話を聞いていたが，それに答えることはなかった。母親はやや真顔になりながら「甘えるなんて，そう言えば昔から考えもしなかったですね。全く小さい時からそんなことはなかったです」と話すと，本児は絵を描きながら，「べたべたするのは失礼でしょう」と絵に向かって答えた。私は〈へぇー，そうなんだ〉と驚きを隠さ

描画3　私じゃない熊とママと妹

ずに答えた。この後の本児の絵（描画3）は，初めて動物の母親と子ども，そして小さな赤ん坊であった。私は〈兎はママ，熊はあなたのことで，そしてこのちびは妹だね〉と伝えたが，本児は首を振った。私は〈そうか，だけどきっと熊さんは兎さんに甘えることがあるかな〉と尋ねると，本人は肯定した。私はアセスメント面接の要約を伝え，今後，薬物療法を併用しながら本児と母親の一般診療を継続することにした。

4）一般診療の経過

これらのアセスメント面接に引き続いて，本児の描画の理解を中心に15分間の児童精神科の一般診療を継続した。本児は今までより早く寝るようになり，睡眠は良好となり食欲も改善し体重も元に戻ってきた。当初，まったく示さなかった妹への関心が表出され始め，時々であるが母親の手伝いができるようになったということであった。さらに，初診4カ月後，本児はショッピングセンターで泣いている本児と母親と妹を描いた。この絵を見た母親から，本児が生まれて初めておもちゃを欲しがり，おもちゃ屋さんで駄々をこねて泣き出したことが報告された。この時には，本児は描画（描画4）に描かれている人物を初めて自分自身と同定することができた。初診6カ月後に，本児は自分が参加している授業の教室，その窓の外の虹がある絵（描画5）を描いた。私は，〈ここに最初に来た時のことを覚えているかな。虹はあなたを守る殻みたいだったけど，今は殻はいらなくなったのか

描画4　私が，私が欲しいもの

描画5　窓の外の虹

な〉と尋ねた。本児はこれに返答することなく「まど」という文字を書き加えた。この頃には，学校での問題行動はなくなり，適応的には問題なくなっていた。

4回目以後，毎週，隔週の診療から，初診半年後には月1回の診療となったが，この治療態度は維持され，初回投与量と同じ少量のRisperidonの服用も継続されている。初診1年後，クリスマスのシーズンでは，私がサンタクロースに言及すると，本児はクリスマスプレゼントの絵を描き，欲しいものをサンタからもらったことを恥ずかしそうに報告した。母親はやっと子どもらしくなってきたと感想を述べて，自分がもっと手をかけてあげればよかったんですねとしみじみと語った。

初診1年半後のある診療では，本児は私の顔を見て，「先生，日に焼けていなくて，どこにも夏休みで行けていないでしょう」と語り，私が浜辺でビーチチェアに横たわっている絵（描画6）を描いた。本児は「これで，ちょっと海に行った気分になって」とにこにこして語った。私はこの絵を見ながらとても素直に嬉しい気分となり，本児の思いやりの能力を実感した。その2カ月後，本児はお月見の絵（描画7）を描いた。そこには私が難しい顔をしてご馳走を食べながらお月見をしていたが，最後に本児は猿の着ぐるみを着た自分自身を描き加えた。母親は「お月さまは気味悪いから，一人では見られないんだよね」と揶揄した。本児は「黙っていてよ」と応酬しながら，描画を完成させた。

描画6 サマーバケーションのつもり

描画7 二人でお月見

私は〈きっと此処に来て，僕と一緒なら怖いものも見ることができるようになったのかもしれない〉とだけ伝えた。本児の当初のパニック，拒否などの問題行動は解決したが，書字などの学習上の問題，対人関係への関心の乏しさなどは未だに問題であり，今後も継続的な診療が必要である。本児は月に1回の診療を楽しみにして，日にちを忘れずに母親に伝えている。

3．本症例の考察

本児の生育歴，現病歴，心的世界の内容からすれば，DSM-5の自閉スペクトラム症あるいは社会コミュニケーション障害と診断できる。本児は他の医療機関では自閉スペクトラム症と診断されている。しかし，こうした精神医学的診断は本児の心的世界の理解や治療に役立つことはほとんどない。

本児は初回アセスメント面接で，当初言語コミュニケーションを拒否する一方，描画を通して私に連想の余地を残し，一定のコミュニケーションを行うことができた。本児はモミの木のような木を描き，私はそれからクリスマスツリーを連想し，それに言及した。これはクリスマスプレゼントのエピソードの話題を導き，一時的であったが円滑なコミュニケーションが成立した。この時，私は本児の世界を情緒的に理解し，クリスマスプレゼントの悔しさを明確にした。しかし，その後本児は最後には虹のシェルターに囲まれて，コミュニケーションを拒絶したように，子宮内にいるかのような傘をさした棒人物像を描いた。本児はこの人物を誰であるか同定することはできなかった。私は本児の心的世界に関する可能な限りの理解を伝え，この理解に対する本児の反応を見ることにした。本児にとって外的世界は嵐であり，その嵐から虹というシェルターに守られているが，その内側には胎児のように脆弱である本児がいると理解された。しかし，虹は嵐と同時に見えることはなく，本来は嵐の後に見えるものであり，嵐から守る虹のシェルターという使用法は本来の意味と異なり，倒錯的でもあるかもしれない。また，本児は自分自身を同定することはできず，これは本児が未だに胎児の状態であり，母子一体化という空想の中にいることを示唆していた。

2回目のアセスメント面接では，初回アセスメント面接での理解を伝えたことの効果は実際に乏しく，本児の問題は解決することなく，行動は全く改

善しなかったことが明確になった。本児には描画，言語による表現力は十分であり，一定の象徴能力もあり，精神分析的心理療法の適応であると判断された。しかし，現実的に両親の家業は多忙であり，定期的なセラピーに連れてくることができなかった。本児の心的世界の中心は自閉的なひきこもりによるコミュニケーションの拒否と被害感であり，数回の面接でのその改善を期待することは困難であると思われた。こうした観点から，本児への薬物療法を開始することにした。

　フィードバック面接では，この母子関係と本児の甘えについて明確化した。本児にとって，母親は一体化した存在であり，本児の発言は母親が遠い存在であると語っているが，甘える対象として分離していなかったようであった。一先ず，家庭での癇癪は収まりつつあった。

　この3回のアセスメントは，この家族力動を含めた本児の心的世界の理解だけでなく，解釈や薬物療法を含めた治療的介入を行ったものである。本児の両親は多忙な家業や引っ越し，介護などに時間を取られて，本児へのケアが充分だったとは言い難いかもしれない。また，母親から乳幼児期の生育歴の詳細は分からずに，かなりの不備であった。これは本児が幼児期から一人遊びや孤立を好み，両親にとって本児が手のかからない子として，ある意味重宝されていたゆえの関係性であった。また，本児は同胞の誕生にも全く無関心であり，自宅は一人で小さな人形相手に自閉的な世界にひきこもっていた。保育園での対応も本児の孤立した心的世界をサポートするものでしかなかったようである。こうした本児の自閉的な世界を担保する状況は，小学校入学後に崩壊することになった。本児はほとんど一切，担任教師の指示に従うということができず，クラスでも孤立した。母親は学校からの連絡に対して本児を叱責するようになったが，本児は頑なな態度によって母親の叱責を無視した。比喩的であるが，鎖国状態の日本に黒船が来航した時のように，家族内に大きな激震が走ったのであろう。母親は病院の受診，スクールカウンセラーや公的機関などに相談を行った。母親の疑問は本児がクリスマスのプレゼントも欲しがらず，「なぜこんなに頑なに頑固な子なのだろうか」というものであった。初回アセスメント面接は母親のこの疑問に答えるものであり，これは母親の納得した態度に反映されていたようであった。当初，憮然としていた母親の表情は明らかな変化があり，母親は本児の心的世界への

関心を持つようになったようである。

　2回目のアセスメント面接で，母親は本児への非難というより，本児に同情的に対応策を模索するような態度に変化していた。本児の態度も母親に言い訳をするようにお互いに歩み寄るように変化した。本児の心的世界への理解を伝えた解釈は本児の行動変化には至らなかったが，母親の態度の変化に大きな影響を与えたようであった。この治療相談とウィニコットの治療相談の最大の違いは保護者の同席である。これは発達障害を基盤とする子どもであっても，親子関係の悪循環の内容を明確化し，保護者に考える空間を与え，相互関係を良好なものにすることを意図している。これは3回目のアセスメントで甘えに関して言及した時に，効果的であったようであった。母親は本児の甘えのなさに初めて気づき，本児も母親を自らと分離した依存する対象として認識し，これに大人びた発言で反応した。これは，その後の双方のコミュニケーションを促進することになった。

　4回目以後の面接は一般診療枠での診察となった。薬物療法は一定の効果を示し，特に自宅での癇癪などは軽減した。本児は15分の診療の枠組みの中で必ず描画を描いた。私は毎回，描画に表されている本児の心的世界を理解して伝えるという作業を繰り返した。その後，本児は自らの描画の中に自分自身を同定することができるようになると，初めて自分の欲しいものを認識し，母親にねだることができた。これは初めて他者と分化した自己という意識が本児のこころの中に誕生したことを示していたかのようであった。本児は胎児のような母子一体化空想から抜け出し，母親と分離した存在として自らを認識することができたと思われた。

　この後，本児は妹の存在，学校生活，友だち関係に関する描画を描いた。これは成人が精神科診療で言語によって語ることと変わりないものであった。本児は四苦八苦しながら，現実生活に適応していることが理解された。初診後，1年半後に日焼けしていない私の顔色を見て，海辺でバケーションを過ごす絵を描いた。これは本児の大きな心的進歩であり，他者への気遣いが認められるようになったことを示している。

　本児の一般診療枠での診察をまとめると，本児と私との関係はアセスメントの時と変わりなく，私が本児の描画の意味を情緒的理解によって言語化して伝えるものであった。この間，本児の描画は技術的に急速に上手になり，

登場人物の表情が明確になり，本児の伝えたいことは苦も無く読み取れるようになった。これは本児が私とのコミュニケーション，理解されることの心地よさを裏打ちしているかのようであった。海辺での私の絵は気遣いというだけでなく，治療者の機能の内在化として理解できるかもしれない。本児はその2カ月後には私と猿の着ぐるみを着た本児を描いた。本児にとって月は不気味であり，それは本児の狂気（ルナ）を意味しているかのようであった。私と本児はこの治療関係の中で月，つまり本児の狂気部分を相互理解の枠組みで見ることができるようになったのかもしれない。

本児に対して精神分析的心理療法を行うことはできなかったが，こうした児童精神科の臨床実践でもこれに相当する心的成長が得られたものと考えられる。

4．考　察

ウィニコットは『子どもの治療相談面接』の序文の中で，いくつかの重要なポイントを指摘している。ひとつは主観的対象という概念であり，子どもには予め抱いている治療者への先入観があることを記述している。この主観的対象とは，治療者はクライエントの一部でもあり，これが機能できるのは2，3回の面接しかないことを語っている。本児は夢を報告することはなかったが，本児にとって筆者は特別な転移対象ではなく，本児の願望内のサンタクロースといった存在であったようである。筆者が本児の描いた木からクリスマスを想起したことは，筆者自身が本児の願望の一部としての役割を担っていたかのように感じる。別の視点からすれば，主観的対象とは子どもの願望や認知愛的本能を治療者に投影同一化することによって，治療者は子どもの一部になるということであろう。ウィニコットのもうひとつの重要な指摘は，初回面接で子どもの心的世界を理解することである。理解されることは子どもが困難を克服することの最大の援助となり，発達過程を促進することになると記述している。筆者は本児の心的世界について理解を伝えたところ，本児は嵐の中でひきこもることになったが，これについても理解を伝えた。アルヴァレズ Alvarez, A.[1]は病態によって異なる解釈レベルに関して整理している。アルヴァレズによれば，複線思考ができず象徴形成に関する

能力が不十分な病態である子どもには，理解を伝えることによって，意味を付与し，それを拡げる記述的解釈が適切である．これは治療者の存在が主観的対象である初回から数回の面接，あるいは自閉スペクトラム症等の複線思考が不十分な時には，転移解釈よりも適切な治療介入である．本児への解釈はこのレベルの継続であり，転移解釈をほとんど用いることはなかった．さらに，ウィニコットは治療相談を楽しむことを強調しているが，これは対処不能に陥っている子ども，家族に安心と考える空間を提供することにもなるであろう．筆者が感じたこころの余裕は，この家族に考える空間を与えることにも繋がったように思われる．

　ウィニコットの時代にはエディプス葛藤や経済的貧困などの逆境がテーマとなっていたが，昨今の児童精神医学の臨床場面に登場する子どもたちには大きな変化がある．筆者[4)5)]は初回面接時の子どもの自由な描画によって，子どもの心的世界を理解することで，1，2回の治療相談でスクイッグル技法と同じような効果を認めることを報告している（『こどもの精神分析』岩崎学術出版社　2006）．ここでは7症例が提示され，3例は葛藤がテーマとなっている神経症圏の症例と4例は発達障害の症例が記述されている．葛藤がテーマとなっている症例では数回の面接で，ウィニコットの症例のように回復し終了に至るが，発達障害の症例ではその後の心理療法や薬物療法によって治療を継続したことを報告した．ウィニコットの症例の中にも，おそらく自閉スペクトラム症と判断できる症例もあるが，ウィニコットは自閉症の本質的問題を取り扱うことなく，二次的なトラウマ体験を整理することで一定の成果を収めている[6)7)8)]．こうした観点は重要なものであるが，本症例は自閉スペクトラム症のテーマそのもの，つまり根本的なコミュニケーションの拒否が問題であった．筆者は本児の世界を理解や記述的解釈を伝えても，本児には数回の面接だけではこれを取り入れることは困難であった．発達障害の子どもの治療において，治療相談のような数回の面接だけでは不十分であり，本症例のように継続的な診療での反復的な理解と解釈の作業を要するであろう．

　児童精神科の臨床場面では，本症例のように全体の状況が切迫し，興奮状態などに対して緊急介入が必要なことが多い．こうした際に，この数年来非定型抗精神病薬が使用され，かなりの効果が認められるようになった．小

児への投薬の適応問題に関しても，Risperidone は小児期の自閉スペクトラム症に伴う易刺激性の追加で承認され，Aripiprazole も米国では小児期の自閉症興奮状態での投与が認可され，日本も適応追加の認可が為された。従来，旧来の抗精神病薬が自閉スペクトラム症の易刺激性，暴力性，興奮などの症状に実際には使用されてきた。しかし，その効果は決して明確なものでなく，本症例のような軽度の自閉スペクトラム症の治療としての薬物療法は選択肢にはなかった。しかし，Risperidone，Aripiprazole は自閉スペクトラム症の易刺激性を軽減し，その結果，問題行動を減らし，コミュニケーション能力を向上させることができることが期待されている。本症例では，Risperidone は本児の自宅での不穏行動を軽減させ適応行動を援助したことは確実であった。本児だけではないが，薬物療法はこうした子どもの過敏性を軽減するように経験上思える。つまり，自閉スペクトラム症の過敏性は皮膚や聴覚の過敏性と同じく，時に外的刺激は選択されることなく全てが摂取され，混乱状態に陥る。その結果，外的刺激を完全に遮断するというバリアーが形成されるのであろう。薬物療法はこの外的刺激に対して選択的にその摂取を調整し，考えることのできる心的空間を拡大することに寄与するのではないだろうか。薬物療法は本児の虹のシェルターによって矮小化された心的空間を拡大化する役割を担ったのであろう。また，この過敏性の軽減は問題行動の軽減にもなり，悪循環に陥った現実適応にも効果を示すようである。一般的に薬物療法の選択は子どもの問題行動に対して行われるが，虐待等の過酷な外的現実による症状に対しては効果が乏しい印象がある。こうした観点から，子どもの生育歴を十分に吟味して，それと擦り合わせながら心的世界を理解することが必須である。しかし，薬物療法によって本質的な心的世界の変化を導くわけではなく，治療者は治療態度を変えることなく，本児の心的世界の理解を継続的に行った。成人の精神分析の症例の中には，精神病状態などに薬物療法を併用している場合もあり，薬物療法は精神分析療法への援助となっている。発達障害の子どもへの薬物療法は，今後精神分析的心理療法の有効な援助の手段となると思われた。

　最後に，精神分析的心理療法は一般的に最低週に1回の面接が必要であると考えられている。子どもの治療の場合，成人と最も異なるのは子どもを治療に連れて来る人が必要なことである。これは精神分析的心理療法の最低限

の治療構造である。ウィニコットの症例の中には，遠距離であることなどの理由によって定期的な精神分析的心理療法に連れてくることができない症例が含まれている。現代社会の家族形態の変化は，この十数年で目まぐるしいものがある。戦後の高度成長時代における大家族から核家族への変化，さらには離婚の増加によって主に母子家庭などの片親世帯が急増している。この問題と付随し，十分なケアを与えられない子どもの貧困と言われる社会現象にも至っている。また，近年は共働き世帯も急増している。本児の両親は乳児と認知症の老人を抱えた共働き世帯であり，現実的に週に一回，通院時間も含めて継続的に半日を費やすことは不可能であった。これは昨今の子どもをとり巻く平均的な環境の実態のように思われる。さらに，定期的に子どもを連れて来るという役目を充分に果たすことのできない養育やケアの意識が乏しい保護者が増えたことは否めない事実である。発達障害を基盤とした子どもの精神分析的心理療法は短期間では終結することはできず，数年間の定期的な面接を要する。こうした子どもの精神分析的アセスメントは，子ども自身の対象関係だけでなく，保護者の評価が必須である。保護者の理不尽な要望によって，精神分析的心理療法の中断を防ぐことが必須である。こうした現代社会の家族，保護者の状態から，精神分析的心理療法の治療構造を確立できないケースが増えてきている。ウィニコットの1，2回のコンサルテーション，オン・ディマンドという相談形式は，現代社会の児童精神医学において精神分析的介入の最も現実的な対処形式であると考えられる。

　最後に，現代社会の変化を勘案しても，ウィニコットの『子どもの治療相談面接』で強調された治療態度は重要であり，こうした視点から精神分析的アセスメントとその後の一般診療を行うことを，現代の子どもの治療相談として位置付けた。

5．結　語

　現代の児童精神科の臨床実践は，社会状況や文化の変化によって，絶え間ない変化に翻弄とされている。こうした時代背景の中にあっても，ウィニコットが既述した治療態度は，現代のアセスメント面接及び継続的な一般診療でも重要であり，この精神分析的な介入が現代の多くの子どもたちに有効で

あることを本論文で提示した．

文　献

1) Alvarez, A.(2012)：The Thinking Heart Three levels of psychoanalytic therapy with disturbed children. Routledge, London
2) Freud, A.(1946)：The Psychoanalytical Treatment of Children. Image, London．北見芳雄，佐藤紀子訳（1961）：児童分析入門――教育と精神分析療法入門．誠信書房，東京
3) Klein, M.(1927)：The Writing of Melanie Klein, Vol. 1. Hogarth Press, London．西園昌久，牛島定信監訳（1983）：子どもの心的発達．メラニー・クライン著作集1．誠信書房，東京
4) 木部則雄（2005）：子どもの精神分析的コンサルテーション――自由描画を中心として．精神分析的精神医学 創刊号，17-33
5) 木部則雄（2006）：こどもの精神分析――クライン派・対象関係論からのアプローチ．岩崎学術出版社，東京
6) 木部則雄（2011）：ウィニコットは自閉症をかく語りき――『子どもの治療相談』の「症例ボブ」より．白百合女子大学発達臨床センター紀要 14, 3-19
7) 木部則雄（2012）：こどもの精神分析Ⅱ――クライン派による現代のこどもへのアプローチ．岩崎学術出版社，東京
8) Winnicott, D. W.(1966)：Autism. In, Shepherd, R. et al. eds.(1996)：Thinking about Children. Karnac Books, London
9) Winnicott, D. W.(1971)：Therapeutic Consultation in Child Psychiatry. Hogarth Press, London．橋本雅雄，大矢泰士監訳（2011）：新版子どもの治療相談面接．岩崎学術出版社，東京

討論　臨床心理士養成指定大学院において，子どもの精神分析的心理療法を学ぶことの意義

鵜飼　奈津子

1．はじめに

本稿では，私自身の経験から，臨床心理士を目指す初学者が精神分析的心理療法を学ぶことの意義について述べる。

私は，先の3人の論者と同様，タヴィストッククリニックの子ども・家族部門に留学し，子どもの精神分析的心理療法の訓練を受けた。帰国して以来，現在に至るまでの8年ほどの私の主な仕事の一つは，第一種指定大学院において臨床心理士を養成するというものである。そうした立場から，子どもの精神分析的心理療法が積み重ねてきた知見を，いかに臨床心理士の養成プログラムに取り入れることができるのかについて，私なりの考えをまとめてみたい。

2．大学院における臨床心理士の養成

臨床心理士の養成課程に入ってくる大学院生は，言うまでもなくこれから臨床心理士になっていこうとする人たちである。私は，そのまさに最初の学びと体験こそが肝心だと思っている。

一言で臨床心理士と言っても，その活動の領域および習得すべき理論や技法は実に幅広く，実際に2年間の修士課程あるいは博士前期課程ではそれらをすべてカバーすることはほぼ不可能であろうと思われる。たとえば，心理療法一つをとってみても，大変多くの学派があり，精神分析的心理療法はそ

の中の一つにすぎない。また，とりわけ子どもの心理療法となると，我が国では一般に「プレイセラピー」と呼ばれる「方法」が主流であり，子どもの精神分析的心理療法が提示する枠組みや設定といったものはそれとはかなり異なる（後述）。

こうした中で，特に精神分析的心理療法士，あるいは精神分析的思考を基礎におく臨床心理士になることを選んでいく大学院生は，圧倒的に少数であると言わざるを得ない。言うまでもなく，自分がどのような臨床心理士になっていくのかということは，大学院生の一人ひとりが決めていくことであり，決して教員が強制できることではない。ただ，それぞれに何か感じるところがあってのことであろう，私が実践・教育しているような精神分析的心理療法士，あるいはそうした知見をベースにした臨床心理士になりたいと考える大学院生が，私の周りに限っては全く皆無というわけではない。しかし，精神分析的ではない心理療法士・臨床心理士になるのだとしても，私は臨床心理士にとっての基本的な態度というものは，精神分析的心理療法の知見に大いに学ぶところがあると思っている。

それは，平井と脇谷の論考にもあるが，「そこで何が起こっているのかをしっかりと考える」という姿勢である。そして，その「考える」ということのベースは，やはり「（精神分析的）観察」にあるということである。心理療法の中で起こっていることをしっかりと観察し，いったいそこで何が起こっているのかということを考える。これは，精神分析的心理療法における基本的な態度であるが，特に精神分析的心理療法には興味がなく，そうした方向性を持った臨床心理士にはならないという大学院生にとっても，将来，臨床心理士として仕事をしていくからには大切な基本的態度ではないだろうか。

3．日本における子どもの心理療法の実践

私は，精神分析的心理療法に関心があり，また実際に実践もしているという臨床心理士のためのセミナーなどで話をさせていただいたり，スーパーヴィジョンを通して個々の事例について聞かせていただいたりする機会にも少なからず恵まれている。

ここでは，そうした私の個人的な体験を通して，私が日常的に感じている

日本における子どもの心理療法の現状について考えてみたい。ただ，この点に関しては，吉沢も触れているが，私自身も大学院の付属相談室や一般の相談機関における心理療法の実践においては，そこで精神分析的心理療法がどのように行われているのかということを議論する「以前」の状況にあると言わざるを得ないと感じている。

たとえば，先に触れた我が国において主流を占める「プレイセラピー」は，基本的に広いプレイルームの中に様々なゲーム類などの広範にわたる玩具が用意され，滑り台やトランポリン，砂場などの大きな遊具や設備があることすらある部屋で行われる。これらの玩具と設備は，セラピーを受けるすべての子どもが共有する。セラピストは子どもと一緒に動いて遊び，それを通して子どもが「自由に表現すること」を「見守り」，それに「寄り添う」。ただし，ここでいう「見守る」ということや「寄り添う」ということが具体的にはどういったことを意味するのかは，個々のセラピストによってかなり異なるように思われる。また，心理療法を行う上でのルールや設定といった，いわゆる「枠」といえそうなものがほとんどない中で行われていることが多いようにも見受けられる。

さらに，そもそもそうした枠にのっとって心理療法を行う以前に，その子どもと家族についてアセスメントをするという，精神分析的心理療法の実践にとっては基本的なプロセスを経ることなく，言葉は悪いが「漫然と」プレイセラピーに取り組んでいるような状況にあるのではないかと感じることが少なくない。こうした取り組みにおいては，心理療法の頻度や日時の設定といった基本的な枠は容易に揺さぶられ，セッションのペースが安定しないこともままある。にもかかわらず，そこではともかく子どもに継続的に来談してもらうことが一番の目標になっているようにも見受けられる。子どもが継続的な心理療法に通ってくることは，その時点でのその子どもと家族にとっては適切ではない場合もあるかもしれない。あるいは，さまざまな外的事情からそれが極めて困難であるかもしれない場合であっても，ともかくプレイセラピーというものに継続的に来談してもらうこと自体が目的化してしまっているのではないかと感じられることがあるのである。

こうした「見立て」がなされていない状況であるから，当然，遅かれ早かれどこかの時点でそのプレイセラピーは「中断」に至る。そうなると今度

は，セッションの中でのやり取りのどこかにまずいところがあったために中断に至ったのではないかと，その原因をセッションにおけるセラピストのあり方に求めるような議論に終始する。あるいは，中断に至ったことについて，「どのような？」と問えば明確な答えは出ないのだが，「そこにも（あるいはそこにこそ）意味があった」という一言で，それ以上の議論にすらならないこともあるように思われる。要するに，「そもそもこのケースの見立てはどうだったのか──本当にプレイセラピーが適当だと考えられ，それを行うことが可能な子どもと家族であったのか」という議論が抜け落ちてしまっているのではないかと，これは私がしばしば抱く疑念である。

さて，臨床心理士を対象にしたスーパーヴィジョンやセミナー，事例検討会といった場では，これから精神分析的心理療法について学びたいという，いわゆる中堅からベテランの先生方とお目にかかることになる。そこで「大学院時代には少しでも精神分析的心理療法について勉強されましたか？」と尋ねると，その答えの多くは「精神分析理論や精神分析的心理療法の'セ'の字も出てきませんでした」というものである。私個人としては，そうした大学院がある，というよりもむしろそれが大多数であるらしいということにショックを受ける。むろん，先にも述べたとおり，臨床心理士の活動の領域および習得するべき理論や技法は幅広く，心理療法一つをとってみても大変多くの学派があり，精神分析的心理療法はその中の一つにすぎないということは承知している。そのため，大学院教育の中で，精神分析について触れられる機会がないというのも，もしかすると仕方のないことなのかもしれない。そして，そうした中で行われる臨床実践においては「枠」がほとんどないという状態に陥ってしまうのも致し方のないことなのかもしれない。つまり，枠や設定といったことは外的なものであるが，そうした外的な設定を下支えする内的な枠組みあるいは設定（後述）といったもの，そしてそれらのベースとなる精神分析理論あるいは精神分析的心理療法の知見を含む「いろいろなものがない」と感じられるような状況下で，臨床心理士になるべく最初の教育が行われているということのようなのである。

そうして大学院を修了後に現場に出て，時には10年以上も臨床心理士として仕事をされてきて，これではいけないのではないか，あらためて学び直した方が良いのではないか──吉沢もこの点について触れているが──そうし

た気持ちを持ってスーパーヴィジョンやセミナーなどにお越しいただいている方も少なからずいらっしゃるのである。

こうした経験から私は，精神分析的心理療法の知というものを，まずは大学院教育の中に取り入れていかなければならないのではないかと，私自身が大学院教育に携わっているためになおのことであるが，強く感じているのである。

4．大学院教育の中でできること——心理療法士としての姿勢をはぐくむ

では，大学院教育においてはいったい何ができるのだろうか。それは，精神分析学会の会員であり精神分析的心理療法を実践しておられる先生方にとってはあまりにも当たり前のことであり，ここでわざわざ論じることではないと思われるようなことかもしれない。しかし，これまで述べてきたような私の個人的な経験からは，ここで今一度，それを明確にしておく必要を感じる。

それは，まずはしっかりと子どもと家族のアセスメントを経て，自分なりの見立てをもって心理療法に導入するかどうかを検討する，そうしたプロセスを経るという姿勢を身に着けるということである。こうした基本的な姿勢というものは，たとえ精神分析的心理療法を専門とする臨床心理士を育てることが主な目的ではない現在の大学院教育の中にあっても，十分に取り入れられるものなのではないか，むしろ取り入れるべきなのではないかと私は考えている。

実践例①

私がタヴィストッククリニックで臨床訓練を受けていた当時（2000年～2004年），子ども・家族部門の中のチームの一つである「乳幼児精神保健チーム」には，イギリスの就学年齢にあたる5歳までの子どもと家族に対して，5回までのセッションを提供する短期カウンセリングサービスがあった。これは，乳幼児期の小さなつまづきや養育者との関係の困難さについて，できるだけ早急に介入を行うことで，より深刻な問題に発展するのを防ぐという

予防的観点と同時に，背景に深刻な問題があるかどうかを見極め，その場合にはより本格的なサービスにつなげるためのアセスメントの機能をも果たすものである。つまり，短期介入が同時にアセスメントの機能をもつのであるが，これと同様の取り組みが，思春期部門においては精神保健サービスへのアクセスの敷居をより低くするという目的を兼ねて，4回までの短期カウンセリングサービスとして提供されていた。

　前者の取り組みにおいては，指導者でもある子ども・青年心理療法士とその訓練生がペアになって子どもと家族の面接を担当し，セッションはチームが主催するセミナーで検討されるほか，訓練生は個人スーパーヴィジョンを受ける。後者の取り組みにおいては，訓練の後半にさしかかった訓練生が単独で担当するが，こちらもやはりセッションはチーム内のセミナーで検討され，訓練生は個人スーパーヴィジョンを受けることになっている。

　これらの取り組みを参考に，私は大学院の付属相談室において，乳幼児から18歳までの子どもの相談について，全5回のカウンセリングサービスを提供することを基本とするシステムを構築した[2]。ここでは，基本的に相談室の臨床心理士と私が子どもと家族の面接を担当し，そこに大学院生が陪席する。子どもに関する相談の場合，いかに家族から現状や生育歴等について聞くのかということ，また面接室ではいかに子どもと向き合っていくのか（後述の観察する態度を身につけるということに当たる）を大学院生らが実際に体感しながら学ぶことを目指している。いうまでもなく，ここで子どもと出会う部屋の設定は精神分析的心理療法のそれであり，セラピストは用意された玩具を用いて子どもが表現することや，その様子を仔細に観察するという態度に徹する。

　相談の初回には，できるだけ養育者のみに来談してもらい，状況をある程度把握することを目指す。その後，来談について養育者から子どもに説明したうえで子どもを連れてきてくれるよう確認する。そうして子どもが養育者とともに来談した際には，改めて子どもも含めて主訴の確認を行うことを大切にしている。なぜなら，子どもの面接を始めるにあたっては，子ども自身がその子どもなりに，どうしてこの面接を受けるのかということを理解しておくことが大切だからである。このことは，5回目でおこなう振り返り面接において，今後，継続的に心理療法を受けていきたいかどうかの意思を子ど

もとともに確認することにも通じる。つまり，心理療法とは，親や周囲が子どものために子どもの知らないところで決めるものではなく，子ども自身が自分なりの動機をもって取り組むべきことであり，「楽しく遊びに行く（だけの）場所」ではないからである。むろん，全5回のプロセスではアセスメントが十分にできないといった事例も少なくなく，その場合はさらなるアセスメントの機会を設定することもある。

さて，これらのセッションは，毎回，大学院の講義において，陪席をした大学院生を中心に検討し，共有する。検討を繰り返す中で「見立て」を行い，必要かつ適切だと考えられる子どもと家族に対しては，そうしたこちらの理解を伝えるとともに心理療法を勧めることになる。そして，子どもと家族はそれをいったん持ち帰り，家族で再び話し合ってから，心理療法を始めるかどうかを決定する。

これは，子どもの精神分析的心理療法の実践的学びとしてはほんの一例に過ぎず，むろんまだまだ改善の余地があるシステムではある。しかし，少なくとも「子どもと家族のアセスメントを行い，自分なりの見立てを持ち，それを子どもと家族と共有したうえで心理療法に導入する」というプロセスを，大学院付属相談室におけるシステムの一つとして確立しているという点では，大学院教育における小さな前進ではないかと考えている。

フロイトFreud, S.から始まった精神分析理論，そして脇谷から詳しい説明のあった英国で発展を見たクライン派の考え方，そうした理論のさまざまは，多くの臨床実践が積み重ねられる中で，時を経て緩やかに書き換えられてきた。そして今なお，また将来にわたっても書き換えられていくものである。こうした諸理論について，きっちりと網羅した形で大学院のカリキュラムの中に組み込むことは現実的には不可能であろうと思う。しかし，これまで述べてきたように，心理療法をどのように導入・実践していくのかということについては，十分に精神分析的心理療法の知見を取り入れることができるのではないかと思っている。それをあえて「精神分析的心理療法」とは呼ばなくとも，これが，臨床心理士が行う常識的な心理療法の実践として根付いていってほしいと切に願っている。

こうした枠組みがあって初めて，その心理療法のプロセスの中で何が起こ

っているのかということについても考えることができるのであるし，それこそが精神分析的な姿勢であり，態度であると考える。このような実践を行う中ではじめて，セラピストがどういうことを感じたのか，連想したのか，そしてそれをどのように子どもと共有していくのかという議論も実りが多いものになるのではないか——こうしたことがセラピストとして基本的にできるようになって初めて，精神分析に限らずとも，いわゆる理論というものが生きてくるのではないかと私は考えている。これは，脇谷が最後にウィッテンバーグ Wittenberg, I. S. から「心理援助者とクライエントとの関係を出発点として，精神分析の分野で得られた洞察に照らしてその関係を吟味し，続いて理論を学ぶ」と引用していることとも呼応するであろう。

　一方，理論に興味を持ち，理論のみを学ぶことで大変な頭でっかちになってしまい，全く実践が伴わないという状況も少なからず起こっていると思われる。例えば，（ビオン Bion, W. を引用するまでもないが）そこで起きていることをそのとおりに見ることができず，まず理論ありきのセラピストの想像や願望に基づいて，子どもに「解釈」を与えてしまうといったことも案外起こってしまっているのではないかと感じている。だからこそ，まずはしっかりとした心理療法の設定の中に，自分をどのように位置づけるのか，そしてそこで起こっていることを真摯に見つめていく——観察——という態度を身につけることが，大学院教育の基本ではないかと私は思っている。

　日本でこれまで行われ，また現在も行われているプレイセラピーと子どもの精神分析的心理療法は，ここが最も大きく異なる点だと言っても過言ではないと思う。つまり，子どもの精神分析的心理療法においては，セッションにおいて子どものこころの中に，セラピストのこころの中に，そして子どもとセラピストの間に何が起こっているのかをじっくりと観察し，考えることができるような部屋の設定がある。そこでは，成人とほぼ同様のレイアウトの面接室において，子どもの一人一人に専用の玩具箱を用意する。箱の中には，描画や工作などができる道具が入っており，子どもがセッションで制作したものはその箱の中に保管しておく。共有の玩具は，ドールハウスやレゴブロック程度のものである。セラピストは定位置に座り，そこで子どもが「自由に表現すること」を「観察」し，そこで何が起こっているのかを「考える」。

こうした基本的な「観察する態度」ということに関しては、イギリスにおける精神分析的心理療法士の訓練において、脇谷が例として挙げる乳児観察の実践が、まずはその第一歩として位置づけられている。もちろん、イギリスの訓練で行われているとおりの乳児観察のスタイルをそのまま日本の大学院教育の中に取り入れることは、時間的制約などもあり難しい。ただ、観察的な態度を身につけるということについては、十分に可能だと思う。

例えば、大学院生は学外のさまざまな機関に実習に出かけていく。そうした実習先で、「何が起きているのか」ということを仔細に観察し、事後にその記録を起こす。そして、その記録を大学に持ち帰り、それがいったいどのような体験であったのかということを検討する。これは、平井が「ワークディスカッション・モデル」[1]として触れていることにあたるが、これもまた、乳児観察と並んでイギリスの子どもの精神分析的心理療士の訓練の最初の段階に位置づけられているものである。こうしたディスカッションは、大学院教育の中でも十分に取り入れることができるのではないだろうか。

実践例②

私が勤務する大学院では、精神科クリニックや病院など、成人を対象とする医療機関での実習のほか、教育や福祉関連機関にも週1回、それぞれ半年ずつ通うことになっている。前者においては、診察の陪席や予診を取ることなど、いわゆる臨床心理士としての実習が主になるが、後者においては「観察者」としてそこに「いる」ことが主な実習となる。たとえば、乳児院や児童養護施設では、複数名の乳幼児あるいは子どもたちが生活する様子を観察するという方法もあれば、一人の乳幼児あるいは子どもに観察の対象を絞って、その動きを追うという観察を行うこともできる。どのような場面をどのように観察するのかについては、それぞれの大学院生に任せているが、彼らはおよそ1時間程度、観察に集中する。そして終了後に、できるだけ詳細にそこで起こっていたことを想起し、記録する。その記録について、大学院の実習関連科目や研究指導、あるいは個人スーパーヴィジョンにおいて検討することで、彼らが徐々に観察者としての自らの立ち位置を確立していくとともに、そこで起こっていることをそのまま見つめ、考えることができるようになっていくことを目指す。こうした観察的態度というものこそが、心理療

法という場面に自らの身を置いた際に，必ず生きてくる。特に，大学院生が学内の相談室で面接を担当する前の段階で，こうした実習体験を持つことは，以後，特に子どもの面接を担当するようになってからの自らの立ち位置を改めて考えることができるようになるという意味でも，非常に有効な方法であると感じている。

　まずは，観察から始めてみる。そして，そこで観察したことを通して起こってくる連想を言葉にして伝えてみる（解釈）。次に，そのことに対して子どもはどんな反応をしてくるのか，あるいは一見，明らかに反応しているとは思われない「反応」があるのか。そこでセラピストは，その解釈が子どもにどう受け止められたのかと，その様子の観察からまた考えを広げ，深めてみる……。こうしたことを丁寧に，緻密に繰り返していく。これは，子どもの精神分析的心理療法を行う上でのセラピストの基本的な態度である。そして，こうした態度を養っていくということに関しては，大学院教育の中でも十分に可能であろうと考えている。

　タヴィストッククリニックでの訓練生時代，行き詰まりを感じている事例におけるスーパーヴィジョンでは「観察に立ち返りなさい」というアドバイスを私自身が受けたこともあれば，同僚らが受けていたのを聞くことも少なくなかった。つまりは，こうした観察的態度こそが，精神分析的心理療法を行う上でのまさに基本だと考えられているのだといえよう。

5．おわりに

　たとえ精神分析的志向を持つ臨床心理士を目指すわけではなくても，こうした精神分析的心理療法士としての基本的な姿勢を知り，身に着けることこそが，臨床心理士として「精神分析的心理療法を学ぶことの意義」なのではないかと私は思う。精神分析的心理療法から学ぶことができるセラピストとしての第一歩の意義は，ここにこそあるのではないだろうか。そして，それをしっかりと，まずは最初の段階で――大学院の臨床心理士養成課程の中で――根付かせていくことを考えながら，日々，大学院教育に携わっている。私にとっての「精神分析的心理療法を学ぶ意義」とは，まさにここにこそあ

る。

文　献

1) Rustin, M. & Bradley, J.（2009）：Work Discussion: Learning from Reflective Practice in Work With Children and Families. Tavistock Clinic Series, Karnac Books．鈴木誠，鵜飼奈津子監訳（2015）：ワーク・ディスカッション――心理療法の届かぬ過酷な現場で生き残る方法とその実践．岩崎学術出版社，東京
2) 鵜飼奈津子，堀内瞳（2013）：大阪経済大学における発達相談サービスの試み．大阪経大論集 第63巻第 6 号

討論　経験から学ぶこと
──考え続けることの難しさ

吉沢　伸一

1．はじめに

　本セミナーは，子どもの精神分析的心理療法について学ぶことの意義を深める目的がある。私に与えられた当日の役割は，英国タヴィストッククリニックで留学し学んだ3人の話を，我が国で臨床実践を行い学んでいる者，あるいは学ぼうとしている者とをつなぐことであると理解し，その立ち位置からの発言を試みた。このセミナーで浮き彫りになったのは，「経験から学ぶこと」についての重要性であるように私は思う。本稿では，当日の討論に加え，「経験から学ぶこと」についてあらためて私が考えたことを含めて示してみたい。

2．討　論

脇谷の論考への討論

　脇谷の論文では，クラインが開拓した乳幼児の心的世界に関する重要な概念がとてもわかりやすく解説されている。私が感じたのは，クラインが切り開いた世界を，我々は多かれ少なかれ辿り直すことが重要なのだということだった。

　論文の中で私の中に最もインパクトを残したのは，乳幼児観察のヴィネットであった。提示された乳幼児観察の記録について，脇谷が提示したのとは異なる観点での空想が私に湧いた。ヴィネットには，「よだれを垂らす」「クッションを落とす」「テレビボードの上の小物を落とす」といったように「落ちること」をめぐるテーマもあるように思われる。Aはちょうどひとり

で歩こうとして，まだうまくできない時期である。私は，支えとなる基盤が喪失する不安をAが抱えているように感じた。落ちるとははじめの接点を失うことであり，さらにそれが床や地面に落ちるならば，それが次の接点となりはするものの，壊れるかもしれない怖さや激しい痛みのインパクトが付随することが連想される。次の接点が無いことは，「ブラックホール」[6]に代表されるようにより基盤がないことを意味している。ヴィネットでは，ちょうどここで両親の不在がテーマとなっている。そして母親が戻った後に，Aは「尻もち」をつき泣いてしまう。まさに，はじめの接点の喪失と，次の接点での痛みのインパクトを示しているように私には思われた。グループで空想された，母親の内部・胎内にいる赤ちゃんという空想との関連で言うならば，早期エディプス状況での排除される不安，分離を強いられている恐怖と言えるだろう。そして，最後に母親は「あら，痛かった？」と抱きあげる。この短いヴィネットからはこの母親のパーソナリティや親子の実際の関係性については分からないが，私は，生きていく上で避けることのできない分離をめぐる喪失感とその痛みをAが経験していくのを過度な外傷にならない程度に「下支えする」役割を担っている母親がいるように空想した。それは，妊娠により排除されるとAが体験している母親とは異なる側面の母親である。私は，幼児の早期エディプス空想という迫害的な空想的側面と，実際の環境との相互作用について関心が湧いた。ヴィネットの背景にある母子関係とそのプロセスを知りたくなった。

　さて，先のヴィネットから私は，幼児を「下支え」することの重要性を感じた。私は，ここでビオン Bion, W. R.のコンテインメントについて考えてみたいと思う。コンテインメントを，大きく捉えるならば，治療者の自己変容を介した解毒作用だと私なりに理解しているが[9]，細やかに捉えるならば，小さな「下支えする」ことの連続のようにも感じている。この「下支え」とは，英語では「underpinning」で，日本語では「根継ぎ」の意味もある。「根継ぎ」とは「弱っている木に強い木の根を添え接ぎし，"樹勢"を取り戻させること」[5]を意味している。これは治療者が患者の欠損部分を積極的に支える営みと関連してくると私は考えている。従来解釈については，子どもからコミュニケートされている情動について理解を伝えることが，心の発達の助けになると示されてきた。しかし，先の「根継ぎ」の部分，つまり

子どもの欠損部分についても，同様の解釈機能を発揮することが重要なのかどうなのか，そうであるならば解釈が十分に機能するための前提となるものはあるのか，私はこの点について議論を深めたいと思った。

平井の論考への討論

　平井の論文では，まずはクライン Klein, M. からビオンのコンテイメントという治療機序の理解の革新を経て，精神分析的心理療法実践は，内省する二人の人が，情動経験を共有し，それについてともに考えていく営みであるということが示された。

　私の現在の子どもの臨床実践の中では，被虐待児や DV 家庭で育った子どもとの精神分析的心理療法の割合が高い。その実践を通して考えてみると，ビオンのコンテイナー・コンテインド・モデルは，ウィニコット Winnicott, D. W. のホールディングの概念と同様に，抽象化して捉えるならば一見理解しやすいモデルのように見えるが，その実情は，クライエントと治療者の双方にとって非常に苛酷なものであると私は感じている。剥奪体験のある子どもとの治療の場合，治療過程のほとんどが原始的な妄想分裂ポジションでの作業となるために，次第に様々な情動に巻き込まれ，耐えがたい苦痛を経験せずにはいられない。あるいは，その苦痛からの防衛として私の情緒は麻痺し，治療者である私自身が心的スペースを失うことをしばしば経験する。これは，私の訓練の不十分さが関与していないかと言えば大きく関与しているのだが，それはここではひとまず棚上げしておくことにする。

　メアリー・ボストン Boston, M. とロレーヌ・スザー Szur, R. ら[2]が被虐待児の心的スペースの問題を取り上げているが，養育対象に考えてもらうことが心的スペースの中に抱えられること，つまりコンテインされることを示してる。その中でも触れられているが，私の臨床経験からしても，コンテインすることができない体験，つまり内省できない体験，考えることができない体験の困難さは絶対的に避けることはできない。私は，むしろ日常の臨床ではその渦中で四苦八苦し，無力さや混乱に圧倒されてしまうことを多く経験する。これは，治療者がコンテイナーになる前提として，治療者自身がまずコンテインドそのものになる過程が必要であることを示している。コンテイメントが治療者の解毒作用を基盤にしていると捉えるならば，まさに治療者

が毒に侵されている状態である。つまり，この解毒過程は，患者の苦痛，苦痛を抱えた患者そのものになる過程であり，そのことを踏まえた治療者の内的変容過程は避けられない営みなのである。私は，この営みを治療者が生き抜くために，多くの論客が困難な実践を理論化してきたと考えている。例えば，投影同一化の理論的発展がその代表であり[3]，アルヴァレズ Alvarez, A. の妄想分裂ポジションにおける正当なニードと記述的解釈[1]，スタイナーの分析家中心の解釈[7]がそれにあたるであろう。そして，その理論的発展は，クライエント自身が内省力を培うため，さらには治療者が困難な治療過程を「もちこたえる」ことのための技術の集積と言える。

「もちこたえる」とは「endure」の訳語である[注1]。endure は，「（辛抱強くじっと）我慢する」「耐え忍ぶ」というように，「長い期間にわたって苦痛・不幸・困難などに対して努力をして耐える」ことを意味している。また，「続く，持続する」という意味も有している。その語源は，ラテン語の「indurre」であり，「中に in」「継続する drre」ことである[5]。つまり「存在したままあり続ける」という意味がある。私は，変容しながらも，変わらず治療者であり続けるという，この矛盾しつつも，たゆまぬ運動こそが，精神分析的な治療者に必要な姿勢ではないかと考えている[9]。私は，ここで棚上げしていた私自身の未熟さの問題を再度考えてみたいと思う。治療者がクライエントの病理的部分の投影を受け，そして治療関係では病理的対象関係が再演し，治療者は巻き込まれつつも，それでももちこたえ，理解を生成していこうとあがいていく過程に治療者自身の（部分的かもしれないが）内的変容，あるいは内的成長が欠かせないように思う。「一緒に内省する」経験とは，一緒に内省できない経験なくして成立せず，そこからいかに相互変容していけるかが重要に思われる。そこには，治療構造を維持しながらも，治療者が内省できないこと自体をさらに内省し考えようと，治療者が死にかけたとしても何とか生き続けようとする姿勢が含まれると考えられる。その結果として，以前に増して治療者が母性的機能と父性的機能を発揮し，治療関係が創造的な協同関係になることが望まれる。さてここで，平井が言及している「経験から学ぶ力」「内省できる力」とは，このようなクライエントと治

注1)「tolerance」が使用されることも多い。

療者の相互変容プロセスの中から生み出されると考えてもよいのであろうか，この相互変容プロセスを創造的な協同関係として捉えてもよいのであろうか，という疑問が私には生じた。

次に，自閉状態に関してであるが，以前私がセラピーを担当した愛着障害と見立てた症例の中に，後に自閉症スペクトラム児として認識するようになったケースがあったことが思い出された。その臨床経験からは，私の「慎重ではない介入」により，混乱を引き起こしたり，ひきこもりを強めてしまったケースがいくつかあり，中断に至ったこともあった。一方で，それにも関わらず，幸運にも成長が促進されたケースもあった。その場合では，混乱や自閉の殻を強化しひきこもりを示した子どもが，それまでの技法を修正し関与を調整するように私を促したという側面があるに違いない。治療関係の中で二人が共に生き残るために，間主観性／相互主体性が少しずつ醸成されていったと考えることもできよう。

ここで，タスティンTustin, F.の「安全性のリズム」の自己と対象の互恵的な関係について私は考えたい。このリズムとは，受乳時や抱っこするときの身体感覚も含めた相互調整を示していると思われるが，治療者の機能はこのリズムを提供することにあると考えられる。しかし，提供したとしても，その相互のリズムの運動の流れにのることができないのが自閉状態であるとするならば，それでも提供し続けること，あるいはリズムにのるように注意をひきつけ働きかけることが重要となり，その働きかけには自閉状態の理解やそれに特有の諸概念が重要になってくるのだと理解される。例えば，バラバラになりそうな自己感，付着同一化，ブラックホール，心的次元性，自閉対象，フェティッシュ対象などある。また，逆転移としては，被虐待児とは異なる質の無力感に直面しもちこたえる必要があるのだと思う。

この「安全性のリズム」とは，理想的イメージとしては，異なる楽器の音色が調和するというオーケストラで例えられるかもしれない。しかし，実際的な臨床では不協和音の中で何とか少しでも音を合わせていく地道な作業であり，完全に調和することはないと言ってよいだろう。また，不協和音こそが大切なのだという見方もできるかもしれない。さらには，先ほどの私の「慎重ではない介入」のように，治療者自身が不協和音を出してしまうかもしれない。そして，クライエントの反応（例えば，混乱や，さらなるひき

こもり，あるいは強迫症状）から私たちはそのことを教えられ内省させられる。私は，相互的・互恵的なつながりについて，理想的な状態ではなく，むしろ不協和音があるからこそ調和という目標をめざすことができるのだと考える。その中では瞬間的な調和があり，その積み重ねが重要であると理解できる。そこで私の中に湧きあがった問いは，相互的・互恵的なつながりとは，コミュニケーションの質の水準を意味していると考えられるが，相互的・互恵的なつながりがあるかないかという問題ではなく，むしろ，どのような関係性をもった相互的・互恵的関係であるかを検討することに意義があるのではないかということである。たとえ歪な相互的・互恵的なつながりであっても，それはそれでひとつのつながりであり，歪なつながりでもいかに維持して関わり続けることができるのか，あるいはその歪さをいかに軌道修正できるのかということが，臨床実践における「安全性のリズム」として理解してもいいのかどうなのか，私は探究したくなった。つまり，相互的・互恵的な関係は，先の協同関係であり，それは瞬間的にでも達成される理想として目指すべき方向性を示しているのか，それとも様々な水準の相互的・互恵的な関係というものが存在するのか，この点を含み「安全性のリズム」についてさらなる理解を深めたいと思った。

木部の論考への討論

　木部の論文では，精神分析の衰退の危機について，社会背景を踏まえ，精神医学の諸問題もからめて考えが述べられている。そして，脇谷と平井とは異なる観点で，ウィニコットについて取り上げられている。このことは，木部が子どもの精神科クリニックを開業され，多くの子どもを診ることになられた状況が背景にあると理解される。また，ウィニコット自身の独創的な考えの背景には，クラインの大きな影響があることを踏まえておく必要がある。ウィニコットしかり，3人の著者しかり，経験的理解の背後には確固たる理論的な準拠枠があるのも事実であろうし，それをそれぞれの治療者が体験的に心身に馴染ませているのかが，知的な理解を超えて，生きた理解を生み出し，子どもたちの交流を促進するのだろうとあらためて感じた。

　まず木部が提示した症例であるが，私は絵について率直な関心が湧いた。木部は，絵から症例の自閉状態を把握しているが，これはこの絵そのものが

自閉状態の傾向を示すものとして経験的に理解したのか，それとも他の成育歴などを踏まえてそのように把握したのか知りたくなった。木部が提示する理解は本質を直観的に把握するようなイメージが私にはあるが，その理解がいかにして生み出されるのかその源泉にあるものに私は興味が湧いた。また，私自身が，自閉状態を呈するクライエントとの多くの治療経験がないために，自閉状態を示す典型的な絵の要素というものがあるのかどうなのか，あるならばどのようなものなのかを知りたくなった。

　次に，木部（2012）が提示しているメルツァー Meltzer, D. の心的次元論を応用した「こころのルーレット」の視点から検討してみたい。ひとりの人のこころに多様な次元の心的状態があるが，その割合の程度によりパーソナリティのあり方を理解したり，どの状態が顕在化しているかで治療プロセスでの局面を理解することができる。私が先程述べた愛着障害だと見立てていたケースの中に，自閉部分や自閉状態をもった子どもがいたのだが，このルーレットに照らし合わせると，なるほどとしっくりくるものがある。このように経験を整理するためには，とても参考になる図式だと思うが，この4つの次元は，実際のケースにおいては，かなり複雑に入り組んだ形式で組織され位置づいている場合もあるように思う。私の経験からは，アスペルガー障害と診断され得る被虐待児や，神経症部分も精神病部分も持ち合わせていて状況に応じて変化し得る境界例児とよばれる一群，様々な症状を呈するがその主な防衛が強迫機制である基底には精神病状態を持つ子ども，などが思い浮かぶ。特に，二次元から三次元へと移行可能な局面においては，治療者は精神病状態に巻き込まれ混乱させられる一方，再度自閉状態の防壁の前で手が届かないという無力感に襲われることに直面させられるのを，幾度となく体験させられる場合もある[8]。そして，治療の進展の結果，あるいは大きな刺激がなく落ち着いているときには神経症的な様相を示す者もいる。このように考えると，ひとつの症例において，治療経過の中で「こころのルーレット」のあり方は変化していくだろうし，実践的には，治療的に関わる子どもひとりひとりに独自の「こころのルーレット」を治療者が逆転移の吟味を通して思い描いていくことが重要だと考えられる。それは静的ではなく，まさに動的なルーレットのイメージである。木部が提示されている「こころのルーレット」とは，子どもの心のあり様を示しているが，そのあり様を理解す

るに至る治療者の逆転移の感覚との関連について議論してみたいと思った。

3．経験から学ぶこと——考え続けることの難しさ

　私たちは，精神分析的な営みが患者が「経験から学ぶこと」を援助することであること，平井の論文にあるように「内省できる力」を育むことであるのを知っている。そして，私たち自身が，様々な訓練過程で「経験から学ぶこと」「内省できる力」を身につけることが必要である。このことは，脇谷の論文にもある訓練の経験にも通ずる。知的に学ぶことだけでは不十分で，情動体験を通して学ぶことを意味している。ビオンは知ることの重要性を指摘しているが，それは当然知的な理解ではなく情緒体験を内包している。

　ここで私は，3人の論文を踏まえ，私の記憶の中から蘇った，私がまだ駆け出しのころのケースを提示してみたいと思う。それは，知的に学ぼうとしている／学ばざるを得ない初学者の理解に役立つのではないかと考えたからである。私が子どもとの臨床的関わりをはじめて約1年半が経過した頃で，精神分析なスーパーヴィジョンを受け始めた時期の経験である。

　小学3年生のO君は，乱暴で，授業中に教室に落ち着いていることができない子であった。かなり厳しい環境で育った。当時の私のスタンスは，大きめのプレイルームで，O君とともに自由に遊ぶというものだった。多くの時間をサッカーで費やした。私は常に圧倒的に負けることになるのだが，終わりのない戦いを強いられ，休むこともやめることもできない中で苦痛を感じていた。一方でO君は，毎回「今日もいい汗を流したなー」とすがすがしく帰っていくのだった。私は笑顔で「お疲れ様，またね」と言いつつも，自分はいったい何をしているのかと無力感を感じずにはいられなかった。私は，このような関わりを疑問に感じてスーパーヴィジョンを受けることにしたのだった。当時のスーパーヴァイザーと相談し，O君とも幾度か話し合い，私は定位置から動かないという設定に変更した。O君ははじめは戸惑い，不安感を高め，壁に向かって乱暴にシュートしたり，サッカー選手のヒーローになりきり，ひとりの世界でドリブルやリフティングをするようになった。正直私も設定を変更したものの，どう関わればいいのか困惑していた。2人の間にはこれまでにはなかった緊張感が充満していた。私たち二人がこれまで

感じずにきたものだった。そんな時、私はある夢を見た。夢の中で私はO君になっていた。向う側にはマシンガンやライフルといった大きな武器が見えるが、それを持つ対象ははっきりしない。勢いよく攻撃がはじまり、私は激しく攻撃されまさに蜂の巣状態であった。恐ろしさのあまり目を覚ますと、身体中汗びっしょりで、怖さで身体がこわばり震えていた。この体験から私は、設定の変更がもたらしたO君への影響、さらには落ち着きがなく乱暴者のO君がもともと抱えている恐怖心や迫害感について身をもって知ることになった。

　そして、私は夢で体験した情緒とそこからの理解をO君に伝えることにした。当時の私は、夢の理解を十分に咀嚼しない形で伝えてしまった。ボール遊びが止まった瞬間に彼に話があると言い、私と一緒にいるときも本当は怖い気持ちを抱えて怯えていることを私はO君に伝えた。O君は一瞬たじろいだが、次の瞬間表情は強張った。目がつりあがり殺気だち、私めがけてボールを勢いよく蹴り出した。私は、まさに夢の中のO君（私）のように勢いよく攻撃された。夢の体験も怖いものであったが、この瞬間の怖さにはよりリアリティがあった。私は、何とか到達したと思った理解をそのまま伝えることの愚かさを身をもって体験したのだった。O君に理解を伝えた私自身が、まさに夢の中の大きな武器であり、O君を攻撃し迫害感を強めていたことなど、この時は知る由もなかった。その後のO君との関わりも含めて、この体験をスーパーヴィジョンで話し合う中で、O君と私の間で展開していることは、O君が外界との関わりで抱えている困難そのものであることを私は理解していった。つまり、被害感・迫害感が強く、それゆえにO君は落ち着きがなく、さらに乱暴とならざるを得ない。その結果、注意され、怒られ、疎まれ、被害感・迫害感が増すという悪循環の中で苦しんでいる。私にとって重要であったのは、この理解をO君に伝えるだけではなく、O君がいかにこの悪循環の世界で苦しんでいるのか、そしてその苦しみに触れることがいかに恐ろしいことであり、その恐ろしさに触れられずに様々な行動をとる必要があるのか身をもって知ることであった。また、この心のあり方がいかにして出来上がってきたのか、といった一連のO君の行動の背後にある内的体験と、その行動として表現されている防衛過程を実感を伴い理解することであった。

　私はこの経験から、分析的な観察と、そのことから治療者自身の中に沸き

起こってくる情緒をそのままに実感できることの重要性を身をもって体験した。共に遊んでいたり動いていては，子どもが無意識的に表現している諸々のことを感知して考えることが十分にはできない。私は，幾度も文献で読んで知っていた「定点観察」が，子どもの精神分析的心理療法においてなぜ前提となっているのか，ようやく理解するに至った。そして，私は，O君をはじめとする多くの子どもたちとの治療経験から，それまで様々な講義で見聞きしていた，治療者のベータ要素をアルファ要素に変換する機能，そして子どもたちの未消化な情緒を心の中に受け容れることのできるものに変形して戻す機能がいかに重要であるのかを，少しずつ理解していった。この機能とは治療者自身の内的作業であることは言うまでもないが，私自身の情緒的な処理過程を検討せずには先に進めなかった。また，それまで私を支えていた，解釈の結果劇的な変化が起こるという幻想や理想的で万能的な治療者像が崩れ出しはじめた。O君同様に外界に提示している自分とは異なる，酷く傷つきやすい自分の側面があることに気づかざるを得なかった。その自分の側面を含めて，私が感じていることをそのまま体験できることが治療関係を考える上では重要で，治療者にとっては避けがたい作業であることを学んだ。かなり単純化した言い方になるが，子どもと向き合う精神分析的心理療法の実践の中での本質とは，治療者が何を感じてそれをどのように考え，そしてどのように伝えていくのかということであり，さらにこのような過程に身を委ねている自分自身について考えるという循環の中に身を置き続けることだと私は思う。当然のことのようだが，私にとっては難しく，このことが私の心身に馴染むまでにはさらなる時間が必要であった。そして今だ格闘の日々は続いている。

4．おわりに

精神分析的心理療法での治療者との関わりにより，子どもの自己治癒力が活性化されるのは，経験から学ぶ力が芽生え育つからこそである。そのためには，治療者自身がまずは経験から学ぶことに開かれていくことが前提として必要である。そのことの重要性を，3人の論文からあらためて考えさせられた。本セミナーでは，治療には困難な場合が多いが，自己治癒力を育むこ

とができる精神分析的な交流の意義を再確認できたように私は思う．本稿が子どもの精神分析的心理療法を学んでいる／学ぼうとしている者の探究心を少しでも刺激できれば幸いである．

文　献

1) Alvarez, A.（2012）：The Thinking Heart: Three levels of psychoanalytic therapy with disturbed children. Routledge, London. 脇谷順子監訳（2017）：子どものこころの生きた理解に向けて――発達障害・被虐待児との心理療法の3つのレベル．金剛出版，東京
2) Boston, M. & Szur, R.（1983）：Psychotherapy with Severely Deprived Children. Routledge and Kegan Paul, London; reprinted Karnac Books, London（1990）．平井正三，鵜飼奈津子，西村富士子監訳（2006）：被虐待児の精神分析的心理療法――タビストック・クリニックのアプローチ．金剛出版，東京
3) Joseph, B.（1987）：Projective identification: Some clinical aspects. In, Melanie Klein Today（Ed. Spillius, E. B.）Vol. 1. The Institute of Psycho-Analysis, London. 松木邦裕監訳（1993）：投影同一化――いくつかの臨床側面．メラニー・クライン トゥデイ①．岩崎学術出版社，東京
4) 木部則雄（2012）：こどもの精神分析Ⅱ――クライン派による現代のこどもへのアプローチ．岩崎学術出版社，東京
5) 國廣哲彌，安井稔，堀内克明編集（2002）：プログレッシブ英和中辞典（第4版）．小学館，東京
6) Spensley, S.（1995）：Frances Tusitn. Armando Editore, Roma. 井原成男ら訳（2003）：タスティン入門――自閉症の精神分析的探求．岩崎学術出版社，東京
7) Steiner, R.（1993）：Psychic Retreats. Pathological Organisations in Psychotic, Neurotic, and Borderline Patients. Routledge, London and New York. 衣笠隆幸監訳（1997）：こころの退避――精神病・神経症・境界例患者の病理的組織化．岩崎学術出版社，東京
8) 吉沢伸一（2013）：アスペルガー障害を併せ持つ子どもの精神分析的心理療法とレジリエンス．発達障害者の社会適応と治療的介入効果の検討――レジリエンスの視点から．平成23-25年度科学研究費助成事業基盤研究（C）23530921研究報告書，19-54
9) 吉沢伸一（2014）：治療者の心的スペースの回復過程――境界例児との治療の行き詰まりから．精神分析研究 58(3), 267-278
10) 吉沢伸一（2015）：行き詰まりにおけるセラピストの内的プロセスの探索――内的危機と成長の交差．日本サイコセラピー学会雑誌 16, 102-116

討論への応答1

脇谷　順子

　本章は，日本精神分析学会の第61回大会における「教育研修セミナー」での発表および指定討論に基づいている。指定討論に対する応答を執筆している現在，大会から8年が経つ。その間，2017年9月15日に「公認心理師法」が施行され，国家資格である「公認心理師資格」が誕生した。2018年度以降に大学に入学した学生が公認心理師の受験資格を得る主な方法は，学部の4年間と博士前期課程の2年間で「公認心理師養成カリキュラム」に則った授業と実習を履修することである。2023年度に実施された試験では，6年間の「公認心理師養成カリキュラム」を修了した「公認心理師」が誕生した。社会におけるこうした変化も心に置きながら，精神分析的心理療法を学ぶ意義についてあらためて考えてみたい。

　精神分析的心理療法を学ぶ意義を考える際，乳児観察の意義をあらためて思う。私が臨床訓練を受けた英国のロンドンにあるタヴィストックセンターでは，乳児観察は主に精神保健領域のさまざまな職種の人たちの訓練や研修に取り入れられている。日本では，乳児観察セミナーグループは東京でスタートし，現在では他の地域でもセミナーグループが運営されており，精神保健，福祉，教育などの領域で仕事をしている人たちが研修目的で取り組んでいる。

　以下に述べることは，乳児観察グループのセミナーリーダー経験を通しての私の理解であり，考えである。グループに入ると，まずは観察にご協力くださるご家族探しが始まり，ご家族に出会えるまでのプロセスの中で，さまざまな情緒を体験する。赤ちゃんが生まれて観察が始まると，原初的な不安や非言語的コミュニケーションに満ち満ちた家族の中に観察者として身を置くことを経験していく。毎回の観察後，かなりの時間をかけて詳細な記録を書き，毎週のセミナーグループでは，報告された観察について，連想や問い

や考えを自由に述べ合う。「観ること」「記述すること」「自由連想をベースにしたディスカッション」を2年間繰り返していく中で，観察者の心は非言語的な世界により開かれていき，「見ること」の意義を情緒的な体験を通して知っていく。

　さて，討論についてである。吉沢は，私が発表の中で引用した乳児観察のビネットおける，「落ちる」という素材に着目し，「早期エディプス状況での排除される不安，分離を強いられている恐怖」，そして，「生きていく上で避けることのできない分離をめぐる喪失感とその痛みをAが経験していくのを過度な外傷にならない程度に"下支えする"役割を担っている母親」，そして，実際の母子関係に関心が向くと記述している。また，吉沢は，「underpinning」の原義である「根継ぎ」について説明し，子どもからコミュニケートされている感情についての理解を伝えることだけではなく，「子どもの欠損部分についても，同様の解釈機能を発揮することが重要なのかどうか，そうであるならば，解釈が十分に機能するための前提となるものはあるのかの議論を深めたい」と述べている。

　まず，子どもからのコミュニケーションにセラピストが言語的，非言語的に応答するとき，未分化だったり未消化だったりするものをセラピストはコンテイニングしている，あるいはコンテイニングしようとしていると想定できよう。親の心がほどよく機能している親子の関係においては，乳幼児が非言語的にコミュニケートしていることに親は注意や関心を向けており，そのような親のコミュニケーションには，「子どもの欠損部分」を補ったり，子どもの発達を自然に支えたり促したりする要素，つまりは親のコンテイニング機能も含まれていると考えられる。臨床の場で私たちが出会う子どもたちの親の多くは，さまざまな事情により親機能が十分に果たせない状態にある。そのため，子どもは，何らかの形や方法で発している思いや気持ちを受け止めてもらったり，想像してもらったりという経験が十分ではなく，子どもは自身の思いや気持ちについて「よくわからない」状態にあるように思われる。未分化，未消化なものをコンテイニングされる経験が乏しいゆえに，コミュニケートする力の発達が行き詰まっているような子どもとやりとりするとき，セラピストはより細やかで繊細な「観察」，情動へのより細かな目盛り合わせやチューニングといったことが必要になるだろう。

再び，乳児観察について述べたい。乳児観察を通して，観察者は「関心をもって見ること」がコンテイニング機能をもち，乳児の心の発達だけではなく，乳児を育てる親を下支えすることを実感していくだろう。観察にご協力くださる家族や親は，どのようなことを経験するのだろうか。観察が始まってしばらくは，観察者も家族も，「見ること‐見られること」を居心地の悪いものや，侵入的なものとして経験するようである。観察が継続するにつれて，「見ること‐見られること」は，「関心」や「見守り」として経験されていくようである。「見ること‐見られること」は，家族にとっては育児を，観察者にとっては臨床の仕事を下支えするものになっていくと言えそうだ。

　社会の変化に伴って，親子関係や人の心の在り様や苦悩の表れ方も表し方も変化していくようだ。そうした変化に伴って，心に何らかの困難を抱える人へのアプローチも変化していくだろう。社会も人も変化し続けても，関心をもって「見ること」や「見守ること」が心理療法の基本であることは変わらないのではないだろうか。乳児観察が人の心に関わる人（その人が取り組んでいることが育児であろうと臨床の仕事であろうと）にとっては，役立ち続けるだろうと私は考えているし，そうであることを願っている。

討論への応答2

平井　正三

　子どもの分析的セラピーの専門性の現状について，鵜飼が述べている。心理の世界では「公認心理師」資格というものができて，今後，以前からある臨床心理士資格も含め，心理の専門性というのはどんなふうになっていくかというのは，かなり流動的になってきたところがある。その中で，改めて子どものサイコセラピーの専門性とは何なのかということを考えていくことは非常に大事であろう。

　この問題に関しては，大体，鵜飼が書いているとおりであると思われる。以前，日本遊戯療法学会というところに初めて招待されて，そこのシンポジウムで話す機会があった。そこで私は，子どものプレイセラピーに関して，分析の視点から見るとどういうことが言えるか，という話をした（平井, 2016a）。特に，それが役に立つというのはどういうことか，その専門性というのはどういうところにあるのかという話をしたのだが，後で主催者の方やいろいろな人からのフィードバックで，「あの学会でそんな話は初めて」と聞かされた。「そんな話」というのはどんな話かというのはよくわからなかったが，おそらくプレイセラピーの有用性や専門性を正面から論じることはそれまでなかったという印象を持った。その学会の最中に，「精神分析というのは小難しい理屈をこねまわすだけ」みたいな発言も耳にした。臨床心理士の世界では，こういう精神分析への偏見もしくは反発はまだまだ結構あるのだと改めて思った。

　ところが，よく考えてみると，吉沢の討論に関わるが，containmentと言っても実際は難しい。子どもといえども侮れないし，むしろかかわっているこちらがおかしくなってくる。「じゃあ，おまえできるんか？」とか言われたら，「できると断言できる人，いるのかなあ？」と思う。その事実をみんな認めたくないから，あたかも簡単なことのように言うが，本当は難しい。

それを認めたほうがいいと思う。それを真剣に受け止めれば，これは本当に大変なことで，侮れないことがわかる。そのために訓練をしているわけである。

　一つ重要なのは，日本精神分析学会の（認定制度に関する）シンポジウム（平井，2016b；平井，2020）で述べたことだが，自分自身が分析を受けることなしにそういうことができるのかというと，やはり難しいだろうと思う。ノーベル賞の話が出たが，湯川秀樹などの時代に一人の天才的な人がやって何とかできる問題ではなく，「スーパーカミオカンデ」の時代で，みんなで集合的に努力してやっていくような類いのことかもしれないと思う。私は，吉沢が述べているような「セラピストが持ちこたえる」という言説は一般的にあると思う。つまり，一人の人が自己献身的に頑張れば何とかなる。「エースで4番」で勝たないといけないみたいな話である。しかし，「本当にそうなのか」と問うてみてもいいと思う。これは誰がやっても難しいかもしれないということを認める必要はないのだろうか。逆に，持ちこたえるという言説に暗黙のうちに含まれているのは，自分が何とかするという考えである。しかし，それが子どもであろうとも，心理療法の中で一緒に考えていく相手，すなわちパートナー（相棒）は，クライエントなのである。しばしばその子どもの中に相棒がいるかどうかわからなくなったり，相棒とはとても思えなくなる瞬間があったりするわけだが，どこかで一緒に考えようとしている，何とかしようとしている相手がいるのは確かなはずなのである。そこがやはり重要だし，自分が一人でやっているわけではなく，集合的な努力なのである。その中で，やはり焦点になるのは，自分が分析を受けているということではないかと思う。分析を受けている臨床家同士のネットワークの中で，これは本当に言うは易し行うは難しの仕事なんだということを共有し合っている中で，放射能を希釈して除染するみたいに，いわば「毒」を分散して「解毒」していく。一人で引き受けると，解毒といっても難しい。だから，やはり集合的な努力の中でそれをやっていく。

　そうした集合的努力のあらわれが理論であり方法論であろう。中でもやはり私は，特に臨床的観察を中心とする「方法論」が大事だと思う。どんなふうに臨床経験を捉え，考えていくか。それを会得していくことが肝要であろう。

吉沢の二つ目の質問，不協和音の話だが，なかなか私は簡単には答えられない問いである。ただ，互恵性とか，相互性ということのイメージに関しては，タスティン Tustin, F. が「安全性のリズム」と呼んでいるものは，調和だけではなく，不調和も含まれている。そこに力動的な要素が入ってくる。ある種の美しさとか，良さに対する愛情みたいな気持ちと，それから，不協和によって醸し出される憎しみ，醜さ，そういった情緒的な力動性というのはまずそこにあらわれてくるというふうに理解できるだろう。その全てが重要で，そこからいわばパノラマ的な展望と言うべきものが醸し出される。もっとも，自閉症とかの話になると，現代音楽のように，「これ，音楽ですか」みたいな世界にどうしてもなる。

文　献

平井正三（2016a）：精神分析的視点による遊戯療法．田中康裕，弘中正美，山中康裕，伊藤良子，國吉知子（2016）：遊戯療法の専門性と多様性．遊戯療法学研究 15(1): 123-149

平井正三（2016b）：精神分析的心理療法の訓練――私たちの「母語」を発見すること．精神分析研究 60, 308-315

平井正三（2020）：意識性の臨床科学としての精神分析――ポスト・クライン派の視座．金剛出版，東京

討論への応答 3

木部　則雄

　本セミナーでは,「子どもの精神分析／精神医学」に関して報告した。私は精神分析を基盤として,精神医学の臨床実践を日々,行っている。また,白百合女子大学の大学院で,大学院生の教育と臨床を行っている。私は精神科医と臨床心理士の二つの役割を担っているが,ここでは精神科医の立場から精神分析の重要性を論じた。

　精神分析を学び始めた頃に,言語表現が十分でない子どもの描く絵のメッセージ性に気づいた。これを「自由描画法」として,今も外来の初診時には色彩バウム・テストとともに行っている。この描画を基に,子どもの心的世界を垣間見ることができ,ここに大きな臨床的な喜びを感じるようになった。私はかなり長時間,臨床活動に従事しているが,この喜びがなければ,きっと臨床への関心は失せてしまうのに違いないと思っている。精神分析は私にとって精神医学の実践においても,羅針盤のような必須アイテムである。昨今の医学領域だけでなく臨床心理領域での精神分析の衰退は目を背けたい状況であるが,これだけ臨床実践を豊かにしてくれる精神分析を学ばないことは,可哀そうな臨床家を増やすことになると危惧している。

　児童精神医学では,操作的診断基準,心理検査や質問紙が重要視されて,診断に拘り,そして薬物療法を行うというルーティンワークが盛んに行われている。しかし,こんな殺伐とした臨床で,子どもたちの悩みに触れることができるのか大いに疑問である。たとえば,ASDとか,ADHDと診断される子どもであっても,それぞれ個々のこころの世界があり,それを理解することができなければ,一時薬物療法で症状が改善することがあっても,その後の展開を想像することもできないであろう。精神分析的臨床が重視するのは,コミュニケーションであり,特に初回面接時にはどのように子どもと関わるかが重要である。臨床家も保護者も,子どもとどれだけコミュニケーシ

ョンができるかが問題であり，これに焦点を当てるだけで充分である。このコミュニケーションの程度は，最終的には診断や診立てに結び付くため，そこに集中すべきである。端的に言えば，初回面接後に子どもがどれだけ満足して，楽しそうに終了できるかである。精神分析を学ぶことは，このコミュニケーション能力を向上させることになり，これが学ぶことの大きな意義である。

　学会発表では，吉沢の質疑にある「こころのルーレット」について論じたが，掲載にあたって文字数の関係で割愛した。これはメルツァーの次元論を応用したもので，人のこころには一次元性から四次元性までが存在し，時に応じて変化するというものである。これについては『こどもの精神分析』（岩崎学術出版社）などを参照してほしい。ASDの子どものであれば，一次元性，二次元性が優位であり，四次元性というコミュニケーションを行う領域は乏しい。本症例に関して，数分の診療で自閉圏の子どもであることは経験的に明白であり，その後はこの子どものこころの世界とどのようにコミュニケーションできるかに集中した。四次元性は投影と取り入れが可能な交流を通じて，こころが理解され，コミュニケーションが可能な領域であり，臨床家はこの領域と会話することに集中することが必須のテクニックである。本児の描画のシェルターとか，バリアなどはASD圏内の子どもにはよく見られるスタイルでもある。外の世界は嵐であり，そこから避難して，ツムツムとだけ遊んでいることを理解して伝えることが，重要であったように思え，これは四次元性の世界との会話であった。こうして関わることができたことは，臨床家冥利に尽きることであり，これこそが精神分析を学ぶことの意義であると感じた。その後，この初回面接を基盤として展開し，現在でも本児は同じ枠組みで外来通院している。本児は一見して，普通の思春期の女子として，現実適応は良好である。

　本症例の技法「自由描画法」は自然な診療の枠組みで創案されたものであり，元々，ウィニコット Winnicott, D. W. を意識したわけでも，これを基盤としたわけでもない。しかし，『子どもの治療相談面接』の序論に記載されていることは，今後の子どもの臨床家には益々，必須になると思われる。今日の子どもの臨床では，家庭崩壊などの家庭の機能の低下により，子どもを約束通りに連れてくることも儘ならないことも多い。また，週に一回の精神

分析的心理療法に子どもを連れてくることの出来る家庭は，都市部では激減している。初回面接の次はないと思って，一期一会として臨床に臨まなければならない。ウィニコットは本書の中で，初回面接で子どもはこころの世界の全貌を露わにすることを記載しているが，これには経験的にまったく同感である。たった一度だけの初回面接であっても，臨床家に充分な精神分析的素養があれば，子どもにとって大きな貢献ができると信じている。

　子どもの精神分析を学ぶことは，思春期，成人になって重篤化あるいは複雑化する病像の展開をある程度，想像することが可能である。これは臨床家にとって大きな意義であることも付け加えたい。

文献案内

セミナーⅠ●学ぶことの意義

　子どもの精神分析的心理療法の学びは，実践と訓練を継続していく中で，時間をかけて蓄積されていく。その過程で，多くの理論を学ぶ必要がある。また，治療者の実践経験とそこから導き出される理解，さらには治療者としてのアイデンティティを構築する上での困難さといかに折り合うのかという経験に触れていくことは，学びを促進してくれる。

　英国タヴィストック・クリニックで学び，日本における子どもの精神分析的心理療法の普及や発展に尽力したパイオニアの臨床家の著作からは，精神分析的心理療法の実際について触れることができる。以下に挙げる著作は必読の価値がある。木部則雄著『こどもの精神分析Ⅰ』『こどもの精神分析Ⅱ』（岩崎学術出版社），平井正三著『新訂増補　子どもの精神分析的心理療法の経験──タビストック・クリニックの訓練』（金剛出版），鵜飼奈津子著『子どもの精神分析的心理療法の基本』『子どもの精神分析的心理療法の応用』（誠信書房）。加えて，木部則雄・鈴木龍・脇谷順子監訳『乳幼児観察入門』（創元社）からは，早期の子どもの心の理解や母子関係の力動について学ぶことができる。

　また，上記のベテラン世代から学んだ次の中堅世代の臨床家たちによる，吉沢伸一・松本拓真・小笠原貴史編著『子どもの精神分析的セラピストになること』（金剛出版）は，日本の中で実践と訓練を継続しながらアイデンティティを模索している者にとって参考になるだろう。実践と訓練のプロセスで出会う困難さややりがいについて，多面的に議論されている。

　そして，近年では構造化された心理療法が実践できない職場で働く臨床家も多く，精神分析の知見をいかに現場に生かしていくのかが問われている。鈴木誠・鵜飼奈津子監訳『ワーク・ディスカッション──心理療法の届かぬ過酷な現場で生き残る方法とその実践』（岩崎学術出版社）は，この問いについて考える重要な機会を与えてくれるだろう。　　　　　　（吉沢伸一）

セミナーⅡ
アセスメント

はじめに

平井 正三

　セミナー2は，子ども・思春期の精神分析的心理療法のアセスメントについてみていく。

　精神分析的心理療法において，アセスメントは，子どもの心理学的問題の見立てをし，心理療法が適応かどうかを判断するだけでなく，短期の介入の側面や心理療法を立ち上げていく側面もあり大変重要である。さらにアセスメントの技量は心理療法の様々な局面で重要な役割を果たすゆえに，心理療法の技量全般に直結することが指摘されてきている。

　このようにアセスメントには多面的な機能をもつことが要請され，高度な技量と経験的知識を必要とされているにもかかわらず，本邦ではあまり取り上げられることはなかった印象がある。実際，まだまだ子どもの精神分析的心理療法のアセスメントはそれほど実践されていないというのが現状に思われる。

　子どもの精神分析的心理療法におけるアセスメントに関しては，米国の自我心理学の流れがわが国では比較的紹介され，一部実践されてきた歴史がある。しかし，本セミナーでは，これまであまり紹介されてこず，かつ実践もされていなかった，英国のタヴィストック・クリニックを中心に実践されている心理療法のアセスメントの考えに基づいた臨床家による論考を集めた。英国における子どもの精神分析的心理療法のアセスメントについては『児童青年心理療法ハンドブック』（ラニャード＆ホーン編，平井正三・鵜飼奈津子・脇谷順子監訳）や『こどものこころのアセスメント』（ラスティン＆カグリアータ編，木部則雄監訳）などに記述されているが，本セミナーは，わが国の臨床家による本格的な概説の試みと言える。

　鵜飼奈津子は，英国の公的精神保健サービスの中で実施されている多職種協働チームにおける子どもと家族のアセスメントについて概説する。紹介されてきた子どもと家族はまずは包括的アセスメントを実施し，その中で子どもの心理療法の適応を検討することになったケースに心理療法アセスメントが行われる。鵜飼はその概要について述べている。続いて，この英国のアセスメントをモデルとして，臨床心理士養成大学院での訓練のために導入した，いわば簡易版のアセスメント法とその実践例を紹介している。これらはそれぞれ母親の心理療法を開始したり，そして短期の介入にとどまったりし，子どもの心理療法は実施しなかった

例であり，子どもと家族のアセスメントにおいてはこうした選択も考慮する必要があることが示唆されている。

黒崎充勇は，病院での子どもと家族の心理療法アセスメントの実際について自身の実践を紹介している。多忙な病院臨床の中で，親子同席面接から始め，親子それぞれの個別面接を2回ほど行う方法が提示されている。そのうえで，こだわりと感覚の敏感さという特徴を示し発達障害と思われる女児とその母親とのアセスメントの例が述べられている。同一アセッサーにより行われたアセスメント面接を通じて，この母親は被虐待経験があるうえに，実家族，義家族のケアテイカーであったことが明らかになった。そして個別セッションの中でこの女児は描画を通じて自身の心の世界を豊かに表現していること，そして両親がアセッサーの介入に反応しているように見えることなどから，心理療法による介入が有効であろうと判断された。このように，通常の精神科臨床であれば発達障害というだけで済まされる症例において，精神分析的アセスメントは子どもの豊かなファンタジーの世界を開示し，子どもと家族の可能性が見えてくると黒崎は論じている。

飛谷渉は，思春期にはそれまでの自己の心的皮膚（ビック）に「ひび割れ」が生じ，いわば脱皮が生じると指摘する。その際に，メルツァーが指摘するように，グループプロセスが重要な役割を果たすと論じ，それは投影優位なパラノイア的性質を持つ中学生グループと個が確立する生産的な高校生グループに分けられるとする。中学生は一般的に無思考の傾向があり，内面を見るというよりも，グループでの相互投影同一化が発達的にも必要な時期であり，心理療法はアセスメント過程で終わり，グループに戻すことが重要な場合も多いと論じられる。飛谷は，中学生の男子のアセスメントのケースの詳細を生き生きと描写し，以上の点を例証している。

これらの論考に対して，脇谷順子，そして松本拓真による討論が続く。

脇谷は，臨床現場や方法に相違のある，3人の論考すべてに共通しているのは，「クライエントとセラピストとの双方向的なコミュニケーションによってクライエントを臨床的に理解していくプロセスであり，精神分析的観察を基盤としている点」であると指摘する。それは，「成育歴や現症歴を聴取して情報を収集するという方法のアセスメントとその方法も目的も異なる」のである。鵜飼の論考に関して，脇谷は，包括的アセスメントの非常に重要な実践であるが，現時点でわが国ではそれを実施できるマンパワーなどの資源が十分にある臨床現場は少なく，今後そうした臨床現場を作っていくことが必要であると論じる。続いて黒崎の論考については，多忙な病院臨床のなかでの限られたリソースを的確に活用して精神分析的アセスメントを実施する好例であると指摘する。最後に飛谷論文につい

ては，飛谷の的確な解釈が精神分析的観察に基づくものであること，そしてこうしたアセスメントは短期の治療的介入の意義も大きいことが論じられている。

　松本は，インテーク１回ではなく，その後に３-５回程度のセッションを持ってゆっくり話し合う構造という共通点があることを指摘する。そして鵜飼の提示した臨床心理士の大学院での実践について，包括的アセスメントの簡易版に言及して，初心者も実践可能なものであることを指摘する。そのうえで，心理療法アセスメントではなく「行動観察」となっているのは，大学院生では心理療法アセスメントは難しいということではないかと思われ，その難しい部分はどのようなところなのかというのは初心者が今後鍛えていくべきところではないかと論じる。松本は，黒崎の提示したケースに関して，この子どもに心理療法が有効だと判断したのはどのようなところなのかを問う。そしてまた，様々な心理的問題を抱える母親の心理療法を優先する選択や家族を支える必要性等もあるのではないかと指摘する。最後に，松本は飛谷のケース提示について，特に転移に焦点づけた介入に衝撃を受けたと述べる。そのうえで，思春期の子どもにそうした介入をすることの意味について問いかける。また「心理療法が必要な中学生は心の状態が中学生ではない」という飛谷の言葉を取り上げ，中学生になるための心の条件はいったい何なのかと問う。

子どもの精神分析的心理療法のアセスメント[注1]

鵜飼 奈津子

1．はじめに

セミナー1の討論において，筆者は指定討論者として，自身の主な仕事の一つである臨床心理士を養成するという立場から，臨床心理士の初期教育として，特にアセスメントの必要性を理解することの重要性について述べた。そして，そのアセスメントがテーマである本稿では，子どもの精神分析的心理療法（以下，心理療法）を安定して維持するためには，子ども本人のアセスメントのみならず，家族やその子どもを取り巻く社会的文脈という視点からのアセスメントが欠かせないという視点から，子どもと家族のアセスメントの概略を提示する。

本稿ではまず，英国の公的精神保健サービスの多職種協働チームにおいて実践されている，子どもと家族の相談におけるアセスメントについて述べたうえで，臨床心理士の初期教育という文脈から，筆者が所属する大学院心理臨床センターで実践しているサービス[注2]について述べる。

2．英国での実践

ここに述べるのは，英国の公的精神保健サービスの多職種協働チームにおける，子どもと家族のアセスメントの概略である。しかし，これはたとえば，筆者が総合医療クリニックで，子ども相談担当の臨床心理士という一人職場

注1）第62回日本精神分析学会教育・研修セミナーにおける「子どもの精神分析的心理療法：子ども・思春期の精神分析的心理療法のアセスメント」にて，子どもの精神分析的心理療法のアセスメントについて論じた内容に加筆・修正を加えたものである。
注2）セミナーIの討論でも取り上げている。

において応用してきたシステムでもあり，また後述のとおり，大学院においても応用しているシステムである。つまり，この基本構造を念頭に置くことによって，それぞれの臨床の場に応用可能なシステムであると考えるものであり，環境が異なるのでこのような実践はできないなどといった判断がなされるべきものではないことを強調しておきたい。

1) 包括的アセスメント（generic assessment）

　子どもの心理療法について考えるにあたり，まずは「心理療法のためのアセスメント論」[1]という概念について触れておく必要があろう。これは，子どもの心理療法をその子どもを取り巻く家族，あるいは社会という文脈で考えるという視点である。そのため，すぐに子ども単独のアセスメントを行うのではなく，数カ月から1年をかけて，その子どもと子どもを取り巻く環境について検討するという，いわゆる「包括的アセスメント」を行い，その後，その子どもの心理療法に入るかどうかを，心理療法士と本人，そして家族が共に話し合って決めて行くというプロセスを踏む。そのため，この時点で子どもの心理療法が適切であろうと判断された場合には，子どもの心理療法士による「心理療法のためのアセスメント」が導入される[注3]。むろん，このプロセスを経る中で，治療方針として，子どもの心理療法ではなく，家族全体をサポートするための家族面接を中心とした関わりがとられることもあれば，親に対するコンサルテーションが継続的に行なわれることもあろう。また，稀にではあるが，親自身の問題を扱うことを優先するために，成人の心理療法士にリファーして，親個人の心理療法を勧める場合もある。いずれにせよ，子どもが何らかの問題を呈して相談に訪れたからといって，また，たとえ来談者が子どもの心理療法を希望して相談に訪れたからといって，子どもの心理療法ありきで相談を開始するのではなく，まずはその子ども（問題）を取り巻く家族と社会という文脈から，現状について検討するという方法論である。子どもの心理療法にかぎらず，CBTや家族療法，あるいはアートセラピーなどの療法を希望して訪れる子どもと家族に対しても，こうしたプロセ

注3）多職種協働チームから，他職種の2名が包括的アセスメントにあたるため，この段階までに担当していた者が子どもの心理療法士ではない場合には，心理療法のためのアセスメントに入る時点で，担当者は子どもの心理療法士に変更になる。

スを経ることが共有されている。また，これらの療法へのリファーの他，学校等へのコンサルテーションや家族への助言のみで相談が終了することもある[注4]。

2）子どもの心理療法のためのアセスメント

子どもの心理療法のためのアセスメントは，心理療法と同様の設定で，子どもの心理療法士が子どもと，包括的アセスメントの過程で親に会っていた者の一人[注5]が親と，それぞれ3-4回程度のセッションを行う。

(1) 子どものアセスメント

まずは，「場」の設定であるが，心理療法と同様に，毎回，同じ部屋に，その子ども専用の玩具箱を用意し，定期的な日時を設定して決まったリズムを作るなどの外的設定を整える。

次に，心理療法士のあり方やかまえといった心理的（内的）設定についてであるが，そこで起こっていることを詳細に「観察」することに努めるという基本的な姿勢は，心理療法と同様のものである。そして，心理療法士はそこで理解したことを伝える作業（解釈）を繰り返していくが，ここでは，子どもの言動を描写する記述的解釈と，それに対する心理療法士の連想を伝えること，そしてそれに対する子どもの反応を観察する（解釈について確認し，検証する）というプロセスが中心になる。つまり，心理療法士という，自分について考えてくれる人の存在や，心理療法士が自分（の気持ち）に関心を向け，考えようとしている（心理療法士の「もの想い」）といったことが，子どもに対して示されるわけである。それに対する子どもの反応は，肯定的に関心を示して耳を傾ける様子がうかがわれることもあれば，拒否的な態度でこちらの言うことを否定するばかりである場合もあろう。あるいは，なんら具体的な反応を示さないこともあるかもしれないが，それでも心理療法士の言葉を聞いているかどうか，せめて意識がこちらに向いているのかどうか

注4) ここまでの具体的な実践については，拙著に詳述[2)3)]しているため，セミナー当日には解説を加えたが，本論では紙数の関係から省略する。

注5) 多職種協働チームであるため，担当する者の職種は様々であるが，子どもの心理療法のために特に必要だと判断される場合には，親面接も子どもの心理療法士が担当する。

など，「反応がない」ということもひとつの「反応」として考え続ける。この際，同時に心理療法士の逆転移（行動化や身体化）についても考え続けることはいうまでもない。こうした緻密なプロセスが繰り返される中で，この「場」に転移‐逆転移関係が集約されていく。

　つまり，アセスメントにおける心理療法士のあり方とは，自分自身と子どもの間に起こっていることを見つめていくことを繰り返す作業であり，子どもはそうした心理療法士のあり方から，心理療法とは心について関心を向け，考え，そしてそれについて話し合う場であるということを理解するようになっていく。同時にこれが，心理療法士の「考える機能」を子どもが自分の中に取り入れる過程になるとするならば，このアセスメントの過程そのものが発達促進的なものになりえるといえよう。こうした心理療法士との出会いを続けていくことに，子ども自身が興味を持てるのかどうか，そして子ども自身もまた，それが自分にとって役に立つものでありそうなのかどうか，このアセスメントを通して考えることになる。一方の心理療法士も，自分の力量で対応できるのかどうかといった問いも含めつつ，この子どもと出会って行こうと思えるのかどうか，またこの子どもにとって心理療法的アプローチが可能であり，有効なのかどうかという視点を持って，アセスメント過程における子どもの反応や自身の逆転移を吟味し，検討する。

(2) 親，家族，その他の関係機関についてのアセスメント

　子どもの心理療法について考える際，親（家族）に対するアセスメントは欠かすことのできないものである。なぜなら，子どもの心理療法は心理療法士が一人で行うものではなく，そこには必ず家族の理解と協力が必要だからである。

　アセスメント過程では，家族が子どもの心理療法について，担当者からの説明や担当者との対話を通して理解し，それを家族として支えることができるかどうか，その可能性を探る。具体的には，この親がこうしたアプローチに関心を示すかどうか，心理療法の枠組みを守ることができるかどうか，また面接を通じて親が子どもとの関わりをより発達促進的な方向に変えていくことができるのか，といった視点から検討する。つまり，親と心理療法士が，共に子どもの心理療法を支える協働関係を築くことができるかどうかが，子どもの心理療法を安定的に支えていくための不可欠な要素だということであ

る。

　また，親の担当者は，学校などの関係機関との協働の可能性についても，同時に模索する。たとえここでの担当者が心理療法士であろうとも，子どもの心理療法と並行して行われる親面接においては，能動的かつ積極的に，時には心理教育的なアプローチも含めたコンサルテーションを行うことで，子どもの心理療法を支えるとともに，他機関連携についても積極的に行なっていくことが求められるのである[注6]。こうした親面接者の働きにより，心理療法の外側でのつながりが形成され，それが心理療法の中での子どもの成長を支える器として機能することになる。こうした外的状況が整えられ，子どもを取り巻く環境が持つ潜在的援助能力がその時点で最大限に行かされることで，ようやく子どもの心理療法に入ることができるのであり，子どもの心理療法のためのアセスメントにおける親のパートは，このあたりがいかに整えられるのかを見極める過程であるとも言えよう。むろん，当該機関で対応できるのかどうかといった，現実的な側面についても確認しておくことが必要であろう。

　一方，家族にとっては，子どもが継続的に心理療法に通うというのはどういったことなのか，アセスメント過程を通して体験的に考える機会を得る。子どもの行動には，自分たちが気づいている以上に意味があるということを理解し始め，自分たちに子どもを理解し，援助する力があるという自信を強められるかどうかが問われる。こうした方法で経験について考えるという心理療法的アプローチが，現在の自分たち家族にとって適しており，希望にかなうものなのかどうか，子ども本人も含めた家族の中で話し合い，共有されていくことが望ましい。

(3) 心理療法のアセスメントについて振り返る

　さて，これら一連のアセスメント過程のあとには，担当者間で，アセスメントで得られた印象や考えについて協議し，今後の方針について決定する。その後，場合によっては子ども本人も含めた家族とともに，アセスメント過程，および今後の治療方針について話し合う，「振り返り面接」の機会を持

注6）英国の子どもの心理療法士の養成訓練では，こうした親面接に関するセミナー（グループスーパーヴィジョン）に参加し，継続的に親面接を経験することが必須となっている。

つ。そこでは，子どもの担当者がアセスメントを通して理解したことについて親に伝えるとともに，心理療法を開始することを勧める場合もあれば，その他の援助について示唆・助言することもある。

以上，包括的アセスメントから心理療法のためのアセスメントに至るまでのこれら一連の過程において大切なことは，子どもの心理療法を行う際には，その子どものこころの状態のみをアセスメントするのではなく，その子どもを取り巻く「環境全体」についてもアセスメントをするということ，つまり子どもが暮らす社会的文脈を抜きにしては子どもの心理療法については考えられないという基本的な理解である。

(4) 心理療法が始まってからの振り返り面接

おおむね1学期に1回程度，家族および本人とそれぞれの担当者で，それまでの心理療法の経過を振り返るとともに，子どもの普段の生活の様子などについて家族から話を聞く機会を持つ。これは，心理療法の継続について，それが適当であるかどうかを考える再アセスメントの機能をも果たすといえ，この機会に心理療法の頻度の見直しや終結のめどについても話し合う。なお，心理療法の終結については，準備期間はおよそ1学期間程度を目安とするが，これは子どもが心理療法士とともにそれまでの経過について振り返りつつ，心理療法が終わっていくことをめぐる様々な不安についても体験的に考えるのに十分な時間を設けるためである。子どもの心理療法においても，成人のそれと同様に，こうした終結をめぐる作業までを含めて，心理療法の大切なプロセスであることは言うまでもない。

3．適切な包括的アセスメントがなされなかったと考えられた症例

さて，それでは「子ども」とは，どこまでを指すのだろうか。「思春期」のアセスメントについては本論の枠を超えるが，思春期の青年が学校に通い，親の扶養家族である場合，あるいは未成年である場合，やはり，その青年を取り巻く環境である家族や学校等の存在は無視できないであろう。英国では，16歳以上の青年の場合は，心理療法における親の関与については，一般にその青年の判断に任されている。とはいえ，臨床家の判断によって，親の関与

が欠かせないと考えられる場合には，青年にその旨を説明して，親面接を導入することも少なくない。この点に関して，私は日本で次のような例を経験した。

　私のところに紹介されてきたときには，すでに高校を卒業し，在宅で過ごしている19歳の女性Bである。Bはそれまで，高校時代の数年間，別の私設相談室で心理療法を受けていた。そこでは，両親が再三にわたって娘の心理療法の進捗状況について尋ね，またBの現状について家庭の状況も含めて話しあう機会を持ちたいと申し出ても，心理療法士は「守秘義務」について強調するばかりで，決して両親に会おうとはしなかったという。ついに，Bは高卒後の進路を決定できないままに卒業し，現在に至っている。こうした状況に業を煮やした両親は，そのまま心理療法を継続したいというBの意向にもかかわらず，「そんなに心理療法が受けたいのなら別のところを探す」ということで，私のところにやって来ることになった。

　Bにしてみれば，それまで信頼していた心理療法士と両親が決裂してしまったために，心理療法士との関係も心理療法の場も失ってしまったことになった。私はまず，最初に訪れた母親からこうした経緯について聞いたが，母親のBの将来について憂慮する気持ちと，前の心理療法士に対する不信感に圧倒された。さらに，Bの生育歴について聞くなかで，これまで診断は受けてこなかったものの，Bには軽度の知的障害があることが疑われた。そして，これまで頑なにそうした可能性を否定し続けて来た両親も，今となってはその可能性について模索する必要があると考え始めているようであった。私は，そうした懸念を母親と共有した上で，Bとのアセスメント面接を行うことにした。

　訪れたBは，親に突然心理療法を止めさせられたという怒りでいっぱいで，そこには自分のせいで信頼していた心理療法士を裏切ってしまったのではないかという罪悪感も伴っていた。Bは，幼い頃より優秀なきょうだいらと比べて勉強ができなかったこと，それでも小学校から穏やかに見守ってくれる環境の私立校に通っていたことで，成績が悪くてもそれほどみじめな思いはせずに何とか高校卒業まではこぎつけたこと，しかし，今となってはすっかり行き詰ってしまっていることを自らの生育歴として語った。また，自分は周りと同じペースで物事を理解したりこなしたりする力が弱いのではないか

ということに気づいており、そのことに苦しんでもいた。しかし、前の心理療法士との間では、こうした話題には一切触れることはなく、好きなアニメの話に終始していたという。Bにとっては、心理療法士が唯一、こうした話を聞いてくれる存在だったという。

　ここでは、大きく二つの問題があったといえよう。一つは、思春期の青年の心理療法において、どの程度、親の関与を心理療法の一部とするのかということである。そしてもう一つは、当然ながら本人のアセスメントと、もっといえば心理療法のあり方である。むろん、心理療法士としてクライエントの語りに熱心に耳を傾ける姿勢は大切なことではある。しかし、果たしてそれだけで十分なのだろうか？　これは、知的障害があることが心理療法を継続する妨げになるという意味ではない。ただ、そのことが本人の問題の中核の一つになっていると考えられる場合には、やはりそうした見立ても欠かせないのではないか。こうした基本的な視点が抜け落ちたまま、つまり、子どもであれ青年であれ、本人の状態はもとよりその本人を取り巻く家族の状況——この場合は両親の不安——も含めてアセスメントを行い、ある一定の見立てを持ったうえで心理療法を継続するという、基本的な姿勢が不可欠であろう。この心理療法は、こうした視点を欠いたまま、数年もの間、むしろ漫然と行われていたと言えそうなのである。

　本例に関しては、Bとの数日にわたるアセスメント面接のあと、私が両親との面接を繰り返し、より現実的な方向でBの今後の進路について考えるための機関を紹介することで終結となった。B自身は、これ以上の心理療法は望まなかった。そこには、自分はもうこれ以上、親の意のままに一人の心理療法士から次の心理療法士へと動かされたくはないというBの思いが感じられた。

4．日本における試み——大学院付属心理臨床センターにおける発達相談サービス

　子どもを取り巻く環境および心理療法が、現在の子どもの生活にどのように位置づけられるのかということを検討する姿勢を身につける一助になると考えて——そして、そうした姿勢を身につけるのは、まさに初学者にとって

は，たとえのちに精神分析的心理療法を専門とはしなくても，大切なことの一つであると考えて――私の勤務する大学院付属相談室に，タヴィストッククリニックで実践されている Under 5's Counselling Service をモデルにした「発達相談サービス」を導入した。

Under 5's Counselling Service は，5歳以下の子どもと家族に対する5回までの相談サービス――早期介入を目的とするブリーフカウンセリングと，アセスメントの両方の機能を果たす――である。つまり，この子どもは5回の短期介入モデルで十分に援助が可能なのか，あるいはより長期にわたる広範な援助を必要とするのか，そしてその場合にはどのような形態をとることが望ましいのかといったことについてアセスメントをする[4]ものである。また，心理療法の訓練生と上級心理療法士がペアで担当することで，訓練生が心理療法士の面接に同席して学ぶという訓練としても機能している側面がある[注7]。

1）方　法

相談の申し込みは，事務職員が電話かメールで受け，初回面接には親のみが来談してくれるように伝える。

初回面接では，親から子どもの現在の問題や生育歴について，できるだけ詳しく聞く。その後，2回目〜4回目までは子どもにも来談してもらい，状況に応じて子どもと子どもの担当者，親と親の担当者が，それぞれ別々に面接を行う。むろん，子どもが来談できない場合や，親と子どもの分離が困難な場合などは，その都度，柔軟に対応する。子どもとの面接においては，基本的には先述のようなアセスメントの姿勢で臨む。そして，5回目には振り返り面接を行い，今後の方針を検討する。

大学院生は，1回目〜5回目までを通して陪席することで，相談の流れを

注7）実際，このサービスに限らず，英国における心理療法の訓練では，特に包括的アセスメントの際に訓練生と上級心理療法士がペアになって面接に臨んだり，心理療法のためのアセスメントの段階でも，訓練生と上級心理療法士がそれぞれ子ども担当と親担当としてペアで担当するなど，心理療法士のあり方を「生で」体験的に学ぶ方法がとられることが一般的である。ただ，日本の大学院の場合には，1年生がいきなり担当者の一人になることはあらゆる意味で無理があるため，面接への「陪席」という形をとっている。

全体として体験的に学ぶことになる。

　これらの5回のサービスのあとに提案するのは，親子並行面接，親子合同面接，親の心理療法，学校等との連携であるが，この時点での助言のみで終了することもある。継続的援助を提供するのは，基本的には陪席をしていた大学院生であるが，その際，親子並行面接では心理臨床センターの臨床心理士や研修員とペアを組むことができるよう，心がけている。

2）相談としての側面と訓練としての側面

　本取り組みにおける相談としての側面は，以下の3点にまとめられよう。
- 一般に保健所や児童相談所などで行われているような，一度の発達検査では捉えきれない問題や困難について，5回のセッションを通して考えることができるため，発達の見立てと理解が深まり，より有益な助言を行うことができる。
- 短期介入モデルで十分に援助が可能な例にとっては，その機能を果たす。
- すぐに心理療法を開始することがなかったとしても，将来，心理療法を受けるきっかけ，あるいは心理療法に対する敷居を低くする可能性がもたらされる。

　一方，大学院生の訓練という側面からは，観察する態度を体験的に身につけること，そしてあらゆる相談におけるアセスメント過程の大切さについて知り，学ぶということに尽きると考えている。

3）症　例

(1) 親の心理療法を勧めるに至った症例：先天疾患があり，知的障害をともなう8歳の女児Cに対する身体的虐待のため，保健所から紹介されてきた母親D[注8]

　Dは，うつ症状のために精神科クリニックにて投薬を受け，保健所等でも子育て相談を受けている。Dは，障害を持って生まれてきたCの養育に，いかに自分一人で奮闘してきたのか，そして夫や近在の姑はDを批判するばかりで，家事や育児には協力的ではないということを，まるでひけらかすよう

注8) 心理臨床センターの臨床心理士が子どもを担当し，筆者が親のDを担当した。

にリストカットで真っ赤になった腕をさすりながら話す。また，Cとうまく関われないのも，夫や姑に自分の気持ちを伝えてうまくやっていけないのも，全て自分の責任だと，怒りは自分自身に向けられているようであった。そして，このような大変な境遇にいる自分とCのために，面接時間を変更することを繰り返し要求する。また，Cにはできる限りのことをしてやりたいと話す一方で，Cに手を挙げてはいけないとの思いから，リストカットをすることでそれを抑えているのだと，「剝奪状態にあるのは娘のCではなく，D自身なのだ」と訴えかけてくるような威圧感を私は感じていた。

　一方，Cはシルバニアファミリーのセットを用いて，赤ん坊がいかに面倒を見てもらえていない状況なのかを表現していく。家の中は安住の地ではなく，空腹のまま取り残された赤ん坊は，早くから自立して自給自足の生活を送らねばならないようである。Cは，言葉で多くを語ることはなかったが，人形を用いて自身の体験世界を豊かに表現しているように感じられた。また，心理療法士の言葉に耳を傾け，それに関心を示しつつ遊びを展開させているようにも思われた。そこで私たちは，Cの養育をサポートするためのDの面接と，同時にCのまだ言葉になり得ていない心の世界に意味と言葉を与えていくことを目的にした母子並行面接を行うことを提案した。

　しかし，Dは「自分一人ならば」毎週通うことができるが，Cを連れて来ることは負担が重すぎて無理だと，この提案を拒絶した。私は，この時に「大変なのはCではなくて私なのだ！」と，まるで幼い子どもが駄々をこねて泣き叫んでいるかのような痛烈なイメージをDに見た。そして，いかにしてCと良好な関係を築くことができるようになるのかが「主訴」ではあったものの，本来の主訴は「自分を助けてほしい」ということだったのではないかと思い知らされるような気持ちになった。そこで，Cの発達や虐待等の家庭環境の見守りについては今後も保健所との連携をとることを前提に，D自身が心理療法を受けてみることを勧めた。するとDは，パッと顔を輝かせて「それなら毎週来られます！」と，それこそが自分の望んでいたことだったのだと言わんばかりの反応を見せた。Cだけが周りの大人から注目され，心配されることに対する強烈な怒りと羨望から，Dは母親としてCに関わり，Cについて考えるということなどできる状態にはなく，Cに対して怒りを爆発させるか，放置して視界から消すという方法をとるしか，心の安定を保つ

ことができないでいたのだろう。それを周囲からは虐待だと責められ，ますます追い詰められたDは，自身を傷つけることで，そしてそれをアピールすることで，いかに自分が傷ついており，ケアが必要なのはCではなく自分なのだということを理解される必要があったのだろう。この後，Dの心理療法は，この一連の面接に陪席していた大学院生が担当し，3年の経過を経て，Dの状態が安定したのを機に終結を迎えた。

　本症例は，母子それぞれのニーズと，援助を提供する側にとっても提供される側にとっても何が可能なのかというアセスメントがないままに，いわゆる母子並行面接を開始していたならば，早い段階で中断となっていたであろう。ここでは，こうしたアセスメント過程を通して，子どもの心理療法を勧めるよりも，母親の心理療法を通して，母親の子どもに対する思いに何らかの変化が起きることが期待された。

(2) 助言のみで終結することになった症例：身体疾患が認められないものの足に力が入らず歩けないことを主訴に，小児神経科クリニックからの紹介で母親とともに来談した小学校2年生の男児F[注9]

　母親によると，専門職に就くFの父親には他に家庭があり，母親とは婚姻関係になく，時折，母子を訪れる関係であるという。経済的にはこの父親の援助で生活しているが，父親は人間関係のこじれから勤務先を転々とするために，不安は尽きないという。

　車椅子で来談したFは，テーブルを挟んで私と向かい合わせに座る。レゴブロックで小さな二輪のタイヤの上に平面の板をつけ，その上に巨大な体と頭を持つ「物体」を作り上げていく。そうしながらFは，自分は父親が望んでも叶えられなかった夢を叶えるために，G中学校に進学せねばならず，そのために塾などの習い事に追われて大変であること，自分は実は勉強があまり好きではないかもしれないということを語っていく。私は，出来上がった「物体」はまるでF自身のようで，小さな体の上にはたくさんの心配事や困りごとで頭がこんなにも大きくなってしまっていること，そしてとても自分の足では支えられなくなっているようだと伝えた。その後もFは，父親がどこから来てどこへ帰っていくのか，父親についてわからないことがたくさん

注9）心理臨床センターの臨床心理士が母親を担当し，筆者が子どものFを担当した。

あること，また父親が勤務先を辞めてしまったので，自分と母親が暮らしていくために必要なお金がなくなるかもしれないという不安について語っていく。Fにとっては，何が自分の本来の希望であり，何が親の希望でありまた不安であるのか，全く整理がされていない状況で，身動きが取れなくなっているようであった。しかし，この文字通り身動きが取れなくなっている車椅子の状況は，同時に母親をしっかりと自分につなぎとめておく役割をも果たしており，Fにとってはどこか居心地の良い状態であるようにも見て取れた。3回のアセスメントセッションで，Fは今にも車椅子から飛び降りて走り回るのではないかというほど快活になっていき，ある時などは，丁寧に折り上げた折り紙の紙風船を私と投げ合いながらはしゃぎ，正面に座る私をテーブルもろとも壁まで追い詰める。そして，車椅子ごと床に転がってしまう。この時Fは，難なく自力で車椅子に戻ることができた。こうしてはしゃぎながら私を文字通り壁際に追い込むFの姿に，私は，いかにFが身動きの取れない状態にあるのかということ，しかし，そんなことはとうてい両親からは認められず，親の要求を難なくこなす明るい子どもでいなければならないという息苦しさと切なさを感じた。心理療法の継続について，F自身は「どっちでもいい」と決めることができず，むしろ，自分をここに連れてきてくれた母親に感謝の気持ちを伝えるためにと，最終回には母親のために折り紙でクリスマスリースを作り，母親にそれを見せて終結となった。振り返りのためのセッションに母親のみに来談してもらうと，3回の面接後，Fが歩けるようになったことが報告され，問題は解決したので継続的な援助の必要はないと，心理療法の継続という提案は受け入れられなかった。

　Fは3回のセッションを通じて，ある程度，自分の苦境について他者から理解されるという経験はしたであろうし，それが歩けないという症状の消失につながったのかもしれない。ただ，Fは周囲の人から歩けるようになったことを指摘されると，即座に足を引きずるなど，まだ自分は大丈夫ではないということを表現しているようであった。Fの生活環境には何の変化もなく，これからも様々な問題が顕在化する可能性は十分に考えられた。ただ，母親はどうしてもこうした文脈でFについて考えていく気持ちにはなれないようであった。つまり，母親との協働関係を築くことがこの時点では困難であるとの判断をせざるを得なかったのである。そのため，今後についてのこうし

た懸念を伝えて，相談は終結となった。

4）まとめ

　この発達サービスを経て親子並行面接を導入することが決まった際には，改めて「心理療法のためのアセスメント」は行っておらず，このサービスは，包括的アセスメントと心理療法のためのアセスメントの両方を兼ねた「簡易版」として機能している[注10]。また当初は，このサービスのモデルである Under 5's Counselling Service にならい，就学前の子どもの発達の問題をターゲットにしていたが，現在は高校生年齢にまで対象を広げ，幅広い主訴を持つ子どもと家族のための相談サービスとして，大学院生が初回面接からアセスメントまでの過程を学んでいる。このような体験的な学びは，大学院修了後に仕事をすることになる様々な現場において役に立つものであると確信している。さらに将来，精神分析的心理療法を学んでいきたいと考える者にとっては，そのためのより良いスタートを切ることができるものではないかと考えている。

5．おわりに

　以上，子どもの心理療法のアセスメントについて，英国での実践の概略とその日本での応用について，特に初心者の訓練という観点から述べた。

　また，およそ2年前より，この発達相談サービスにおけるアセスメント過程を経て，親子並行面接を導入する症例については，Goal Based Outcome Measures（GBOM）[注11]の設定を行い，それを振り返り面接ごとに再検討している。これにより，子どもの心理療法の効果測定を継続的に行っていくことを目指しているが，これについてはまた別の機会に述べたいと思う。

注10）担当者が変更になる場合には，改めて心理療法のためのアセスメントを行っている。
注11）英国の子ども・思春期精神保健サービスにおいて開発された，子どもと家族の援助に関する効果測定法。詳細は，『子どもの精神分析的心理療法の基本〈改訂版〉』（鵜飼 2017）を参照。

文　献

1) Alvarez, A. & Reid, S. ed.（1999）：Autism and Personality．　自閉症とパーソナリティ．創元社，大阪
2) 鵜飼奈津子（2010）：子どもの精神分析的心理療法の基本（2017 改訂版）．誠信書房，東京
3) 鵜飼奈津子（2012）：子どもの精神分析的心理療法の応用．誠信書房，東京
4) 鵜飼奈津子，堀内瞳（2013）：大阪経済大学における発達相談サービスの試み．大阪経大論集 63(6)

子どものサイコセラピーのアセスメント
―― 病院臨床の立場から

黒崎　充勇

1．はじめに

　子どもの精神科臨床においては，診断後，精神分析的サイコセラピーを導入する際，精神力動的問題の定式化，必要な援助の明確化と治療の適応性の判断，そしてセッティングの決定のために，子どもと家族をアセスメントする。子どもの症例を提示し，症状のみならず，親の生育歴聴取や子どもの自由描画に表れる内的世界の理解の大切さについて論じたい。

2．アセスメントの実際

1）アセスメントの流れ

　子どもの精神科臨床の現場では，受診する症例数は増加の一途をたどり，限られたマンパワーと時間的な枠組みのなかで，初診の待ち時間が数カ月に及ぶことも珍しくない。そのため児童精神科医はほとんどの時間を一般臨床に費やすことになる。数ある症例のなかで精神分析的サイコセラピーの適応を検討するため，子どもと家族についてのアセスメント面接が行われる。面接の目的は子どもについては他の治療的アプローチが考えにくい重症例であり，かつある程度精神分析的アプローチを活用できる資質を持つこと，家族については治療者と協働関係を維持できることを確認することである。

　なお，当科は週日の9時〜17時の診療枠内，保険診療扱いで臨床活動をしているが，構造化されたサイコセラピーなどの時間をかけた診療も可能な，市中の公立総合病院としては全国的にも珍しい子どもの心の専門医療科である。

当科における精神分析的サイコセラピーのためのアセスメント（インテーク～セラピー開始）の流れを以下に示す。

①初診時は，コメディカルスタッフが子どもと家族に対し別々にインテーク面接を行い，その後，担当医が子どもと家族を同席させ精神医学的診察を行う。
②その後，担当医が2～3回に分けて，子どもと家族に対し別々にアセスメント面接を継続，その間に心理検査を行う。
③アセスメント担当医が精神力動的定式化をする。
④小児心療科内の定期カンファレンスにてスタッフ全員で症例検討する。また外部のスーパーバイザーとの検討を行うこともある。
⑤精神分析的サイコセラピーの適応と判断されれば，主治医と治療者を決め，治療枠を決める。
⑥患者と家族に治療構造を提示し，同意が得られればセラピー開始となる。
＊アセスメント後，多くの場合はアセスメント担当医が主治医になり，他の医師や心理療法士がセラピーを担当することが多い。また家族の不安や病理を鑑みて，子どもの治療者とは別の医師や心理療法士が家族の治療を担当することもある。現状では時間とマンパワーに制約があるため，アセスメント担当医が，アセスメントのみならず，インテークと心理検査以外のマネジメントを行ったり，セラピー開始後は主治医とセラピストを兼ねることもある。

2）症例提示

［症例］小学低学年女児
［主訴］
①言葉の遅れ，大人数でいるとき説明が入らない
②順番，位置，汚れについてのこだわりや敏感さ
③自分の思い通りにできないとかんしゃくを起こし，何もしなくなる
④ストレスがたまると熱発，家でお漏らし

本例では，予約から診察までの待ち時間は約1カ月，診察を含めたアセスメント面接は計3回行い，1回目は母子同席面接，2～3回目は母子分離面接であった。またその間心理検査を実施した。

［生育・現病歴］
　妊娠や出産時の異常なし。母乳を飲まず，人工乳栄養。離乳食をあまり食べないため，体重増加を心配した母は3歳まで断乳できず。人見知りが強く，抱っこをせがむ子だった。仕事で忙しい父は，育児に協力してくれず。母は，孤独な育児と家事に加え，実父母や義父母の看病等で苦労し，患児が2歳時には涙もろく抑うつ状態となり，その後心療内科に通院。母は「そのころ患児を甘えさせたり一緒に遊んだりできず，寂しい思いをさせた」と振り返る。言語発達や排泄の自立も遅かった。未満児から幼稚園入園。患児の持つこだわり（位置や順番へのこだわり）や敏感さ（服が汚れるのを嫌がる，帰宅すると着替える）があり，自分の思い通りにならないとかんしゃくを起こす。母は，「このままじゃあいけない，娘あっての自分だから，娘のためにまず動こう」と思い，母子同伴にて受診。

［家族関係］
　サラリーマンの父と主婦の母，身体疾患を患う母方祖父，患児の4人で生活。父は，仕事で忙しく子どもとの関わりは薄い。物の位置などに強迫的なこだわりあり。母によると，これまで父母の意見が合わず離婚の危機があり，いまだによくわからない宇宙人だと言う。母は，自身の父母からの被虐待体験（暴力・暴言など）あり。ケアテーカーとして実家族，義家族の世話をし，『一歩下がった世話女房』と言われ，育児では家族の援助はなく，孤独な子育てをしてきた。母によると，患児は納得できなくても一歩退いて相手に譲る，場の空気を上手に読み周りに気を遣うタイプで，優しすぎる，行儀良すぎる，頑張り過ぎるところが心配と言う。患児は，パパとママはやさしい，自分はやさしい子，黒色が大嫌い，『動物のお医者さん』になりたいと言う。

［初診時現症］
　患児は，待ち時間には一人で楽しそうに童謡を歌っている。母子同伴にて入室。きちんとお辞儀をして挨拶，ソファに座っても姿勢良い。「困ったこと？」「心配事？」と聞いても「ない」と子どもっぽい声で答える。〈①描画〉を元気よく描く。

［①描画について］
　一見ハートのたくさん付いた幸せなお家の中にイヌや星やお花や果物があり，外は虹がかかり，患児が楽しそうにしている。しかし，屋根は黄緑で，

家の中の人の顔は紫，外に一緒にいるママとパパは青い顔だけの存在で，父は母が言う宇宙人のようだし，一緒にいる母も宇宙人のように見える。「お家の中が幸せいっぱいであってほしい」と介入すると，軽く頷くが，「でも外に出ると気を遣って疲れるのかね」には首を振って否定する。

［初診の印象］

患児は，家族が登場する描画を元気よく描き，担当医の試験解釈にも反応するが，軽く全体的にハイテンションである。母は，生後から患児の発達のことを心配してきたこと，自分の生育

①描画

歴や夫婦の関係，実家族，義家族についても良く語り，孤独な子育ての苦労を強調する。

第2回セッション

〈一人で入るよう促すと，母「大丈夫だと思います」患児は首を傾げ担当医を見て少し渋り，母に勧められて窓口にある七人の小人人形の一人を抱いて入室〉

〈患児のみ〉

患児は，わざと口をゆがめ，鼻づまりのような声で子どもっぽく挨拶，小人人形を目の前のテーブルに置く。「お絵かきする」〈②描画〉を描き始める。

［②描画について］

患児は，まず茶色のイヌ，その隣にグレーで小さめのネコを描く，それから小人を紙の上に置く。小人は「何描くの？」って聞きながら見ていると言う。患児は担当医の好きな果物を尋ね「先生はトマトが好きかなー」と想像し，トマトを描き入れ「このトマトが先生だよ。ピンクのハートはこの小人さん」と言う。そこで「オシッコ！」と言いトイレに行く。担当医は待つ。帰室した患児は「茶色のイヌは家で飼っているハッピー，グレーのはネコでパパ，自分は家から外に出ている。蝶々はママ。春なのにこの病院

の外に蝶々が飛んでないのはおかしいよね」と言いながら，家に赤いドアを付け，蝶々の下に二つの花と土を描く。『ABC…，♪♪♪…』「外でお勉強したり歌ったりしているんだね」と介入すると，「これは『お空くん』と『太陽ッチ』よ。たまごっちのゲームに出て来るの。家の中ではハッピーとパパがお話して，先生も小人と他の人に聞こえないようにお話ゲームをしている」と言う。

〈母のみ〉

先生に言われてから「甘えたい気持ちが私にもあるのよ」と言い，ちゃん

②描画

と口で言わないと…と思ったみたい。父に「抱っこして！」と初めて言ったときは，父も仕事中だったが抱っこしていた。ハッピーが母に寄って来ると，「私にも（その気持ちは）ある」と言う。母に抱き付かず迷って，そのうち「何にも…」と言い，ボーっとTVを見たり，お絵描きすることもある。（甘えたい気持ちは，甘えたことのない母の気持ちでもある。それを感じて代弁しているところもあるかも知れない）母は，まわりから「よく子どものお世話するね」と言われるけど，患児自身がどう思っているかが見えない。母のために甘えるのを我慢しているのか？と感じることもある。何も言わなくても自分から勉強している。「勉強しなくていいよ」と言っても「ダメだよ」と言う。

[2回目の印象]

初診時同様，一見楽しそうなイヌや蝶々や患児の登場する描画を描く。しかし，実は父はネコになり，担当医はトマトになって，非人間の形で飼い犬と一緒に家に閉じ込められている。そこで患児は急にトイレに立つ。父や担当医を閉じ込めたことにまつわる超自我不安のあらわれか？　外では，母は蝶々になり，人間の患児と一緒にいる。母の前では一応，英語や音楽の勉強をしているようではあるが…。表向きには幸福でないといけない防衛を解釈

しても，軽くてハイテンションのため，入りそうにないと感じ，解釈せず。母面談からは，患児は依存欲求を抑え，母の求める子どもとして生育してきたこと，それでも最近家庭では依存欲求を出し始め，それを父が受け止めたことがわかる。

第3回セッション

〈母子で来院，心理検査後のセッション，やはり窓口にある小人人形を一人抱いて入室〉

〈患児のみ〉

「お絵描きしたい」と言い，すぐに色鉛筆を手に取り恐竜を描く。〈③描画参照〉平和じゃない街を平和にするため，緑恐竜と赤恐竜が合体する。足は3本あり『どしんどしん』と歩く。合体した身体を青で足をピンクで塗り，2匹の恐竜に眼鏡を掛けさせる。患児の両親は眼鏡を掛けている。「父母が合体したら，街を平和にできるということね」と介入すると肯定し，別の紙を青く塗り始める。〈④描画参照〉すぐに「トイレ，オシッコ」と言い退室。トイレの前で担当医と母の立ち話あり。母「心理検査の先生に会いちょっと嫌な顔をした。『勉強だ』と思ったみたい。患児は「勉強は嫌い」と言いながらもやる子」患児はトイレから出て来ると，④描画の続きに取り組

③描画

④描画

む。別の2匹の恐竜を描く。「これは誰と誰の合体なのかな？」と介入すると，「先生と（目で探しながら洗面台を指差し）これの合体」と答える。つづいて③描画と④描画を合体させる。〈⑤描画参照〉「足が9本ある」「どうして合体したのかね？」と介入すると，サイドテーブルの卓上カレンダーを見て，「このカレンダーに人や食べる物，家も数字にしてしまう悪い数字合体怪獣がいるから，合体した恐竜がこの怪獣をやっつける。ドッシャーン」と合体恐竜が数字合体怪獣にパンチを食らわせやっつける。その後も恐竜に色を塗り続け「いろんな色を付けると強くなるから」と言う。

紙を裏返して白紙を示し，「色が無くなったからパワーが無くなった」〈⑥描画参照〉その白紙に赤で『ムテキング』を描き紫で塗る。「この裏には町を平和にする合体恐竜が取りついている。ムテキングのパワーが無くなったから，合体恐竜がムテキングにパワーを送った。それでおしまい」と言い，『おはり』と書く。「検査をして疲れてパワーが無くなった患児ムテキングに，父母合体恐竜と担当医洗面台合体恐竜がどしんどしんとやって来てパワーを送り，患児ムテキングは元に戻ったみたいね」「うんそう」

［③〜⑥描画について］

『③④⑤描画』

⑤描画

父母の強そうな合体恐竜が登場し，「ドシンドシン」と音を立てる．そしていろんな色を付けると強くなる．この描画を描いた際，患児は急にトイレに立つ．トイレから帰って来た患児は，担当医と見渡して目に入った洗面台の合体した別の恐竜を描く．そして両合体恐竜は合体して，9つの足を持つ．続いてプレイルーム内にあるカレンダーにいる悪い怪獣（数字合体怪獣：人や食べる物・家も数字にしてしまう，患児は数字が嫌い）を9つの足を持つ合体恐竜がやっつける．

⑥描画

『⑥描画』

患児は，裏返し白紙を示し色がなくパワーがなくなった，と言う．そして紫のムテキングに父母合体恐竜がパワーを送り，元気になり，『おわり』となる．

〈母と患児（治療導入の説明のため）〉

母「学校が始まって緊張しているのか，家では母にべったり甘えてくっついて来る．学校では『何の問題もない良い子ですよ，そんなところ（病院）にどうして行くんですか？』と聞かれる．でも学校から帰ると，声のボリュームも大きくなったり．それが1～2週間続くとぐったりすることがある」

担当医「週1回ここにきてもらい，担当医と一緒に遊びながら，患児の複雑な気持ちを一緒に考えていきたい」患児「は〜い」母「セラピーについては父も賛成している．よろしくお願いします」

［心理検査］

言語能力に不足はなく，むしろ社会常識が豊富で，ネガティブな感情を出さずに明るく振舞ったり，依存せずに一人で頑張ったりするものの，葛藤が強く，妥協形成として症状を呈していると推察される．不快感や不安を刺激するものをかわいいものとして見ようとする逆転の傾向あり．家庭内での攻撃的な雰囲気を感じ取り，自らの依存欲求やネガティブな情緒を抑制しよう

とするのではないかと思われる。

［3回目の印象］

患児はいきなり父母の合体恐竜を描く。2者と3者の間の葛藤を持っており、囚われている印象あり。それは"怖いもの"ではなく、平和を創る良いものとして認識することで、合体恐竜との関係を保とうとしていると思われる。その後患児は、自分で描いた恐竜の怖ろしいパワーを感じ、迫害不安を抱き恐れ戦いたためか、トイレに立つ。そして担当医もプレイルームの排泄に絡むパーツと関係しており、父母と担当医と洗面台は最終的に合体し、恐竜たちは力を合わせて平和を創り、患児にパワーを送り助けるというストーリーを展開する。プレイルームには迫害対象が支配する迫害的世界があると認識している。しかし患児は、迫害対象や迫害的世界を逆転して、迫害対象たちを平和の創り手や患児を助ける味方に変え、担当医やプレイルームも患児の怒りや不安の排泄の場所として認識しようとしている。つまり治療や担当医に対する恐れと期待があることを担当医に伝えている印象あり。治療への導入については、母と患児の同意は直接得られた。また父も間接的に同意が得られた。

3．考　察

1）治療施設や対象年齢による特徴

(1) 施設の現状

アセスメントの流れで述べたように、当科は症例を選別し構造化されたサイコセラピーが可能な医療機関という特徴を持つ。その一方で、市中の公的総合病院という構造的、役割的な位置づけと限界があり、月〜金のデイタイム、保険診療、受診を希望する症例は増加の一途をたどっておりマンパワー不足による外来の多忙状況がある。そのため初診までの待ち時間を減らすため、症例に費やす時間とマンパワーの制約があり、現状のリソースでどんな治療ができるかを考えることが迫られる。

(2) 対象年齢

子どもの場合は、セラピーの結果の如何は、いかに早く始めるか、どこまで家族が病的な過程から回復するか、子どもの特性がいかにあるかによって

決まると言われている[3]。一般的に知られているように，治療開始は早ければ早いほど予後は良好であると筆者も考えている。サイコセラピーに関する子どもと大人との違いは，症例の素因や自我機能レベルの発達段階，その後の発達・成長を念頭に置く。同じ子どもでも，年代によって表現方法が異なる。思春期の子どもは言語や行動化で表現するのに対し，児童期の子どもはプレイの内容や態度・テンションによって表現する。また親の立場としては，低年齢になるほど親の存在・影響力は大きいため，親との協働関係を作るためにも家族のアセスメントは必須である。

2）アセスメントのための構造と方法論について

以下に当科で行っているアセスメントの外的構造と方法論について述べてみたい。

(1) 外的構造

アセスメントの回数は2〜3回，各セッションの時間は約1時間，初診は来院した家族と子どもと同席で行い，2回目以降は基本的に家族と子どもを分離して行う。これは同席面接と分離面接で，表現する内容，態度，場の緊張感，担当医の受ける印象がどう変わるかを評価するためである。また回数は，1回目，2回目と回を経るに従い，セッションでの在り様や家庭での状況がどう変化するかしないかをモニターするためである。なお，2回目以降も適宜，短い同席面接を設けることもある。

当科のプレイルームには応接セットが備えてあり，担当医も初診から白衣を着ずに症例に出会う。これは，スティールデスクを備えた医師が白衣を着て出会うと，多くの子どもには余計な負荷がかかり，それでなくても緊張している上にさらに自由なやり取りが困難になる怖れがあると思われるからである。多くの子どもはとくに担当医の居室に入ったような印象を持つと思われる。評価者は以上の安定した外的構造を保ちながら，与えられた設定を患児がどう使うかについて観察する[2]。

(2) 方法論

アセスメントの際，テーブルの上に用意するものは描画のための紙と色鉛筆とクレヨンのみである。その理由として，アセスメントの際，子どもにたくさんの表現素材を与えると，変数が多くなり，まとめにくくなる可能性が

あることが挙げられる。一つに絞るのであれば，描画は一般的にありふれた表現素材であり，子どもも乗りやすいし，タイトな時間枠での面接では後片付けに時間をとられずに済むというメリットもある。また1回目は家族と担当医がやり取りしている傍で描画するため，やり取りの内容が描画に表現されることがよくあり，内的対象関係やファンタジーを観察するには格好のアセスメント素材となる。またいつも描画という表現素材を用いていると，他の子どもと類似点や相違点などの印象をつかみやすくなると思われる。一方，描画のみとすることである子どもは何も描画しない，描画できないという怖れはあるが，これも評価の材料とする[1]。

3）転移・逆転移に傾注することと理解

担当医は，当初の出会いのときから親や子どもからの投影を受ける。親の過剰な不安を投影されると，担当医は子どもの症状や振る舞いを親と同じように心配し過ぎたり，親の超自我を投影されると子ども自身の姿が見えなくなり不自由さを感じることもある。そのため大人や思春期のセラピーと同じく，カンファレンスやSVなどで第3者の目に触れる場が必要となる[2]。思春期以前の子どもの症例ではとくにこの親からの投影の影響は大きいと思われる。本症例のように，主治医とセラピー担当を兼ねる場合は，親との協働関係を保つ必要もあるため，そのバランスに配慮しなければならない。

また担当医は，子どもからも投影を受ける。そのなかには大人から興味・関心・何とかしてあげたい気持ち（いい意味の好奇心）を引き出す要素もある。いくら発達的に，環境的に，重症の子どもであっても，そのような大人の気持ちを引き出すことができる子どもの力は，セラピーのみならず，家族や社会でも同じように大人を動かすことが可能である[3]。それを引き出すのも大人であるため，大人であるアセスメントやセラピーの担当医も，そのような子どもの力を引き出す感性を磨く努力が必要と感じることもある。

4）本症例のアセスメント

本症例を分析的セラピーの適応と判断したが，当時の面接記録と描画をあらためて振り返り，考察を加えながら，本症例を再吟味したいと思う。

まず，このタイミングで受診した母の意識的・無意識的動機について考え

たい。アセスメント面接第1回目において，母は自身の生育環境の困難さ，父母関係・親戚関係の問題の深刻さについて語り，患児は父母イメージの不可解さや自分の立場の危うさを抱えながらも，健気に明るくふるまって生きてきたことを担当医に伝えてきた。この患児が，母によるコンテイン不全のため，結果的にネグレクトされてきたと理解すれば，少なくとも2代続く葛藤の伝達と言える。母はその母との関係から脱却し，新しい母子関係を作ろうとした。母が頭ではそう理解したとしても，子育ての過程で誘発されたコンテインされた経験のなさや自信のなさからくるフラストレイティブな幼児的心性が頭をもたげた。そして母は，過剰な被害感に圧倒され，抱えきれない不安を患児に対してマッシヴに投影同一化し，コントロールしてきたと思われる。患児は小学校に上がるタイミングで，こだわりと感覚の敏感さ（患児の発達的な課題と思える症状）が増悪した。その背景には，症状を持つ患児を見るにつけ，ケアテーカーとしての力不足を感じる母の苦悩とその投影があったと考えられる。また母は，患児の過剰適応や気遣いを目の当たりにして，自分の問題に気づいた可能性がある。そして，無意識的には母の分身である患児の治療をすることで，自分も変われるのではないかと感じた可能性もある。この世代間の葛藤を繰り返してしまうことを母は理解しており，今回の受診は自分では抱えきれなくなった患児のケアを誰か他者に託したと考えられる。

　次に，担当医がアセスメント面接の現場で子どもから伝えられたもの，そして経験したことについて，患児の描画内容とその推移を振り返りながら考えたい。患児は担当医とのコンタクトにおいて遅れを感じることなく，むしろ礼儀正しく配慮的で，早熟さを持つと思われた。母の言うかんしゃく，言葉少ない，幼稚園での心配な様子などは想像し難かった。第1回の描画では家は明るく幸福というイメージを表現するものの，家から出るとたちまち父母は得体の知れない顔だけの青いものになり，患児の大嫌いな黒色が目立つ。担当医が「お家の中に幸せいっぱいであってほしい」と介入すると，頷くが「でも外に出ると気を遣って疲れるのかね」には首を振って否定した。第2回では，その父はネコになり，トマトとして登場した担当医とともに家の中に入れられ，患児と蝶になった母は家の外で英語や音楽の勉強をして楽しく過ごす。担当医はネガティブなものにフタをしたり小さなかわいいものにし

て，自分は明るく前向きな良い子でないとならないという患児の不自然な生き方を感じ，患児の防衛として取り上げたくなる。が，患児の軽さと明るさの前に，意に介さないであろうと感じ止めてしまう。今考えると，この関係性は母を前にした患児が，母に対して不自然さを感じて異を唱えても，人として相手にされない母子関係と関連しているかも知れない。第3回の描画は，その父母が恐竜のカップルとして登場する。また担当医は洗面台とのカップル恐竜として登場する。そして部屋の中には，何でも数字にしてしまう怪獣が現れる。そこで本来は圧倒する力を持ち，怖いはずの恐竜たちは全部合体し，怪獣をやっつけ町を守り平和にし，エネルギーが枯渇した患児ムテキングを助けもする良い対象となる。圧倒する怖いものを味方にして，自分を勇気づけてもらう対象にしつらえている。

　担当医はこの描画の流れから，平和主義で周りに気を遣う患児は，得体の知れないもの対象を小さくかわいいものに変え，大きく強力で怖ろしいものを味方に変え，ネガティブな気持ちを抑圧して困難を凌いできたと考えられた。母の話と照合すると，患児は母の分裂排除・否認の防衛を取り入れながら，逆転と抑制を駆使して過剰適応してきた印象あり。それでも覆いきれないネガティブなものは強迫的に打ち消したり，無理やり秩序を与えて排除し対応してきたのであろう。抑圧して対象に合わせる部分は母に，強迫的でこだわりの強い部分は父に似ている，と母も認めている。

　全3回のアセスメント面接により，患児は自己を表現するためのファンタジーを有し，回を追うごとに表現する内容は深化しており，患児はセラピールームを自分の内的世界を展開し担当医に抱えてもらう空間として認識していた。また1回目と2回目の間に患児は「甘えたい気持ちがある」と言ったり，父に「抱っこして！」と甘え父もそれに応えたというエピソードから，患児と家族の関係性の中に介入による変化が認められた。一方，患児はあくまで明るく軽くふるまい，解釈にも軽く反応するため，担当医は拍子抜けすることが多かった。これは患児が自分で衝撃を緩和しながら生き抜くための防衛的処世術として理解できるかも知れない。

　担当医は，患児のあっけらかんとした感じや軽くてハイテンションの部分と母の心配のトーンのギャップは，発達障害の症状とも思われる主訴と，母の抱える病理の深さや描画内容の豊富さとのギャップとともにとても不思議

で謎めいており，この謎を解きたいと思った。この逆転移はこの治療を始める動機の中心の一つであったと考えられる。

　以上のことから，患児は治療を活用できる資質を有していると考えられた。また患児や父母（特に母）は治療を求めており，両親の協力が得られることが確認できたため，精神分析的サイコセラピーが適切であると判断した。

4．まとめ

　病院臨床の立場から，子どものアセスメントについて症例を提示し，自由描画や親の生育歴の聴取などを通した精神分析的アセスメントの意義と面白さについて述べた。とくに，医学モデル，つまりマニュアル化された評価尺度からみれば発達障害とみなされる症例でも，個別性を重んじる精神分析的手法を用いて心の世界をアセスメントすれば，豊かなファンタジーの世界はもっていることがわかり，改めてその意義が明確になった。

文　献

1 ）木部則雄（2006）：こどもの精神分析——クライン派・対象関係論からのアプローチ．岩崎学術出版社，東京
2 ）Rustin, M., Quagliata, E. ed.（2000）：Assessment in Child Psychotherapy．木部則雄監訳（2007）：こどものこころのアセスメント．岩崎学術出版社，東京
3 ）Rustin, M., Rhode, M., Dubinsky, A., Dubinsky, H. ed.（1997）：Psychotic States in Children．木部則雄監訳（2017）：発達障害・被虐待児のこころの世界．岩崎学術出版社，東京

思春期のためのアセスメント
―― 心的脱皮と思春期グループの体験をめぐって

飛谷 渉

1. はじめに

　思春期は激変の時である。思春期に至った子どもたちの心身に生じる変化の激しさは, 胎生期や乳児期における変化にも匹敵するといえるかも知れない。それは大人の体を持つことから生じる心身の混乱と強く関連しているが, そればかりではない。彼らが大人社会へと活動の場を移すには, 親や家族という集団から心身ともに自立することが必要となるが, 自立の試みにともなって生じる様々な混乱の受け皿を担うのは, 両親や家族ばかりではなく, むしろ学校や仲間集団なのである。したがって, 思春期はグループ生活の活性が著しく高まることをその特徴とする。

　特に思春期の入り口では, ビック Bick, E. のいう心的皮膚[1][2]が一過性に様々な形で解体する。それは通常いわば正常な脱皮のプロセスでもある。とはいえ, ここではパーソナリティの境界が崩壊し, 一過性に心身未分化状況を引き起こすために, 様々な次元で混乱が生じ, 病理的ともいえる投影優位状態となる。たとえていうなら, 心的皮膚は脱皮というひび割れの状態に陥り, 内部にはいまだ飛べない柔らかな羽が無防備に現れている蝶や雛のようになる。そのような無防備な状態は, 相互的投影によって, 仮に成立する不安定なグループを形成することで, 一時的に守られる。いわば不安定な思春期グループが, ビックのいうセカンド・スキン[1][2]としての働きを一時的に担うことになるのである。ビオン Bion, W. R. の思考体験のコンテイナー・コンテインド・モデル[3]に基づくなら, これを仮設コンテイナーと言い替えてもよい。

　だが, この心的皮膚のひび割れという事態は, 単に無防備と脆弱さをも

たらすのみではない。このスキン・コンテイナーの一過性の破綻によって，彼らは同一性の混乱を伴って無思考状態に陥り，方向性を失った激しい同一化状況を引き起こす。これに暴力や性愛の急激な突き上げが加わることで，彼らはモンスター化する。こうして考える機能は破綻し，思春期グループ内での投影的行動化にその座を一時的に譲るのである。これが概ね中学生に生じる激変のモデルである。

　この中学生グループという投影優位なパラノイア的グループに属することは，過酷なサバイバルの様相を呈するが，そこで何とか生き残る経験は，その後の成長に対して決定的である。そこでの集団生活を生き残った後，しかるべき時にそこから離脱，あるいは脱落する形で，彼らは中学生グループを巣立つ。そして，個が確立しはじめる生産的な高校生グループへと移行するとともに，再び自己の内的世界のバウンダリーを構築し，内的対象を再発見するプロセスへといたる。それは投影するばかりでなく，考えることのできる内的対象との対話，言い換えれば，夢を見ることができる心の状態をもたらす。その過程において彼らは，自分らしい心的空間を持ち始める。考える機能と考えるスペースを提供する考える対象を内部に再発見するとともに，それを内在化してゆくのである。こうして彼らは青年期にいる自分を発見する。

　今回のテーマは思春期、つまり中学生の心理療法のアセスメントである。上に述べたごとく、中学生は基本的にグループ生活に軸足があって，一時的な無思考状態にある人々である。そのため多くの場合，基本的に個人心理療法には向かない。ちゃんと中学生をやっている子どもならその必要もないだろう。大人は彼らを心配しつつ，眉をひそめつつ，時には攻撃される対象として，あるいは馬鹿にされる対象として身を差し出していればいいのかも知れない。だが，脱皮のプロセスにおいて極端に行き詰まった子どもがいるならば援助が必要である。だから，心理療法的支援が必要な中学生は，多くの場合心の状態は中学生ではない，という逆説を心に留めておくことは役に立つ。固い殻に覆われた赤ん坊，思春期をすっ飛ばした借り物の大人，永遠の小学生，心を放棄した幽霊などなど，思春期のアセスメントは，いかに彼らが思春期に入り損なっているのかというところに焦点化する必要がある。そして彼らが失っている「考える対象」を再発見し，それと再接触するプロセ

スが発動するには何が必要なのか，アセスメントではそうした内的外的状況の包括的判断が重要となる。今回，ある14歳の中学生のアセスメント面接を示すことで，その実際を提示してみたい。

2．アセスメント素材——A少年，14歳

Aは，同級生の財布から金を盗んだことで全寮制中学を停学処分になった。だが，この窃盗の問題ばかりでなく，彼が友人と接することを完全にやめ，すべてにやる気をなくしている様子を父親が心配し，心理療法機関Bクリニックに相談を持ち込んだ。そこで，彼の心的状況の把握，心理療法を始められる可能性，あるいはそれが困難ならば可能な取り組みは何かについて検討するなど，まずは包括的なアセスメントが提供されることとなった。それを私が担当した。

父親の手紙の概要

激しい相互非難の応酬の末，両親は彼が10歳の時に離婚していた。その後，彼は母親のもとで暮らした。ほどなく父親にも，母親にも新たなパートナーができた。以来彼は家で飼っていた犬とともに自室に引きこもるようになった。一方，同じ頃，学校で彼は授業中に大声でおどけてピエロのようにふるまうなどの妨害行為や挑発行為のため，教師に問題視されはじめた。結局，11歳の時には年長の不良集団と行動を共にするに至り，薬物使用やアルコール乱用のため，私立中学を退学処分となった。両親や関係者が話し合った末，結局彼は遠方の全寮制中学に送られ，週末だけ母親のところで暮らすこととなった。中学のある田舎町から母親宅への週末の帰宅では，実父が車で送り迎えした。全寮制中学に移ってからは薬物乱用も落ち着き，不良集団との付き合いもやめて約2年が経った。ところが，14歳になって寮の中で彼は，上述の窃盗事件を起こし，再び問題が顕在化したのだった。両親ともに，窃盗よりも，むしろ彼の自宅での様子と再び学校を追い出されそうな状況を心配していた。アセスメント面接は，彼の寮からの週末帰宅に合わせて金曜日の午後に設定された。

アセスメント・セッションから

　最初の面接に彼は，15分遅刻して到着した。一人だった。スウェット・パンツはゴムがくたびれてだらしなくズリ落ちそうで，薄汚れたトレーナーにキャップという出で立ちの彼は，路上で戯れるスケートボーダーのようだった。私が挨拶しても，彼はイヤホンを外すこともなく，ただだるそうに私に一瞥をくれ，あたかも「早く済ましてくれよな」と言わんばかりの様子でついてきた。

　あからさまに気が乗らなさそうな彼に，私はおそるおそる，これから4回会うことになっていること，そこでは彼がどういった心境でいて，今何が必要か話し合うことになるなど，セッティングについて説明をした。彼は頷いた。が，何も話し始める様子がないので私は，彼がいま困っていることは何だろうかと聞いてみた。愚問とばかりに彼は，「別に何も」と答えた。気まずい沈黙が続く。どうにもとりつく島がない。とはいえ，天井を見上げたままの彼の無表情には，無関心や無気力というよりも，怒りと敵意，悲しみと寂しさといった感情が，さげすみとあざけりによって，そして何よりも諦めによって，不自然に中和されているような緊張感があった。ずいぶん長く黙ったままだった気がしたが，実際には部屋に入ってから10分も経っていなかった。セッションが始まったばかりの今すでに，もうどうしようもないという感じがして，私は今にも終わりを告げたくなっている自分を不思議だと思った。

　質問するしかないか，と思い直して学校のことを聞いてみた。音楽は流れてなさそうではあるが，イヤホンを両耳につけたままで彼は答えた。

　「ボーディング・スクールさ（全寮制の学校）。サッカークラブには入っていたけど最近は行ってなくて。学校の授業には何の興味もないし。」彼が入室して初めてまともな単語を発したことに私はほっとした。興味もなく授業に出ないといけないのは苦痛だね，今もそんな感じかもね，と言ってみた。少し緩んだ。

　「退屈だけど，別に嫌じゃないかな。たいした問題じゃないし。」彼は自発的に話すことはなく，ただ質問に簡単に答えるだけだった。自分のこと話すのは気が進まないのかな，と私は言った。

　「興味があるのはサッカーだけ」と彼は答え，毎日サッカーをしているこ

と，チェルシーが好きなことなどひとしきり話した。私は，お父さんから彼がサッカーにも興味を失っていることを心配していると聞いたけど，そうでもないみたいだねといってみた。するとムードは一変し，少し開きかけていたドアはピシャッと閉じられてしまった。気まずい沈黙がそこから長く続くことになってしまった。「お父さんからの話を私が持ち出したことが気に障ったみたいだね」，といってみたが彼は黙ったままだった。この逃げ出したいような心境のままとどまる必要があったのかもしれない。

とはいえ埒があかないので，家族状況について聞いてみた。彼には義理の兄が二人，義理の姉が一人あるが，一緒に暮らしたことはないという。なぜなら，彼らは皆母親のパートナーの子どもで，血のつながりはないから，結局何の関係もない人たちだと彼は説明し，また黙った。しばらくの沈黙のあと私は，彼が家族関係をめぐって，とても複雑な経験をして来たようだし，今もそのただ中にいるみたいだと言ってみた。すると彼はイヤホンを外し，「はぁ？」と眉をひそめて私を睨んだ。

「なんて？」彼は聞き返した。

「両親の離婚という事態に至る間に君は，とても孤独だったように見えるし，それに腹を立てているみたいだと私は感じた。だから，新しい兄姉たちに関心があっても，つながりを持てる気がしないと思っているみたい。初めて会う私に対してもそういう気持ちがあるみたいだね。興味はあるけど，諦めてるような。」彼は怒ったように見えた。

「あんた何言ってんの？ あんた医者 shrink？」

「そう，精神科医 psychiatrist だよ。君の気持ちなんかわかるもんかって疑ってるみたいだね。同じ地面で話せるもんかって思うんじゃないかな。」

「意味がさっぱりわかんないな。黙れよ。そもそも無意味さ pointless，こんなところに来て話すのなんか。スコア・レスで終わるサッカーみたい。」

「無意味か。そう思うんだね。でもスコア・レスなら意味はあるかも知れないけどね。それにここで話し合うことで，意味 point がはっきりする方が君には衝撃があるかも知れないね。」彼はこれまでと違った半ば食い入るような目つきで私を見つめ始めた。明らかに怒っていると思われた。

ところが驚いたことに，ここから彼は，あたかも幼児がするように右手の親指をしゃぶり始めた。さらに彼は，いくぶんそわそわしていた。そこには，

ある種の恐怖と依存心の高まりが感じられたが，それでも話し方はこの上なく無愛想で，突き放したような物言いに終始した。

「もういいだろ？　時間の無駄さ。帰ってもいい？」と彼は立ち上がった。まだ10分残っていると告げると，あからさまに不快そうにまた座り直す。その間，彼は指を吸い続けた。ここで私は，彼には持ち物があったことに初めて気づいた。それはスーパーのレジ袋に詰め込まれた何かだった。彼が立ち上がったときにそれを持ち上げたので，私はそこでやっとそれに気づいたのである。それは，はち切れんばかりに詰め込まれた衣類のようだった。洗濯物だろうか。袋はところどころ裂けていた。

「それ，何が入ってるの？」私は彼のレジ袋を指さした。

「このバッグが僕の所持品のすべてなんだ。大袈裟じゃなくてさ。これ以外何も持たなくていいんだから楽だよ。」

彼が自嘲気味に出して見せたのは，上着とかなり小さめのサッカー・ボールだった。

「その袋，どこか君自身だと感じてるみたいだね。くたびれた薄い皮が一杯に膨らんでいて，そのなかにボールとジャンパーを入れて，しかもところどころ破けてるし，一杯一杯に引き裂かれそうな様子だね。」彼の目には涙が浮かんでいた。

次のセッションに彼は遅れずにやってきた。やはり同じようにレジ袋を携えていた。入っているのは上着だけのようだった。私が今週はどう過ごしたか，と聞くまで彼は声を発することすらなかった。

「大丈夫」とだけいうと，彼は再び黙って天井を見上げた。私が学校と寮について問うと，「退屈だし，好きじゃないからもう行かないよ」といった。私は彼がそもそもいま窃盗のために停学になっていることをどこで取り上げようかと迷ったが，彼がそのことに触れないので少し待つことにして，なぜ好きじゃないのかと聞いてみた。

「奴らみんな金持ちでしゃれてるんだ。オレ何も持ってないし，話が合わないんだよね。」彼がそう言ったので，ここで私は窃盗のことを持ち出してみた。「盗みで停学になったと聞いたけど，誰から何を盗ったの？」

彼は悪びれる様子もなく，同室者の財布から金を取ったのだと言い，やつは金持ちだし，ちょっとくらい盗っても減りはしないよ，といった。そもそ

も口もあまり利かなかったし，全然仲も良くなかった。だから何でもないんだと。
　私は少し反論しつつ解釈した。
　「君は何も持っていないんじゃなくて，離婚で家も，持ち物も，居場所も，そして両親も，大切なもの全部失ってしまったと感じていて，だから盗みをする権利があって，そうでもしないと生き残れないと感じたのかも知れないと私は思うね」と。彼はしばらく黙ったままだったが，苛立っているように見えた。彼は言う。
　「そんなんじゃないけどね。ポッシュな（上流社会的な）奴らが嫌いなだけさ。この建物だって，ポッシュだし。もうここには来たくない。けどまだ来なくちゃいけないんだ」と言った。彼は自分がここに来ているのは，両親を喜ばせるためで，来ることは義務のようだから，とにかく4回は来るけれど，話すことには何の関心もないから，黙って座って時間が来たらただ帰るから気にするな，と私に言った。私はこのような彼の物言いから，彼が来て座って何もせず，時間が来たら帰ることで私に対して何かをしているのは明らかだと思ったので彼にそう伝えた。私が質問しないと何も答えないでいる彼は，何かを私から盗み続けているような気がした。
　彼はまた親指をしゃぶり始めた。そして手足を投げ出し，大きく両足を開いて今にもソファからズリ落ちそうな体勢になった。そして彼は初めて自分から家での経験について話し始めた。彼は停学中の今，母親のところにいて，黒い大きなラブラドールと一緒に暮らしている。犬はちょうど両親が別れる少し前から飼い始めたもので，はじめは子犬だったが四年でずいぶん大きくなったのだと彼は愛おしそうに説明した。その犬のこと，とても好きみたいだねと私がいうと，彼はそれを否定しなかった。彼は犬とはよく話をするし，散歩にも出かけるけれど，母親のパートナーとはほとんど口を利かないでいるといった。だが，それこそポッシュな犬の世話だけが彼の役目のようで，私はやるせない思いになった。彼は自分で招いたこととはいえ，寮に追いやられたのである。母親とパートナーにとって，週末だけならまだしも，彼はずっといてもらっては困る存在だろうことは，ほとんど確実だった。
　彼は，私がラブラドールという英語の発音に四苦八苦するのを見て嬉しそうだった。

「そうじゃないよ，Labradorだよ」といって，何回も私の間違いを指摘して正しい発音を教えようとした。これには馬鹿にしたようなニュアンスは全くなくて，とても楽しそうだった。

「私の発音が拙くて，それを直してくれるけど，そのやりとり楽しそうだね。なんだか私の方が教えてもらう子どものようだね。」

私がそういうと，彼は笑った。そして学校でのDT（Design Technology）の授業について話した。DTは日本でいう技術家庭に近いが，そこにいくぶんアートが入った科目である。彼は唯一DTの先生だけは好きだった。彼の作品を楽しみにしてくれているから。その先生は，彼が何をどう作りたいのか根気よく聞いてくれ，こうすればうまくいくんじゃないか，と的確なアドバイスをくれるのだった。停学になる前には，次に作る作品の計画書を作っているところだったことを彼は思い出した。

「なんだか，しばらく途切れていたことが君の中でつながったみたいだね」と私がいうと，彼は少しはにかんで微笑んだが，苦痛を感じたのかすぐに顔が曇った。そして，「もう遅すぎるんだ」といった。ここでのやりとりだって，どこかDTのようなところはないだろうか，と私が言うと彼は，「何にも作らないじゃないか，ここじゃ」とぴしゃりと言った。今度は明らかに馬鹿にしきったように響き，胸が痛んだ。

次のセッションに彼はまた15分遅れてやってきた。この日もレジ袋を携えていた。彼は私と目が会うとばつが悪そうに視線をそらした。それは遅刻への罪悪感のためではないようだった。彼は先週から学校に戻ったことを報告した。停学が明けたのである。だが彼はほっとしているようには見えなかった。やっぱり学校は退屈だよ，と彼は言った。

とはいえ彼は，例のDTの授業に出て計画を再開したよ，と言った。計画というのはコートを掛けるハンガー作りだった。「君のレジ袋に入ったジャンパーを掛けるんだね」と聞くと彼は，そうだと答えた。だが彼の表情はなぜだかみるみる曇って行った。そして彼は「もうここには来ないよ，今日で最後にする」といった。私にはすぐに状況が飲み込めなかった。やっとどこかつながりを持つことができはじめて，彼と何かの作業ができそうな気がしていた矢先だったので，急な彼の宣言にはとても驚き，そしてまた胸が痛んだ。私は自分が置き去りにされる犬のようだと思った。でも，私とともに置

き去りにされるのは彼自身の心の一部なのだ。私はなぜ彼がそう言うのかと問うたが，答えは要領を得ないものだった。学校には戻れたし，友人と会っても別に何ともなかった。もう必要ないという。

彼は私の言葉尻を捕まえて，あんたの言うことは全然意味がわからないと，妙な言いがかりをつけ始めた。彼が友人たちと「会った have seen them」というのを，私が「出会う meeting them」といったことで，彼は怒り出したのだ。meet というのは初めて会うときに使う言葉であって，友達と会うときに使う言葉じゃない。自分にはそもそも学校で遊ぶ相手ぐらいはいる。初めて会うわけじゃない，孤独とか寂しさとか，わかったようなことをいうけれど，それがどうしたっていうんだ，そもそも考えないといけないことなんか何もないんだ，と切り捨てるように彼は言った。

私は，彼のいうことや態度，そして何よりも面接を途中でやめたいと言い出したことにとても驚いていると言った。そして，伝えた。

「私が meeting という言葉を使ったことで，私が君を馬鹿にしたと思ったのかも知れない。つまり，君が学校に戻ることになって，同級生たちとあたかも初めて会うような緊張を感じながら会ったのに，その気持ちを馬鹿されたと感じたんじゃないかな。」

彼は目に涙をためていた。それをさっとぬぐうと彼は言った。

「緊張なんかしてなかった。こんなところ来たって，退屈なばっかりだ。」

そして私と目が合ったとたん彼の表情は変わった。彼は勝ち誇ったようにいう。「あんた結局何もしなかったじゃないか。」彼は10分を残して出て行った。

次のセッションに彼は来なかった。連絡もなかった。私は彼に手紙を出した。シンプルに，彼と会えなくて残念に思うこと，次の週も時間を空けて待っていることを書いた。次の週にも彼は現れなかった。だが父親から連絡があり，彼が面接に行きたがらない，でも最近彼は大きな問題なくやっているようで，まだ行く必要があるのか父親も迷っているという。私は，お父さんが当初心配したように，彼の問題は今後大きくなっていく危険があるし，すでに今大きな問題を抱えていると思うと伝え，中学でも彼は全く馴染んではいないように見えるので，彼さえ何とか来られるようだったら，しばらくの間だけでも続けた方が良いと思っている，もし彼が無理でも両親は定期的に

来所して，現状について話し合った方がよいと思うと伝えた。
　父親は，「やっぱりそうですか。先生もそう思われましたか。何とか連れていくのでよろしくお願いします。彼の母親にも連絡しておきます」と，丁寧に礼を言って電話を切った。次の週にも父親から連絡があり，彼は行かないといっているとの伝言があった。アセスメント・チームで彼について話し合った後，両親面接者が選任され，両親の面接が始まった。私は四週にわたって毎週同じような手紙を出したが，そのあとは少し間を開けることにした。
　最後の面接から3カ月ほどたった頃，ひょっこり彼が現れた。彼のケースをそろそろ閉じようかという頃だった。彼は受付で，「まだ先生はいる？」と聞いたらしい。彼との時間を空けて部屋も確保し続けていたことに，ほっと胸をなで下ろしつつ，私は彼を待合に迎えに行った。彼は新しいちゃんとしたバッグを持っていた。それは学校の紋章の入ったものだった。私が彼に「今日はセインズベリーの袋じゃないね」というと彼は一瞬ニヤッとしたが，すぐに「馬鹿にすんじゃねぇよ」というような表情になり，さっさとコンサルティング・ルームの方へ私よりも先に歩き出した。このあと彼は，セラピーを私と半年続けてみるという提案に同意した。

3．考　察

　思春期，特に中学生は，心的脱皮のこの時期を相互的投影によってかりそめに維持される思春期グループのなかで過ごすことになるために，なかなか自分自身として考えるスタンスは取りがたい。したがって，この年齢層は多くの個人心理臨床家にとっては，なかなか近づきがたい人たちである。たとえ心理療法をセットアップできたとしても，親の援助なしに毎回出席することは相当難しいだろうし，授業，部活，試験あるいは学校内外の行事によって，定期的な面接が維持されがたい。これらは，家族やコミュニティ，あるいは学校という集団状況へと彼らの問題が拡散しやすいことを示している。あるいはセッションの内部でセラピーの関係や体験をそもそも使えるのかという問題もある。つまり，面接において話すこともままならない場合，描画を導入するなど，未だ子どもの心理療法の要素を残しておく必要があるかもしれない。このように彼らは様々な程度で，個人として対話することが困難

な状態にある。

　こうしたことから，逆説的ではあるが，この年齢層の子どもに接近する際，概ね4，5回までの短期で行われる心理療法アセスメントは，移ろいやすさの中にいる彼らに接触できるギリギリの設定となりがちである。つまり，この年齢層と向き合う臨床家にとっては，アセスメントこそ非常に重要な作業となるとともに，時としてこれが決定的な作用をもつ短期介入手段となることだってまれではない。

　冒頭でも述べたとおり，中学生をアセスメントする際，臨床家はその子どもが本当に中学生心性を有する中で，何らかの破綻や行き詰まりに陥っているのか，そもそも何らかの理由で中学生心性に至っていないのかについて判断する必要がある。前者では，できる限り中学生の集団に再び戻れるように援助することが当座の目標となるため，治療者は比較的短期間の橋渡し的な役割を担うことになろう。他方後者は，いまだ中学生集団に開かれたことのない子どもであるため，そもそも心的脱皮が可能なのかという判断も含めて，より長期の心理療法が必要となるだろう。

　では，中学生のグループ・メンタリティの特性について，非常に包括的で，臨床的に参照する価値が高いと思われるメルツァー Meltzer, D. の思春期のグループ・メンタリティ・モデル[4]について概説し，アセスメント素材について若干の考察を加えてみたい。

1）思春期におけるグループ活性と適応度：メルツァーの思春期グループ・モデル

　思春期に入ったばかりの子ども，特に中学生は，身体体験と社会性の激変に突如直面するために，様々な次元で深刻に混乱している。そうしたなか彼らの多くは，まとまりを急激に失った自分の心を持て余し，それを放棄しようとする。彼らは放棄した自分の心を，取り巻くグループ・メンバーへと投影同一化によって押しつける。その思春期グループとの関わりが，彼らに一過性の安定をもたらす。

　メルツァー Meltzer, D.[4]は，思春期の入り口において子どもたちが社会化してゆくプロセスを，クラインの好知本能と投影同一化概念，そしてビオンのグループ概念をもとに定式化した。彼によると思春期の入り口において

潜伏期的全知性が破綻するとともに，急激に社会化／個人化の過程が混乱を伴って進む。思春期過程は，まず相互性の投影同一化のもとで不安定で流動的なパラノイア的同性グループを形成することからはじまり（思春期グループ：外向きの解決，ビオンの逃走逃避グループ），概ね中学生の三年間はこのように混乱したグループ心性のなかで嵐のように続いてゆく。そして，中学の３年間を経て高校生になると，グループ内で相互コンテインメントが作動し，抑うつポジションで機能する社会化・個人化（青年期グループ：相互浸透性によるコミュニケーション，ビオンのペアリング・グループ）へと進展して，混乱は徐々に収束する。これを個人の内的力動から見るなら，グループへの投影同一化状態という外向きの精神運動によって突如として思春期プロセスが始まり，その後グループでカップル形成がなされる中でコンテインメントが生じ，内的スペースが再構築されるとともに，そこで再び内向きの探索へと転じることとなる。そこで「良い内的対象」が再発見され，内的対象の夢生成能力の恩恵を受けることを通じて成長する。メルツァーはこのように思春期を，集団心理へと開かれつつ内的対象を再発見して行くプロセスとして捉えている。

２）Aのアセスメント

　A少年のアセスメントを振り返り，彼の心的皮膚のあり方，心的脱皮の様子，思春期グループへの参入の在り様を簡単に評価してみよう。

　そもそもAの孤立した様子からすれば，思春期グループへの相互投影同一化は機能しているようではない。その代わりに彼は，ずいぶん年長のギャング・グループに参加し，薬物やアルコールに没頭，さらには盗みなどによって，破壊的，侵入的な投影同一化状態に陥っていた。これは彼が自己愛的組織に依存し（destructive narcissism），身体に作用する薬物によって自らの心を失っており（masturbatory excitement/mindlessness），盗みを繰り返すことで集団から追放され，自らの場所を失っている（stealing/parasitism）ことを示している。

　Aのアセスメントは，窃盗と引きこもりを心配した両親，特に父親の意向で始められた。だが，Aにはほとんど考えるなどという気がない。そもそも彼には身の置き所がないことが，このアセスメントでは明らかで，自分につ

いて考えようにも，考えれば考えるほどに自分は排除された子どもであり，厄介者であることへの絶望的な気づきが強烈な痛みとともに残酷に彼に突きつけられることになる。そうしたなか彼は，心細い時間をともに過ごした犬とともに自室に引きこもっていたのである。

　セッションでの様子に目を転じてみよう。スーパーのレジ袋にすべての持ち物であるボールとジャンパーを入れて漂流する浮浪者のような彼が即座に目に入ってくる。漂流する彼からすると，いつ両親に新しい子どもができるかわからない。おおざっぱな言い方をするならば，このアセスメントで彼がしたことは，そうした心細さや，不信感，身の置き所のなさ，そして残酷に拒否され，置き去りにされる恐怖の体験を私に押しつけること，つまり投影同一化することだった。そのような体験の投影同一化は，彼が「結局あんた何もしなかったじゃないか」という，暴力的ですらある存在意義の否定においてその極に至る。

　彼の心的皮膚のあり方は，とりつく島のない態度，さらには彼の提示する精神生活の貧困さから推測できるだろう。さらに，臨床素材においては，彼の持ち物であるよれよれのレジ袋，小さなサッカー・ボール，ラブラドールという大きく上品な犬，そして何よりも，唐突に始まる彼の指しゃぶりが，彼の内的対象の脆弱さ，感覚優位とならざるを得ない心的皮膚のひ弱さと包容能力の欠如を示唆している。自力で夢を見る力はほとんど欠如しているといえるだろう。では，アセスメントの結果として，彼には心理療法的援助は不可能だという判断が妥当だろうか？

　途中で投げ出したDTの制作と同じく，アセスメントのプロセスも完成させられなかったが，それでもなんとか私や父親の助けによって戻ってくることができたことから，カッコ付きであるかもしれないが，彼にはセラピーを使う力があるかもしれないと私は考えた。またDTで作ろうとしていたのが自分のジャンパーを掛けるためのハンガーであったことにも，ある種の意味を読み取ることができる。すなわちこのハンガーという素材からは，包み込むものの内部に，軸や骨組みが必要であることを彼が無意識的に認識していたことを読み取ることができる。さらに，「今ここで」の意味からすると，作品としてのハンガーは，彼にとってのアセスメント体験の表象であるとも考えられ，この一連のアセスメントセッションが，彼をなんとか社会に引っ

かかるように (hang) するための場として機能したことを示す素材のようでもある。とはいえ、このような中、彼がなんとかセラピーにしばらく来てみるという選択ができたことは驚きに値するとともに、とりあえずの安堵をもたらした。

家族状況や学校での適応を把握しつつ、彼のある程度の柔軟性と強度を持った心的皮膚の再生、内的対象の確立へ向かう内的活性の再生などを目指した短期的セラピーを提供する中、グループ文化への回帰が可能となるよう見守ることが今後の課題だろうか。

おわりに

思春期の子どもの心理療法アセスメントにつき、特に中学生に焦点を当て、プロセスの実際を描写した。またその際、思春期を心的皮膚の脱皮が生じる時期として捉え、心身の分化が曖昧となるなか多次元にわたる混乱を生じつつ、内的にも社会（グループ）的にも再編成が進むプロセスとして評価することの有用性を示した。

思春期グループに参入することが何らかの形で不可能になっている子どもにとっては、アセスメントという営み自体が治療的な方向付けとなる。そこにおいて治療者は、思春期グループで為されるべき脱皮をグループ外で手伝うことができる。そこで彼らは、青年期グループという内的及び外的な心の状態を他者と共有する機会を取り戻すことができるかもしれない。

最後に、今回提示した思春期グループ・モデルと心的脱皮プロセスは、メルツァーとビックの諸概念を基に私が再編成したものだが、ここで描出できたのは、「一昔前の若者たち」なのかもしれない。この思春期モデルがそのまま現代に当てはまるのかどうか、もしすでに若者たちの何かが今大きく変化しているのだとすれば、このモデルの適応可能性や修正の必要性、そしてその限界について、慎重に検証する必要があるだろう。

文　献

1) Bick, E. (1968)：The experience of the skin in early object-relations. In: Melanie

Klein Today. Vol. 1. (1988) Routledge. London. 松木邦裕監訳, 古賀靖彦訳 (1993)：メラニー・クライン トゥデイ②――早期対象関係における皮膚の体験. 岩崎学術出版社, 東京
2) Bick, E. (1986)：Further considerations on the function of the skin in early object-relations: Findings from infant observation integrated into child and adult analysis. British Journal of Psychotherapy 2, 292-299
3) Bion, W. R. (1962b)：Learning from experience. William Heineman Medical Books. London. Reprinted 1984 by Karnac. London. 福本修訳 (1999)：経験から学ぶこと. 精神分析の方法Ｉ――セブン・サーヴァンツ. 法政大学出版局, 東京
4) Meltzer & Harris (2011)：Adolescence: talks and papers by Donald Meltzer and Martha Harris. (Ed) Meg Harris. Karnac

討論　子どもの精神分析的心理療法におけるアセスメントの基盤をなすもの

脇谷　順子

1．児童思春期のアセスメントに共通するもの

　3人のアセスメントの方法は，対象，目的，機関，役割によって異なるものの，アセスメントは心理療法と同様，クライエント（子ども，思春期青年期の人，家族）とセラピストとの双方向的なコミュニケーションによってクライエントを臨床的に理解していくプロセスであり，精神分析的観察を基盤としている点で共通している。

　3人の発表は，それぞれの臨床の場の特徴，すなわち，教育機関か医療機関かということや，そこでのマンパワー，部屋数，料金設定，そして，それぞれの役割に基づいた方法となっている。ラスティン Rustin, M.[1] は，「アセスメントそのものが重要なプロセスである」し，「アセスメントは治療的な可能性を持つ短期の介入手段でもある」とも述べている。3人のアセスメントは，クライエントとセラピストのやりとりを通して，クライエントの心の世界を理解していこうとするものである。そして，クライエントが言語的，非言語的に表現していること，及びクライエントとセラピストとの関係性，つまり転移‐逆転移関係や投影同一化を精神分析的に観察し，観察したものについて考えるプロセスとなっている。こうしたアセスメントは，生育歴や現病歴を聴取して情報を収集するという方法のアセスメントとはその方法も目的も異なる。精神分析的心理療法を通して行っていくクライエントの心や関係性の臨床的理解のプロセスの始まりとして位置づけられるものであることを明確に特徴づけるためには，「精神分析的アセスメント」と呼ぶのが適切なのかもしれない。

2．各論考に関して

1）鵜飼の論考について

　鵜飼の論考は，子どもの精神分析的心理療法のアセスメントについてであり，大学院生の指導者として関わっている大学院の心理相談センターにおける実践についてである。鵜飼は，「家族（社会）という文脈で心理療法を考える。すぐに子どもの単独アセスメントを行うのではなく，数カ月〜1年間かけて，子どもを取り巻く環境について検討すること」，つまり，「包括的アセスメント」の実際とその必要性を述べている。相談機関にやって来るきっかけや理由は，子どもが呈している問題やそれに関する悩みについての相談であっても，家族の中の誰にどのような支援が必要か，またどのような支援が適切かについての判断を行い，その後，子どもの個人心理療法を始めるかどうかを決めていくという方法は，子どもの心理療法について考えていく時には必要かつ有用だということを私も強調したい。それは，特に子どもは，親や家族の抱える困難さや関係性の影響を受けやすく，問題を行動化しやすいために「クライエント」とされやすいが，実際には親や家族が心理的な支援を必要としている場合も少なくないからである。さらには，親や家族が心理的な援助を得ていくことを通して，間接的に子どもが援助されることも少なくないからである。そのために，すぐに「子ども＝クライエント」としてしまわず，家族，親子，親どうし，きょうだいの関係性や，それぞれが抱えている困難さや問題について知っていくことが必要であり，有効であると言えよう[2]。

　このように，子どもの心理療法において包括的アセスメントが必要かつ有効であることに疑問の余地はない。ただ，それにはマンパワーも時間も必要となる。鵜飼が述べる包括的アセスメントは，大学院の心理相談センターのように，マンパワーや複数の部屋があり，低料金設定で担当ケース数のノルマがないといった特徴を持つ臨床の場で実践しやすいとも言えるのかもしれない。現状では，「包括的アセスメント」を行うにはさまざまな制約のある臨床の場は多いけれどもまずは，「包括的アセスメント」が子どもと家族にとっては助けになり，有効であるという考え方が共有されていく必要性を思う。そして，ラスティンが「民間機関にいる臨床家の場合は，多角的なアプ

ローチが維持できる専門的な構造を作り出す必要がある。もしもセラピストが一人しかない場合，内的要因と外的要因の双方に，そしてこどもと親の双方に適切な比重を置くことは極めて難しい」と述べているように，「包括的アセスメント」を実践できる臨床の場を作っていく必要性も思う。

2）黒崎の論考について

　黒崎の論考は，病院臨床の立場からというテーマで，児童精神科医として勤務する病院でのアセスメントについてである。論考からは，子ども，家族のアセスメントプロセスの複雑性がよくわかる。そして，さまざまな制約がある中で，どのようなアセスメントが実施可能かについての論考だと私は理解した。

　マンパワー，時間ともに限られている中で，黒崎は，「精神分析的心理療法以外のアプローチが考えにくい重症例で，ある程度の効果を見込める症例にしぼって，精神分析的心理療法のためのアセスメントを行うという方法をとっている」とのことである。子ども，そして親同室の診察を通して，精神分析的心理療法の効果が見込めるかどうかを判断している。それは「アセスメントの前のアセスメント」と呼べそうなものであり，病院という場で子どもや家族と最初に出会う医師は，彼らに心理療法が助けになるかどうかを的確に判断する重要な役割を担っていることがわかる。

　提示された事例は，心理療法が適しているかどうか，子どもが心理療法をどのように使えそうかをアセスメントしたものである。小学校低学年の女児は，言葉の遅れ，こだわりの強さ，かんしゃく，ストレスがたまると発熱や家でのお漏らしといったことを母親が心配して来談し，診察を含めた3回のアセスメントセッションが行われている。1歳半健診では遅れ等の指摘はなかったが，母親によると始語が3歳，二語文が5歳前，排泄の自立が3歳8カ月という女児の発達の問題，そして夫婦関係や母親とその両親との関係の難しさにも言及されており，発達と環境の両面が女児の呈する行動に関係していることがうかがえる。

　この女児は，大人数でいるときに説明が入らなかったり，ストレスがたまると発熱や家でのお漏らしがあるということである。セッション中の女児の話の内容や絵の素材はばらばらな感じでつながりにくく，そうした臨床素材

からは，この女児にとって，まわりで起きていることを取捨選択し，あるいは優先順位をつけながら適度に取り入れたり消化したりしていくことは難しいことが推測される。そして，さまざまな体験を時間的な流れの中で位置づけたり，体験したりすることも難しい様子である。第3回目のセッションで，女児が描いた合体している絵からは，彼女が複数の人々や出来事をどのように体験し，どのように対処しているかが伝わってくる。3回目のアセスメントセッション前にロールシャッハテストが施行されており，心理検査者と黒崎という2人の人，あるいは心理検査とセッションという2つの経験を合体させることで，女児は何とか対処しているということを絵は示しているのかもしれない。また，初診時も含めて，絵を描いているときに毎回トイレに行っている。描画は象徴化としての表現手段と言うよりは，排出手段となっているのかもしれない。こうしたことは女児についての理解の一部であるが，アセスメントセッションを通して，女児の心の体験を見せてくれていることがわかる。

　事例の女児のように，発達の問題，夫婦関係，母親と原家族との関係など，問題が複雑なケースでは時間をかけたアセスメント，すなわち，包括的アセスメントが望ましいだろう。黒崎の臨床の場では，医学的診断に続いて，2，3回のアセスメント面接，そしてその間に心理検査も実施しているとのことである。マンパワーや診療時間などさまざまな制約がある中での回数であり方法なのだろう。ラスティン[1]が，子どもの心理療法におけるアセスメントの目的の一つは，「目の前の症例に対して，たとえ心理療法のリソースが少なくても，何らかの重要な貢献ができるかどうかを効果的にアセスメントすること」であり，そうした力をつけていくことは専門家にとって欠かせない課題だと述べている。黒崎が実践しているアセスメント方法は，「今あるリソース」を活かしていく一例と言えるのだろう。

3）飛谷の論考について

　飛谷の論考は，精神分析的心理療法が行われる外来クリニックでの精神科医という立場での経験に基づいており，対象は思春期の少年である。そこで行われているアセスメントの目的は，やりとりを通してクライエントの心の世界を知ることであり，また，クライエントに精神分析的心理療法について

知ってもらうことのようである。

　14歳のA少年とのアセスメントセッションの詳細な記述により，A少年の姿，少年と飛谷とのやりとり，飛谷が感じる居心地の悪さ，彼の取り付く島のなさ，14歳の少年が親指を吸い始めたときの衝撃と広がる哀しみなど，コンサルテーションルームの中で少年と飛谷との間で展開していることが，生き生きと伝わってくる。

　例えば，飛谷が述べているように，14歳の少年は，心細さ，不信感，身の置き所のなさ，残酷に拒否されたり置き去りにされたりすることの恐怖体験をセラピストに投影同一化していた様子で，アセスメントセッションにおいても，投影同一化が活発に生じていることがわかる。クライエントから投影されるものをセラピストが捉え，理解していこうとすることは，精神分析的心理療法のエッセンスの一つであり，やりとりを通して生まれた理解がA少年の心の中に残り，3カ月後に彼が戻ってくることにつながったのだろうと思う。

　提示された事例からは，アセスメントセッションにおいて，クライエントとセラピストとの関係性は始まっていること，アセスメントセッションは対話を通して自分のことを知っていくという精神分析的心理療法にクライエントを導くというプロセスとなっていることがよくわかる。

　私が特に関心を持ったのは，飛谷の解釈的コメントについてである。初回の最後の部分で，飛谷はA少年が持参したレジ袋について，次のように話す。「その袋，どこか君自身だと感じているみたいだね。くたびれた薄い皮がいっぱいに膨らんでいて，その中にボールとジャンパーを入れて，しかもところどころ破けているし，一杯一杯に引き裂かれそうな様子だね」と。そして，少年の目には涙が浮かんでいたことが描写されている。少年が次のセッションに遅れずにやってきたことから，飛谷のこのコメントを彼は飛谷の理解として受け取ることができたらしいことが推測される。2回目のセッションでは，少年が行った窃盗について，同室の金持ちの生徒の財布からお金を取っても，金持ちだから減りはしないし，両親の離婚で家も，持ち物も，居場所も，そして両親も大切なもの全部を失ってしまったと彼は感じていること，だから盗みをする権利があって，そうでもしないと生き残れないと感じたのかもしれないと思うと，飛谷は話す。少年はしばらく黙り，苛立ったように

見えるが、その後もやりとりは続く。そして、彼は親指を再びしゃぶりはじめるが、家での経験について自ら話し始める。ここでも再び、少年は飛谷が話したことを理解として受け取り、経験しているようだ。その後の展開を見ても、飛谷のコメントは、タイミング的にも内容的にも分量的にも、少年にとって助けになっていることがうかがえる。そうして、心理療法に最も抵抗を示すと言われている十代前半のＡ少年が心理療法、すなわち、彼の心に関心を持つ大人とやりとりすることに関心をもつことにもつながったようだ。

　飛谷が試みているような、クライエント中心の解釈的コメント、そして、クライエントの心の痛みに触れる内容をいつ、どのようにそして、どの程度伝えるのかについては、さまざまな考え方があるだろう。Ａ少年と飛谷のやりとりのプロセスからは、この少年が大人に理解されたいのかされたくないのか、関心をもってもらいたいのかもらいたくないのか、また、彼にとってどのような解釈的コメントが助けとなり、どのタイミングで、どのような内容で、どの程度であれば彼が耐えられそうかということを飛谷は常にアセスメントしていることがわかる。飛谷の解釈のタイミング、内容、質、匙加減は、精神分析的観察に基づく臨床理解に裏打ちされたものなのだろう。

　クライエントの年齢、心の健康度具合や心の発達の程度にもよるのであろうが、提示された事例からはアセスメントセッションにおけるセラピストとのやりとり、そして、セラピストの関心と理解が、クライエントにとってはコンテインされる経験となり得ることが理解できる。そして、数回のアセスメントセッション、そしてセラピストの解釈によって、クライエントの心が立て直され得ることもわかる。まさに、アセスメントプロセスが「重要な治療的、短期介入的手段」であることの一つの実例だと言えよう。

3．結　び

　対象や臨床の場、そして方法の相違はあっても、3人のアセスメントの基盤となっているものは、精神分析的観察に基づく臨床的理解である。そこでは、クライエントの言語的および非言語的コミュニケーションに含まれている心理的な意味、クライエントからセラピストに投影されるものを通してのクライエントの内的対象の関係性を理解していくということが目指されてい

る。そして，アセスメントは心理療法とは別個のものではなく，心理療法のプロセスとして位置づけられている。そのようなアセスメントプロセスを可能にするのは精神分析的観察である。精神分析的心理療法に不可欠なスキルでもあり視座でもある精神分析的観察をセラピストが有していること，そして，それを培うためのトレーニングが子ども，思春期青年期の人たち，家族のアセスメントには必要不可欠だと言えよう。

文　献

1) Rustin, M. and Quagliata, E. eds.（2003）：Assessment in Child Psychotherapy, Karnac Books Ltd.　木部則雄監訳（2007）：こどものこころのアセスメント．岩崎学術出版社，東京
2) 脇谷順子（2013）：子どもの心理療法における導入について．京都大学大学院教育学研究科・心理教育相談室紀要，臨床心理学事例研究，第40号，pp.11-13

討論　子どもの心理療法アセスメントにて　　　　セラピストは何をするのか？

松本　拓真

　私のここでの役割は，子どもの精神分析的心理療法のアセスメントに関する3人の論考に対して若手として素朴な疑問をぶつけ，その後の討議を活発にすることだと理解している。

　子どもの精神分析的心理療法のアセスメントは大量の情報の洪水の中から，必要と思われる情報をつかみ取る作業になる。子どもがどのような子どもかという情報だけでなく，親の情報，さらにはその親の親に関する情報なども含まれる。特に今回の話題提供の中では黒崎の論考がその情報量の多さを改めて示していると思う。とても困難な作業に見えるため，私は「どうすれば子どものアセスメントをしっかりできるようになりますか？」という疑問に焦点を当てて討論したいと思う。

　3人の論考の表層的なところのみを捉えるとするならば，インテークセッションだけでアセスメントをするのではなく，その後に3〜5回程度のセッションを持って，ゆっくり話し合える構造を取ればよいとなりそうだ。インテークの場ですぐに治療方針のようなものを伝えなければならないことに比べると，その設定的な余裕を持つことだけでも大きな意味がある。しかし，その内実には，子どもとの面接と並行して親との面接，検査，他機関からの情報などを集約し，治療方針を決めて，本人と家族と話し合っていく中で同意できる治療構造を設定するという高度な技術が必要なように思える。私の討論を通して，アセスメントのプロセスの中でセラピストは何をするのか，何に気を付けておく必要があるのかについて明らかになっていけば良いと考えている。

1. 鵜飼の論考への討論

　鵜飼の論考は，アセスメントのプロセスとその後の振り返り面接などのプロセスについて明快な形で提示している。個別のアセスメントセッションにおいては，心理療法と同様の設定を構築し，観察だけではなく，セラピストが見たことを描写する記述的な解釈や，セラピストの連想を伝える説明的な解釈についても試しに行い，その反応を見ていくことが示されている。このような点から考えると，心理療法自体が子どもとセラピストとの間での一方的なやりとりではなく相互的なやりとりであるように，子どもの精神分析的心理療法のアセスメントは，こちらが理解するプロセスと並行して，子どもや親側にもこちらのことを理解してもらうことも重要になってくるのだろう。ある意味でインフォームドコンセントのプロセスといえる。私たちがよく子どもに心理療法を導入するときにする説明は「Aちゃんは，こういうところが心配だからセラピーをしようね。ここで毎週火曜日の17時から17時50分まで，先生と一緒に遊んだり，お話ししたりしようね」というものだろう。これは本当の意味での説明と同意とは言えず，ほとんど「あなたは癌がありますので，治療に来てください」と説明したに過ぎない。外科的に切り取るのか，抗がん剤で治療するのか，お祈りするだけなのかなど，こちらが何をする人かを示せていない。提示された事例Bの前担当者は，知的障害といった要因を見ていなかったことが問題でもあるが，子どもと保護者に自分がどういう人間で何をしようとしているのかを示せていなかったことが問題だったともいえるだろう。

　また，鵜飼は大学院でも行っている「発達相談サービス」を紹介した。これは私たち若手でも精神分析的心理療法のアセスメントを行えるようになるのではないかという希望を与えてくれるものでもあった。ただ，「包括的アセスメントと心理療法のためのアセスメントの両方を兼ねた"簡易版"である」と話されていた通り，そこにプロセスの短縮が起こっていることが理解できる。この短縮が可能であるならば，もともとかけていた時間が必要ないわけであるから，現実的なニーズに合わせて何かを重視し，何かを切り捨て，何かを諦めていることになるのだろう。簡易版に残そうとしたものこそが，アセスメントにおいて鵜飼がこれだけは捨てられないというエッセンスが入

っていると推測できるため，聞かせて欲しい。また，「行動観察」[注1]と言っているのもなぜだろう。アセスメント面接は心理療法と同様の設定で行うとしていたわけなので，ここには意識的な用語の選択があるのだろう。大学院生に心理療法的アプローチでアセスメントをさせることが難しいと考えたのではないかと思うが，これは何が難しいと考えていたのだろう。これも本来，鵜飼がアセスメント面接にて，こういうことをやれると良いと思っているが，経験の浅いセラピストには難しいと考えている重要な本質が隠されているように思う。何を鍛えていければよいかの指針になりそうである。

2．黒崎の論考への討論

　黒崎の論考は，情報が次々と溢れてくる中で子どもとも母親とも触れ合おうとしている様子が臨場感を持って示されており，改めてアセスメントが大変だということを実感させられる。正直，初見では，頭が飽和状態となり，何がなんだかわからないという気持ちとなった。幸い私は一歩外から眺めることができる立場であったし，何度も読み返すことができる状況に置かれているので少しずつ内容が見えてきたが，この当事者としての黒崎はかなり大変だったのではないかと推測する。子ども担当のセラピストと親担当者の2名でアセスメントを担当できれば少し違うのではないかと思うが，マンパワーの制約のため困難だったのだろう。

　黒崎の論考を通して私が聞きたいのは，子どもに精神分析的な心理療法を提供するか，それとも母親コンサルテーション，母親個人のセラピー，両親面接などのオプションかをどのような基準で決めているかである。また，黒崎がこの子どもが治療を活用できる資質を持っているということをどこで把握しているかということも，経験の浅いセラピストとしては知りたいと思う。

　この子どもは心理療法の中で自分の気持ちについて描画などを通して伝える表現力があることについては疑問の余地は無いように思う。ただ，解釈に対する軽い反応や，3回目の両親の合体の肯定的な側面に触れる黒崎の解釈

注1）発達相談サービスにおける大学院生の役割として「行動観察」という言及は本論文中にはなく，当日のセミナー時の発言である。議論の趣旨を損なわぬよう，そのままにしている。

の後にトイレに行っていることから，誰かと協働していく力には大きな制限があるとも考えられる。セラピストの解釈という食べ物も，セラピストという家も，無機質で意味のないようなものにしてしまう数字合体怪獣は彼女の中にもいるようである。ただ，この誰かと協働することの困難こそが，彼女が持ち込んできて，取り組むべきテーマということもできるだろう。3回目までの彼女の遊びは誰かと誰かとの関わりがほとんどないように見える。主訴である位置のこだわりや思い通りにならないパニックは他の人の要因を閉め出す一方的な彼女を示唆しているようだ。3回目の合体では対象間の関わりが見られるが，彼女の言う合体は"関西風お好み焼き"のように混ざり合うことを意味しているようで，"広島風お好み焼き"のようにキャベツと生地などお互いの存在は残しながら一つになることではないようだ。母親が語る彼女の行儀の良さ，一歩引いて相手に譲る傾向は，一方的な人間関係に従わせられる側になって，彼女の味はなくなっていることを示している。彼女が意志をもった人間として扱われていないという黒崎の考察とも重なる部分だろう。誰かの心の中に入れられ，考えられ，消化されるというコンテイナー・コンテインドのプロセスの困難による断片化が，心を砂や尿といった水準にまでバラバラにして，把握することをさらに難しくさせていたことが推測される。黒崎を洗面台トイレと合体させたことからも，その後の展開からも，おしっこのように液状化させてしまっている不安や空想をここで保持して考えたいと彼女が伝えているようだ。このストーリーからすれば，子どもに心理療法を提供し，断片化した心の内容を数字で無機質に置き換えるのではなく，しっかり考えていくことで，他者にもわかりやすく情緒を表現できるようになっていくという方針を考えることができるのだろう。

　しかし，この事例には別の側面から光を当てることも可能なように思う。それは彼女が心理療法に抱いたのは，家族を仲良くさせて，家族を一つの家の中に住まわせたいという期待だったというストーリーである。彼女の描画では，家族は家の中に住んでおらず，両親は形を明確に認識するのも難しそうなスライムのようだし，どっかにふらふらと行ってしまいそうな猫や蝶々として認識されている。家族という壊れかけた街を回復させるには，父親と母親を合体させることが大切と話しているようである。

　黒崎の見立てにもあるように母親は投影同一化をコントロール目的で多用

する一方的な人のように見える。初診時も母親自身の孤立無援な生育史が言及され，むしろ子どもの心について考えるという時間はほとんどなかったようだ。その時に彼女が書いた絵は，家にはいろいろな赤いものが詰まっていて，家族は追い出されている絵であり，2代続く葛藤が家を満たしていることを示唆しているようでもあるが，面接の場からもこの子どもが追い出されていることを暗に示しているようにも見える。育児に協力しない父親と報告されるわりに，子どもは父親には抱っこを求めて応じてもらったようだし，セラピーについても賛成と言う。どこまでが本当の父親の姿で，どこまでが母親が困った人として決めつけていることの反映なのかは疑問である。父親自身も物の位置へのこだわりなど強迫的な面があるようだが，かなりの混乱した情緒を抱えてきた母親からすると動じずに同じことを繰り返す父親の安定した性質に好意を持ったのかもしれない。この子どもの主訴も父親に同一化をしている側面もあり，この子どもが父親に対する愛情も強く感じている可能性を考えさせられる。

　さて，黒崎も指摘していた通り，母親が苦痛を感じずに我慢して頑張る姿をこの子に投影同一化し，それが癒されることが治療動機となると，母親の治療が第一選択肢とはならないのだろうか。事例提示や考察もかなり母親の理解に分量が割かれている印象がある。心療内科に受診中ということで母親の治療をためらわれたのだろうか。ただ，2回目の面接で子どもの世話はしてきたけれども，子どもの気持ちを考えることはできないということを母親自身も認めているので，子どものことを考えていく上で母親自身のことを考える必要があるという提案もありえたのではないかと思う。学校がどうして病院に行くのかと言っているのは母親自身の抵抗の現れともいえるかもしれないし，少なくとも母親の協働の困難さ（意見に対して必ず反対する意見が出てくると思っている）を示していることは間違いない。私が心配するのは，子どものセラピーが上手く展開して，この子どもの中に自己主張的な側面が生じてきた時に母親は耐えられるのだろうかという点である。2回目の面接で父親には抱っこを求められたが，母親には求められず子どもは解離様の状態になっている話があった。乳児期の体験を考慮すれば，子どもからすると母親の方が理解できないと感じているかもしれない。母親の心の中で健康な父性とつがうことはかなり困難だということは母親自身の生育史も示唆して

いる。子どもの問題が落ち着いたときに，建設的な父性をセラピストに，駄目な父性を父親に分裂させ，父親が辛いのに頼りになってくれなかった証拠となってしまうことで，離婚などの家族の破局に繋がらないのだろうか。サラリーマンの父で受診しにくい時間だったかもしれないが，せめて両親面接などを行っておいた方が良いと思うが，どう考えられていたのだろうか。私たちが適切な治療オプションを提供できるようになるためにぜひ知りたい内容である。

3．飛谷の論考への討論

　飛谷の論考は，中学生の年齢にある子どもとの面接を詳細に示したもので，誰かと関わりを持つことへの諦めからくる超然とした態度と敵対的な感情，いつ壊れるかもわからないぐらいの心の中身を抱えて張り裂けそうな緊張感が伝わってくる。その中で彼の子どもの心の状態，さらにいえば赤ちゃんのような心の状態が垣間見られては引いていくという，まさにダイナミックな展開が見られる。今の日本の多くの臨床心理士が中学校のスクールカウンセラーで勤務しているが，スクールカウンセラーとして働いている読者にはかなり刺激があったのではないかと思う。
　飛谷のアセスメントの事例を聞くと，その特徴として，これが心理療法のどこかの一セッションであっても全く遜色ないということである。彼の授業に興味がないという発言，きょうだいが何も関係ないという発言，DTへの好意の話などをすべてセラピストとの転移関係に焦点化する介入が行われている。大切なのは"いまここで"どのような感情になっているかに触れることであり，学校のことや家族のことを聞くのは，らちが明かないと思われたのか副次的なものと見なしているようである。すでに短期介入を行うつもりで取り組み始めていたのだろうか。
　ここで飛谷に質問する前に，転移関係に収束させていく飛谷の面接に衝撃を受けている自分自身について疑問が湧いてくる。なぜ私たちは中学生と面接を行なうときに転移関係に言及することを避ける，もしくはそれが転移を示しているかに気付きもしないのだろうか。一つはこの事例で見られたように彼らが幼児や潜伏期の年齢の子どもに比べると言葉を話すようにはなって

くるものの，多くは態度や雰囲気といった非言語的なコミュニケーションによる投影同一化を行ってくるからかもしれない。言葉だけに惑わされず慎重な観察が必要といえるのだろう。また，投影同一化が活発になるものの拡散的でもあり，誰に何を向けているのかがコロコロ変わったりすることで，わかりにくいからかもしれない。しかし，ここにはこちら側の心理的なためらいというものが存在しているように思う。何かを恐れているのだろうか。飛谷には，思春期の子どもに対して転移に焦点付けていくことの意味について考えているところを聞かせて欲しい。特に，長期的な介入が困難な見通しがあるときにはどうなのだろうか。

　心理療法が必要な中学生は心の状態が中学生ではないという逆説については非常に役に立つ視点である。ただ，この裏である「心理療法が必要なくなれば中学生になれた」というのは正しいとはいえないだろう。彼は学校のバックを持ち，一見中学生になれたようにも見えるのだが，この後に短期の心理療法介入を行っている。この事例だけに限らず，飛谷が中学生になるための心の条件というのは何だと考えているのかをもう少し話して欲しいと思う。これは私たちがスクールカウンセラーなどでのとりあえずの治療目標を考える上でとても役に立つだろう。通常は面接枠が埋まってしまうおそれから，隔週か月1回の面接しか提供しないことがあるが，それは貴重な機会を逃すことになってしまうのかもしれない。それならば，3回〜5回の毎週の面接を提供して，アセスメント兼短期介入を目指した方が実りのある介入になるのだろうか。

　そして，他の2名の論考とのつながりを考えた時に，ここでの家族面接は飛谷の中ではどのような位置づけであったのかも教えて欲しいと思う。もし，彼がその後も来談を続けていたとしたら両親面接は提供しなかったのだろうか。

討論への応答1

鵜飼 奈津子

　本項では，脇谷と松本の討論を受け，私の論考の補足の意味も含め，簡潔にまとめる。
　まず，脇谷からは，職場のマンパワーの問題や時間枠が十分に取れないことなどの現実的な問題が指摘された。私は，大学院生を中心としたメンバーによる発達相談サービスを軸に論じたが，私個人の臨床の場は，基本的には私が一人で対応する私設相談であり，時間枠も限られている。そこで，基本的な枠組みとして，子どもについての相談が入ると，まず，その子どもと家族を取り巻く状況について精査する。その際，「誰が主なクライエントになるのか（子どもなのか親なのか）」を考えながら，相談を進める。そのため，入り口が子どもについての相談であったとしても，実際にはその子ども本人とは会わないままに，相談が進むこともある。こうしたプロセスは，脇谷が討論で述べているとおりであり，アセスメント兼短期介入と表現できるものだと考えている。
　私が近年，外部のスーパーヴァイザーとして関わっている相談機関では，本稿で述べたのと同様の実践を進めていこうとされている。しかし，「来談者にはまず○回来てもらう」という，その形式のみがコピーされており，ほぼ自動的に，その機関で従来行われていた通りの「隔週のセラピー」を提供するということが，ほぼ全ての相談に対して行われているのが実情である。つまり，「アセスメントという名のもとに○回来てもらう」という形式だけは整えられたものの，その○回で，ある程度の話が済むものなか（短期介入で相談が終結），あるいは，より深刻な問題があり，最低週1回は継続的にセラピーに通ってもらったほうがいいのか，それとも，月に1回程度，様子を聞くようなフォローアップ面接で充分なのか等，誰を主軸に，どういった介入をするのがベストなのか，それを考えるためのアセスメントだという，

そのアイディアの核がそもそも取り入れられていないのである。これでは，せっかくの潤沢なマンパワーが活かされているとは言えない残念な状況である。

このことは，私の所属する大学院の発達相談サービスでは，簡易版として何をエッセンスとして残したのかという松本の問いにつながる。最低限，初学者の大学院生が，「どのようなケースなのかを見立てられるようになること」を目指している，というのが私の答えである。5回の面接を通して，できるだけ現時点での問題を見極め，その時点でのこちらの理解を伝えて一旦は相談を終えることもあれば，継続的なセラピーを提案するケースもある。あるいは，親自身の心理療法を提案し，子どもについてはしばらく様子を見ることにするケースもある。時には，5回の面接では十分ではなく，アセスメント期間を延長するケースもある。つまり，ケース全体の見立てを立てること，そしてそうした視点を持つことをエッセンスに残したのだと言える。

「行動観察」という言葉は，まずは，子どもがどのように遊ぶのか，どういったコミュニケーションをとるのかを，しっかり「見る」ことを意識したものである。一緒に遊んでしまうのではなく，そこで何が起きているのかをきっちり「見る」ことを学ぶのである。その経験を通して，自分にどのような感情が生じるのかといういわゆる逆転移についても，同時に見つめることを強調するという意味で，この言葉を使っている。この段階はあくまでもセラピーではないのである。

さらに，アセスメントというと，必ず心理検査をするものだというイメージを払拭することも大切だと考えている。私たちの発達相談サービスでは，検査はほとんど実施していない。行動観察を通じてどういうことが見えてくるのか，そして同時に自分の中にどういった感情が生起するのかということに焦点を当てるということを，大学院生の間に学んでもらいたいと考えているためである。これは，黒崎がWISCの結果を伝えなかったということとも関連するだろう。また，私が挙げた例でもそうだが，「知的障害があるから○○だ」という思考停止のような状態に陥らないことが大切だと思っている。ただ，先の症例に関して，知的障害を見逃していたことに加えて強調したかったのは，そのセラピストが，守秘義務を理由に親との接触を拒否していたことである。このことの是非についてどのように考えるのか，──私は

これは「非」だと考えるが——飛谷の提示したケースとも併せて，今後さらに議論できればと思う。

　最後に，飛谷の「草の根的なところで」という言葉が印象に残っていることを付記しておきたい。私も振り返ると，これまでその草の根的なことをやってきたのだと改めて感じているからである。また，治療者としても指導者としても，精神分析の体験や学びは興味が尽きず，生涯，それぞれのペースで続いていくのだというエネルギーをいただくことができた。こうした機会にあらためて感謝したい。

討論への応答 2

黒崎　充勇

　脇谷と松本の討論をいただき多くの刺激を受け，私は改めてこのケースについて理解を深めたいと思った。そこでまず二人の討論の骨格を整理し，本症例をアセスメント症例として選んだ私の内的動機を探りながら討論への応答としたい。

　脇谷の指摘のように，アセスメントはクライエント（子どもや家族）とセラピストの双方向的なコミュニケーションを対象とし，精神分析的観察という方法論を基盤に行われる作業である。だからこそ，ラスティンが述べているように「アセスメントそのものが重要なプロセスであり，治療的な可能性を持つ短期の介入手段でもある」と言える。そのため生育歴や現病歴などの言語的情報の収集のみならず，それを通してクライエントの精神内界やセラピストとの関係性を言語的非言語的に受け止めるプロセスから生じる，転移・逆転移関係や投影同一化を含めた臨床的理解を重要視する。それが「精神分析的アセスメント」と呼ばれる所以であろう。これらの視点は誰もが納得する点であろう。

　二人の指摘のように，提示した症例は包括的アセスメントを必要とした。女児の発達の問題，母の精神病理，父母関係など，多くの問題が重なり合い複雑化していた。それは母の主訴である女児の症状と私の前で礼儀正しさや気配りをする女児の示す現症とのギャップ，描画に現れたまとまりのない家庭イメージと何も困ってないと言う女児とのギャップとして認められた。

　私はその在り様に関して，率直に分からなさを覚え興味をそそられた。そして母の病理がこだわりと過敏さを持つ女児に投影され，自分で抱えきれずにかんしゃくやお漏らしという身体反応を呈しているという仮説を立てた。つまり脇谷の指摘のように，発達と環境の両面が女児の症状形成に関係していると考えた。しかし治療を開始するには，それを阻む要因もあった。松本

の指摘から，その家族病理の理解にはほぼ同意した上で，私は新しい視点にも気づかせてもらった。それは肯定的な側面に触れると途端にトイレに行く女児の身体化が意味すること，つまりだれかと協働することに制限があること，それはまさに母は協働できない人物であることと関連するということである。またこの協働することの困難こそ，女児が持ち込んできた取り組むべきテーマであるという指摘である。さらに女児の描画は，対象との関わりは分離した2者の協働ではなく，混ざり合いとなり，結果として対象にコントロールされて主体性を持つ自己が保てなくなることにつながることを示唆するという視点である。

　家族へのアプローチであるが，母の治療という選択肢についての検討し，当科所属の心理療法士に母のセラピーを依頼し面接を開始した。しかし母の罪悪感を刺激したのか，母の治療準備性の不備のためか，その後中断したという経緯があった。この時点の母にとっては，女児の治療という間接的な癒しが適度なものだったのではないかと考えられる。また父母関係の問題は，母からの聴取や描画などで浮き彫りになっていたため，父母面接を行う必要性について強く感じていたが，父の抵抗に遭い実現しなかった。

　この女児と家族全体の分からなさと興味深さが，精神分析的な細かい理解のもとに虐待臨床を実践しようとする私の治療者魂を揺さぶったことは事実である。これは今考えると，女児と母の在り様から治療者が受けた投影同一化がなせる業であったかもしれない。

討論への応答3

飛谷　渉

　脇谷氏からの指摘では，アセスメントが臨床的な判断材料になるばかりでなく，それ自体が大変有用な治療的介入手段であるという点が特に重要だと私は思う。これは，たとえ予定されたアセスメントの複数回設定が途中で中断したとしても，有用な経験になりうるということでもある。そもそも，セラピーを安定的に維持することが困難な思春期症例では，こうしたアセスメント過程における一期一会が治療的に働きうるという事実は強調されて良いと思う。

　さらに指摘していただいた解釈の問題は大変重要である。思春期は心的皮膚が一時的に脆弱となる脱皮の時であると述べたが，解釈の問題はそれと直接関わるものとなる。心的皮膚といえば，パーソナリティの外皮であるという比喩的なイメージが先行するのは当然として，ここではその機能が一体何なのかについて考える必要がある。ビック Bick, E. は，心的皮膚とは，心身未分化状態という未統合において，心の部分同士が結びつく力に欠け，そのままではバラバラになってしまう心身の状態を包み込んでくれる外的対象（母親の心/乳房）を内在化することで生成する外皮のことであり，皮膚対象が内在化されることが内的外的に投影同一化（空想/現実とも）が可能となる条件となると考えた。この発想に従うなら，脱皮している脆弱な間は，外的対象に包み込まれる必要があり，思春期では思春期グループがこの役割を担うこととなる。だが，思春期グループに参加できない孤立した若者の場合，それを何らかの形で担ってくれる対象/集団を必要とする。思春期には両親からの分離独立がタスクとなるので，両親は本質的にそれには向いていない。両親がそれを担うならば脱皮，つまり社会化に失敗することになるからである。両親とは別に援助してくれる集団があれば，治療者も含めその役割を果たせる可能性がある。

心的皮膚の機能は，包み込むことで同一性（統合性）を担保することとして始まるが，その機能にとどまらず，それは有機的で「生きている（心的生命）」必要がある。心の皮膚が生きていることは，それが「意味を生成する」ことができることで示される。心の包み込みは，母の授乳と抱っこと見守りに始まるが，それは，あくまでも心の包み込みなので，心による見守りであり応答であり理解である。つまり，「生きた心の皮膚」の生成には，生きた心で応答し理解する対象が必要となるのである。思春期集団にそれを求めることができない若者の場合，別の集団や対象からそれを提供されねばならない。治療はそのうちの一つの選択肢である。

　アセスメントに限定する場合，心の皮膚を提供するのは，アセスメントという設定を提供する治療者の機能と営みそのものであると同時に，「治療者の理解する眼差し」，つまり心である。したがって，アセスメント面接で治療者は，思春期の若者の心の感触を体験的に理解し（投影同一化の受容と理解），どのように言語的，非言語的に応答するのかを，その都度現在と過去の経験を照らし合わせて判断する必要がある。それが「解釈（理解と応答）」である。つまり，治療者の理解は，心の皮膚を担う対象の生きた心の現れであり，心の皮膚が破綻するリスクのある脆弱な若者にとって，一時的にでも包み込まれる経験となりうる。ただ，脇谷氏もご指摘の通り，その理解はその若者が耐えられる情緒的インパクトを大きく超えてしまわないよう注意する必要があるだろう。

　松本氏の問いは，まず転移に焦点づけることの意味についてである。これに対する応答は上述の解釈に関する考えの延長線上のものとなる。転移という現象は，治療者という外的対象を患者がどのように体験するのかの現れであり，それに伴う転移空想体験には，彼らがどのような内的対象を内に保持しているかが現れてくることとなる。さらにこれは，患者の象徴形成能力の現れであり，比喩的にいえば，心に血が通っているなら必ず生じる現象である。要するに，心がそれとして生きていれば必ずや転移という現象と経験は生じるはずである。したがって，我々が若者の心を知ろうとする限り，自ずと「心的生命の表れ」となりうる転移の観察と理解に焦点づけられるのは当然のことである。

　もう一つの問いは，中学生になるための心の条件についてである。これは

私が，思春期を心的皮膚の脱皮の時期と位置付けていることが説明になるだろう。すなわち，心の脱皮ができるかどうかが中学生になれるのかどうかの条件である。何らかの理由によって脱皮が困難な子どもが少なからずいる。たとえば，ASDの特性を持つ子どもは脱皮困難である。なぜなら彼らは心的皮膚があまりにも硬すぎるからである。あるいは，ADHD的特性は，心的皮膚の欠損を意味するかもしれない。注意欠陥や筋肉運動の過剰によって，皮膚の欠損を補うあり方をビックはセカンドスキンと呼んだ。つまり，乳児期や幼少期の分離性体験に根ざす困難がさまざまな形で想定されるが，このような個人では多くの場合，心の皮膚の形成に問題があり，それゆえ，思春期における脱皮に際して困難を生じることとなる。したがって心の状態が中学生になれない。つまり，脱皮するに足る心の皮膚形成がなされていることが中学生になる心の条件である。

文献案内

セミナーII ● アセスメント

　子どもの精神分析的心理療法のアセスメントを学ぶには3つの方向性で知識を得ていくことを意識すると良いだろう。本文中の文献にアセスメントの原著と考えられる論文などは紹介されているため（例えば，木部則雄監訳の『こどものこころのアセスメント』（岩崎学術出版社）など），これから学びたいと思っている人のために入り口として適切と考えられ，日本語で読める書籍を3つの方向性に沿って紹介していきたい。

　1つ目は，そもそも精神分析的なアセスメントとは何かという知識を得る方向性である。心理検査を行うことだけではなく，多職種連携を通して社会の文脈に沿った判断をしながらも，短期の治療的な介入にもなりえるというアセスメントとは一体どのようなものなのだろうか。日本の臨床の各領域で精神分析的アセスメントが実際にどう生かされているかを知るには平井正三・脇谷順子編の『子どもと青年の精神分析的心理療法のアセスメント』（誠信書房）が最良である。領域ごとに解説・事例提示・コメントという構成になっており机上の空論ではないアセスメント理解が可能となる。鵜飼奈津子監訳『子どもの精神分析的心理療法のアセスメントとコンサルテーション』（誠信書房）も独立学派の実践を紹介したものだが，多様な現場での仕事の基盤にアセスメントの考えがどう活かされているのかを知る上での良書である。そもそも基本的な発達の考えが頭にないと読みにくいかもしれないので，そのような読者は鵜飼奈津子監訳『子どものこころの発達を支えるもの』（誠信書房）から始めるのが良いだろう。

　2つ目は，心理療法のためのアセスメントの中で実際にどのような介入が行われ，そこから何を読み取っているのかという逐語録レベルの詳細な理解を得ていく方向性である。本文でいえば黒崎・飛谷の発表を理解する基盤となる知識であり，私はこれがないとアセスメントの本質をつかむことは困難だと考えている。本来は自ら実践し，そのスーパーヴィジョンを受けるのが最適と思うが，書籍としては成人のアセスメントだが仙道由香著『心理療法に先立つアセスメント・コンサルテーション入門』（誠信書房）が面接での対応の詳細が描かれ，イメージしやすいかと思われる。子どもを対象とした書籍では上で紹介したものに加え，木部則雄著『こどもの精神分析』（岩崎学術出版社）の第5章も自由描画と面接の詳細の提示に加え，治療者

が何を考えていたかが併記されているためわかりやすい。

　最後の3つ目は，子どものセラピストの盲点となりやすい領域である親と家族へのアプローチに関する理解を得ていく方向性である。子どもの生きる現実を支える上で欠かせない視点であるが，この領域の検討は十分には進んでおらず，津田真知子・脇谷順子監訳『子どもと青年の心理療法における親とのワーク』（金剛出版）により基盤を作ることから始める必要がある。これらの3つの方向性は重複するが，そのどれかが欠けている場合には，実践する上で大きな困難を抱えることだろう。スーパーヴィジョンや事例検討会などで自分の実践を報告しリフレクションしながら，書籍による知識を自分のものとしていくことを期待する。　　　　　　　　　　　　（松本拓真）

セミナーⅢ
自閉スペクトラム症

はじめに

木部 則雄

　自閉症の概念は近年，ロナ・ウィングらの尽力，生物学的精神医学の隆盛によって大幅に拡大し，自閉スペクトラム症として確立した。英国の精神分析では，メルツァーやタスティンによる従来の狭義の自閉症への精神分析的アプローチの緻密な研究がある。ここでの知見は，精神分析そのものの適応を，従来の精神分析的な領域から大幅に拡大している。そこでは精神分析が万能でないことが示されたが，中核的な自閉症に対しては，治療教育や行動療法アプローチですら本質的に有効性があるとはいえない。自閉症の概念が拡大するにつれて，ある意味，メルツァーやタスティンの知見に導かれて，精神分析は現代の自閉スペクトラム症への有効なアプローチを提供できるようになった。本書セミナーIIIでは，自閉スペクトラムを持つ子ども・青年に対して認知・行動療法的アプローチが主流になってきているなかで，多くの症例で精神分析的アプローチが有効であることを明示した。

　英国での自閉症への精神分析は，クラインの「自我の発達における象徴形成の重要性」(1930) に端を発している。カナーの自閉症の概念の発表は1943年であり，アスペルガーの論文は1944年である。クラインにとっても，この論文の症例ディックは奇妙な子どもであった。クラインはディックの症状を，口唇サディズムが母親の身体内に投影され，豊潤な母胎内の赤ん坊やペニスを破壊するが，その報復に耐えるために防衛が付置されていると理解した。また，この攻撃する対象からの直接的な攻撃を避けるために，象徴形成が必要であるという仮説を立てた。最早期の乳児は自我の能力は低く，この報復不安に耐えられない。そこで，象徴形成や空想を豊かにすることで，この難事態を克服し，発達が進展することになると考えた。この早期サディズムという機序に関しては議論があるが，クラインはディックの発達の問題の中心に象徴形成を位置付けた。これは精神分析だけでなく，自閉症児の発達に言及する際の必須のものとなっている。ごっこ遊びなどは，まさしく象徴形成に直結する能力である。本論文のもう一つの重要な点は，クラインがディックの語ったことや，前意識にあるような素材でなく，汽車の玩具をお父さんとディック，駅を母親と見なして解釈したことである。クラインがこの解釈の言い訳を述べていることや，クラインとしては詳細な生育歴の記載などから，ディックの治療に難渋したことが想像できる。また，このことはデ

ィックの理解を超えていたかもしれないが，これらの技法が最終的にディックの対象関係の変化を促していったことが記述されている．クラインのこの古典的精神分析技法からの変化は，現在の ASD を含めた発達障害の子どもたちへのアプローチの起点となった．

　余談であるが，後年，50歳を超えたディックがクラインの伝記を書いたグロスカスからインタヴューを受けている．ディックはクラインからの解釈は覚えておらず，部屋の片隅で項垂れていた時に，クラインから「人生は悪いことばかりではない」と励まされたことを覚えていた．また，玄関でクラインの子どもと犬と一緒に遊んだことも楽しかったと語っている．ディックはこのクラインの精神分析以後も，数名の分析家から20年以上の精神分析を受けている．

　このクラインの業績後，カナーの自閉症，アスペルガーのアスペルガー障害の概念は英国の子どもの精神分析の専門家には普及しなかった．まず，ウィニコットに代表される，カナーの自閉症の概念は，ただの診断というカテゴリー化を促進するだけで，精神分析の臨床実践には役立たないものであるという批判があった．ウィニコットは自閉症という用語を使用せずに，統合失調症的，精神病的，単純痴呆などの用語を使用している．このことは現代の私たち読み手に大きな混乱を与えている．また，アスペルガーの論文はドイツ語で書かれているために，英国では殆ど知られていなかった．これは ASD から導入されたスペクトラム概念を埋める有用な概念となり，英語圏でも知られるようになったという経緯がある．英国の子どもの精神分析家は，ASD の子どもの精神分析を多数行ったものの，これは例えば精神病という用語で語られている．

　初めて自閉症という用語を，英国の精神分析に普及させたのは，米国出身のメルツァーであった．メルツァーはタヴィストックのグループで自閉症児への精神分析を行い，それをまとめたのが，『自閉症の探求』である．ここでメルツァーは症例報告に加えて，心的次元論やポスト自閉心性などの概念を提案している．メルツァーの症例は，かなり重篤な ASD であり，この治療が困難であったことは，後日メルツァー自身が講演で語っている．メルツァーと同時代には，自我心理学のベッテルハイムがまったく異なる退行療法による自閉症児のセラピーを行っていた．これは『うつろな砦』として，全世界で話題となった．しかし，ベッテルハイムの死後，幾つかのスキャンダルがあり，子どもたちの発達がまったく促されなかったために，自閉症の精神分析の評判は地に堕ちた．この影響は我が国にも及び，この評価を払拭することには未だに苦慮している．

　メルツァーに継いで自閉症の精神分析に関心を注ぎ続けたのが，タスティンであった．タスティンはボウルビィが中心となってタヴィストック・クリニックで

設立した児童精神分析的心理療法士の最初のコースに入って，研修を積んだ。タスティンはそこでのケース，ジョンに関して，クライン派の理解だけでは理解が不十分であると実感して，独立派のウィニコットや自我心理学の実践も積んだ。タスティンは精神分析の適応となる自閉症の分類，自閉対象やブラックホールなどの重要な概念を提案した。また，タスティンは自閉症児の精神分析の技法を修正した。まず，セラピストの態度は従来，中立的，受動的であることが必須であったが，タスティンは積極的にこうした子どもたちに関わることが重要であるとした。これはセラピストが生命ある存在として認識される必要があるからである。また，象徴形成能力が阻害されている自閉症児に対して，感覚的世界や付着的世界から象徴性を見つけ出すという作業を繰り返した。この際，言語的な解釈は時に必要であるが，当初は混乱の源になるため解釈を控えることとした。また，治療設定を厳密化し，例えばセラピーの始めと終わりには挨拶を行い，後片付けを行うなど，現実とセラピーの境界を明確にした。これはセラピーでの混乱を外的世界に撒き散らさないためのものである。こうした精神分析の治療設定や治療態度は古典的なものとは大きく異なり，これを意外に思う人も多いと思う。これはASDでは転移が生じるような象徴能力が乏しく，転移解釈はASDの精神分析的心理療法の中核となることがないからであり，解釈以上に，セラピストと患者との情緒的交流やコミュニケーションに比重が置かれている。

　タスティンの臨床実践は，タヴィストックの自閉症ワークショップセミナーのメンバーであるアン・アルヴァレズ，マリア・ロード，スー・リードへと継承された。ここでの実践には，自閉症の病因にアプローチするといった傲慢さはなく，その目的は症状の意味の理解とその治療にあることが確認された。これによって，生物学的研究や認知学的研究といった原因探求の研究とは対立項ではなく，並列の立場となった。

　さて，このセミナーⅢで脇谷は自閉スペクトラム症の子どもとの精神分析的心理療法から得られた理解と技法の発展についてまとめている。ここではクラインから連なる英国の子どもの精神分析の潮流，そしてその集大成であるアルヴァレズの技法論が語られた。さらに，自閉スペクトラム症の子どもと精神分析的心理療法との関係について，小道モコとドナ・ウィリアムズの当事者からの講演や著作から，精神分析的アプローチの有効性について論じた。アルヴァレズは，先進的な科学的見解を理論に含めながら自閉症論を展開し，生来あるいは極早期の過敏性もしくは欠損によるものとして一次性自閉症を仮定した。これに対応する為に発展させる症状や行動を二次性自閉症とした。この二次性自閉症は，その子どものパーソナリティ，特に自閉的な部分に拮抗する健全な非自閉症部分の強さと

バランスに関係するとしている。アルヴァレズはこの健全な非自閉症部分へのアプローチに注目した。アルヴァレズの自閉症論は，自閉症児の全体を見渡すものであり，臨床に大きな貢献を為している。脇谷は，アルヴァレズの技法についてその詳細を記載し，解釈に関する技法をまとめている。

ところで，セミナーⅢは自閉スペクトラム症に関するものであるが，すべての子どもは環境の影響を受ける。マーガレット・ラスティンは英国クライン派の子どもの代表的な精神分析家が執筆したものを集成し，『Psychotic States in Children』（邦訳『発達障害・被虐待児のこころの世界』岩崎学術出版社）として発刊している。ここでは発達障害，被虐待児の混乱が激しい状態を精神病状態と呼び，その成因と治療の困難さを論じている。ラスティンは「複雑化した精神病状態」として ASD の子どもの過敏性に注目し，この過敏性による身体経験はこころを圧倒し，混乱させ，意味あるパターンを創り出すことができずに，こころが過密状態になることを論じている。こうした子どもはどんなことも忘れることができず，出産の記憶もあることを，症例から明示している。木部は感覚過敏，過剰記憶に焦点を当て，自閉スペクトラム症の精神分析的心理療法において，感覚過敏，過剰記憶には情緒性がなく，トラウマや障壁のように立ちはだかり，セラピーは時に袋小路に陥ることに注目した。症例を用いて，感覚過敏による過剰記憶が長期間に及び面接での重要なテーマとなり，象徴性と情緒性が理解されるまでのプロセスを提示した。さらに，感覚過敏により生じる過剰記憶，トラウマに情緒性を見出したプロセスの機序を，メルツァーの「分解」の概念から考察したが，これはスターンの「無様式知覚」における障害として精神分析と発達心理学の二つの概念の関連を示唆した。ここでは，出産外傷，その後の病的記憶による ASD 女児の症例について論じている。この過敏性は何気ない日常の出来事もトラウマになることを実証している。ASD のメンタリティとトラウマは密接な関係があり，セミナーⅣにも関連している。

現代では自閉スペクトラム症の概念の汎化によって，従来では自閉症と診断されない軽症の自閉症（自閉症スペクトラム症）の人たちに焦点が当たるようになっている。こうした人たちに従来の精神分析技法を用いても，殆ど中断してしまうだろう。平井は，精神分析的訓練ではクライエントの遊びや語りを「素材」として捉え，その象徴的意味を捉え，解釈していくことが治療的介入として重要であるとされていることを指摘した。しかし，このような介入が意味をなすのは，クライエントに象徴的表現やコミュニケーションの能力がある程度あるか，潜在力を有している場合である。ところが，自閉スペクトラムは定義上，そうした能力が不十分であるか欠損状態である。アルヴァレズが，クライエントの表現する

ことの隠された別の意味を解明する解釈の前に、そもそもクライエントの経験していること、表現しようとしていることが何であるかを十分に読み取る介入をする必要があることを強調するのは、こうした訳であろう。平井はこうしたクライエントとの仕事について、クライエントとの間で起こるやりとりを「外側」の視点から観察して吟味し、クライエントの象徴化の能力を育むために必要な介入を行っていくという「対人相互作用フィールド・モデル」を二つの症例を通して論じた。

　自閉スペクトラム症の精神分析は、どの治療法よりも長い歴史の積み重ねによる知見と実践がある。それは他の治療法と同じように困難に出会うことになるが、精神分析はこうした患者の理解に極めて有益なものであることを論じた。

　指定討論は鵜飼、黒崎、松本から提出され、詳細な議論が為されている。

自閉スペクトラム症と子どもの精神分析的心理療法　序論

脇谷　順子

1．はじめに

昨今，私たちが臨床の場で出会う児童青年の多くは何らかの発達の問題や特徴を有していると言っても過言ではないだろう。自閉スペクトラム症の子どもとの精神分析的心理療法について学ぶことをテーマとした総論を次の順番で述べてみたい[注1]。

①自閉スペクトラム症の子どもとの精神分析的心理療法から得られた理解と技法の発展

②自閉スペクトラム症の子どもと精神分析的心理療法との関係

③認識愛本能の回復――当時者研究から学ぶ

2．精神分析的心理療法を通して得られた理解と技法の発展

1）理解について

自閉症をもつ子どもたちとの精神分析，及び精神分析的心理療法を通して積み重ねられた理解の代表的なものについて概観してみたい。まず，クライン Klein, M.[8]によるディックと呼ばれる子どもとの精神分析がある。ディックは自閉スペクトラム症をもつ子どもであったというのが，今では共通理解とされている。クラインはディックに対してクライン的な解釈，つまり，母親の胎内に対する彼の関心とそれへのサディスティックな衝動に対する防衛について話している。ディックはクラインのそうした解釈をどのように体

注1）本論は日本精神分析学会第63回大会における教育研修セミナーの発表原稿を加筆修正したものである。

験したのだろうか。今日的な観点から考えると，不安と罪悪感についてのクラインの解釈はディックにはあまり届いていないように思える。しかしながら，クラインがディックに話すという行為には，彼の心の世界を理解していこうとするクラインの姿勢が一貫していることが伺える。そして，クラインの「解釈」は，その内容自体よりも，ディックがやっていることにクラインが熱い関心を持ち，その象徴的意味を考え，言葉にして伝えていること自体に意味があると言えそうだ。クラインの行為の基盤を成すもの，つまり精神分析的態度は，何かをなしている自分という存在についての感覚をディックが経験する助けになったのかもしれない。

　その後，メルツァー Meltzer, D. たちは，自閉症の子どもたちとの精神分析を試みていく。そうした取り組みは，『自閉症世界の探究』[10]に著わされている。その中でメルツァーは心的次元論について述べ，自閉症を持つ子どもたちが"対象"をどのように体験しているか説明していく。メルツァーは，自閉症をもつ子どもたちと彼らの対象との関係は，一次元的，あるいは二次元的だと見なした。そして，一次元性は"対象"（括弧つきの対象）に近づくか離れるかであり，二次元性は，対象は表面しか持たず，内側がないとして経験され，そのために，対象にはくっつくことのみが可能であり，しかも，その表面は穴だらけの対象（例えば，目，口，鼻）として経験されているという理解を提示した。

　メルツァーが心的次元性を自閉症の精神分析的治療の展開の指標としたのに対して，木部[7]は個人のこころには一次元性から四次元性までの心性が併存していると考え，「こころのルーレット」を提唱した。そして，次のように説明している。"個々のこころには，一次元性から四次元性までの世界がある割合で存在している，つまり，中核的な自閉症の子どもは一次元性の世界が心の大半を占め，アスペルガー障害は二次元性，精神病は三次元性，そして健康な人であれば四次元性が優位なこころの世界をもっている。"さらに，"重篤な自閉症であれば一次元性の世界が主であるが，発達に従って二，三次元性の世界が開けてくる。例えば，アスペルガー障害児には知的な遅れがないが，コミュニケーションという四次元的な関わりは困難であり，主に二，三次元性の心性にとどまっているということになる。また一見，健常な成人にも，三次元性以下の心的世界が存在していることがあると考えると臨

床的な経験と合致するように思われる"と述べている。

　タスティン Tustin, F. は，自閉症を持つ子どもたちとの心理療法によって，彼らが身体的分離に耐えられず，身体的な分離性に気づくことは，「ブラックホール」に落下していくような破局的体験であり，防衛としての自閉対象を用いることを見出した。また，彼らは"自分ではないもの"に耐えることが難しく，そのために対象に付着するという理解，つまり「付着的一体化」の概念を導いた。

　現在では，そうした子どもたちの受身性に着目した研究もなされている[9]。

2）技法の発展

　自閉スペクトラム症の子どもたちとの心理療法を通してこのような理解が深まっていく中で，技法やアプローチも発達している。タスティンは，付着同一化という特質を有する子どもたちとの心理療法において，境界，制限，行動の統御，つまり，セラピストが能動的に介入していく必要性を強調している。具体的には，セッションでの出会いと別れの際にセラピストが子どもに挨拶することによって，「はじまり」と「終わり」の境界を明確にすること，セラピストは子どもと手をつなぎ，待合室からセラピーの部屋の移動の際には歩くこと，子どもの反復行動を制止することなどがある。

　アルヴァレズ Alvarez, A. は，自閉スペクトラム症の子どもたちの心とどう出会い，コミュニケートしていくかを探究し続けている臨床家の一人である。アルヴァレズは，受身的な「アメーバ」タイプの自閉症の子どもを「生きた仲間」との関わりに惹きつけていくために「再生法」[1]を提唱した。それは，「自閉」という殻に入り，人の世界から引きこもっているように見える子どもたちに対して，セラピストが「生きた仲間」として，彼らに呼びかけ，注意を引き，こちら，つまり，人という対象や世界への関心を惹きつけていくというやり方である。アルヴァレズは，「発達研究に裏打ちされた心理療法」[2]の意義を唱え，自閉スペクトラム症の子どもの中にある，通常の発達の萌芽，あるいは，その萌芽の萌芽と言えそうなものに着目していく。そして，「解釈」の概念を拡大し，従来の「転移-逆転移」に基づいた解釈や象徴理解といったことだけではなく，子どもの心の状態と子どもとセラピストとの関係性の質に即した，3つのレベルの「解釈」を提唱している。

表 1 解釈のレベル[1]

解釈	理論と技法	認知的能力	解釈の文法	こころの状態 (診断ではない)
説明, 位置づける (別の意味を提供する)	フロイト, クライン 願望, 防衛, 投影を引き戻すこと	複線思考	なぜかということ - あなた - だからだれかということ - あなた	神経症, 健常, 軽度のボーダーライン
記述する, 名づける (意味を与える, 拡げる)	ビオン, ウィニコット, スターン ニーズ, 保護, 投影のコンテイン, 取り入れを促進する	単線思考	それが何かということ 何であるかということ	ボーダーライン, 自閉症, 精神病, 発達の遅れ, 嗜癖, 倒錯
命を与える (意味があることを主張する)	タスティン, リード, アルヴァレズ 再生する, 生成する, 嗜癖や倒錯をやめさせる	ゼロ線思考 逸脱した思考	呼びかけ「おーい!」	自閉症, 精神病, 絶望, 発達の遅れ, 嗜癖, 倒錯

　それをまとめた「解釈のレベル」の表[1]は表1の通りである。
　これは，子どもの心の状態に「目盛り合わせ」をし，それに適した「文法」で彼らとコミュニケートするというやり方である。3つのレベルの解釈の1つめは子どもの注意を活性化するような解釈であり，例えば子どもの名前を呼んだり，「ねえ!」と注意を引いたりする。2つめは記述的解釈で，「それが何かということや何であるかということ」を名づけたり記述したりしていくものであり，例えば，「電車が遅れるのはイライラすることだね」というものがある。3つ目は説明的解釈であり，「～なのは――だからです」という形で，説明をしたり別の意味を提供したりする。「今日，遅れて来たのは，セッションにあまり来たくなかったからかもしれないね」というのが例として挙げられる。アルヴァレズは，心理療法が子どもの助けになるためには，子どもの自我の発達レベルに応じた介入技法だけではなく，セッションの中で刻々と変化していく子どもの心の状態や子どもとセラピストとの関係性に的確に「目盛り合わせ」を行う形での介入の必要性を強調し，その技法の発達を牽引している。精神分析は授乳に例えられることがある。乳児の発達に合わせて母乳の成分が自然に変化するように，また，子どもの成長や体調に合わせて食べ物の素材，調理方法，味付け，温度などを変えていくように，私たち臨床家が子どもに話す内容，言葉，表現の仕方，タイミングが子

どもの心の状態や状況に添っているかどうかを常にモニターし，調律していくことが必要だと言えよう。

平井[5]は，「対人相互作用フィールド・モデル」を提唱し，"自閉症領域の問題を扱う場合，セラピストはクライエントが関係性を知覚し表現するのを待つだけではなく，セラピストも関係性を観察し，それについて考え続ける努力をする必要がある"と述べている。また，神経症のクライエントとの場合のように，中立的で受け身的な態度や探索的姿勢はクライエントを圧倒し脅威となってしまうことにも注意する必要があるだろうと考えている。結合双生児様の対象関係において，治療者が「自分の感じ方」をもとにクライエントを理解しようとすれば，それはそのような感じ方が異質なクライエントにとって存在を否定されるような脅威となりうるかもしれず，このようなクライエントとの間では，治療者は自分の視点を維持しつつも，常に「接点」を求めたり，「歩み寄ったり」することとのバランスをとっていくことが通常の心理療法よりも求められるとも述べている[6]。

3．自閉スペクトラム症の子どもと精神分析的心理療法との関係

自閉スペクトラム症の子どもたちの特徴と精神分析的心理療法との関係についてさらに考えてみたい。彼らとの心理療法においては，セッションを通して子どもとの情緒的なやりとりが生じるとか，心理療法が進むに連れて子どもとの関係性が発達しているといった感触や手ごたえは得られにくい。そうした中で，私自身，自閉症をもつ子どもとの精神分析的心理療法の意義について疑問を抱くこともある。彼らとのセッションで繰り返される単調な遊びやおしゃべりに，頭も心もぼんやりとしたりもする。時には虚しさを感じたりもし，そうした自分の心の動きに戸惑いを感じていたとき，小道モコ氏の講演を聴く機会があった。講演の冒頭，「木を見るとき，私にはこんな風に見えています」と小道氏は言い，一枚の葉っぱの絵がスクリーンに映し出された。スクリーンに映る，葉脈が緻密に描かれた一枚の葉っぱの絵を見たとき，目からうろこが落ちるような衝撃を覚えた。私が木を見るときは，幹や枝や葉を含めた木の全体を見ている（と思っている）が，私が心理療法で

会っている子どもたちは，もしかしたらこんな風に繊細に世界を見ているのかもしれないと思った。30代のときに初めて発達障害と診断されたという小道氏は，子ども時代の体験を絵に描いている[注2]。それらの絵を提示しながら，ご自身の子ども時代のさまざまな体験について小道氏が話すのを聴いているうちに，臨床の場で出会う子どもたちが見たり感じたりしている世界についての関心が私の中に蘇ってきた。

次に述べることは，こうした私の体験から始まり，今，私が関心をもっていることである。それらは私の中の好奇心や認識愛本能が回復したり復活したりする助けとなっているように思う。

1）自閉スペクトラム症の子どもの体験：当事者研究より

自閉症をもつ子どもたちには次のような特徴があると一般的には記載し得るのだろう。

①象徴能力の**不十分さ**
②考える機能の**不十分さ**
③対象，及び心を持つ対象としての他者の存在の**希薄さ**
④対象を取り入れたり内在化したりすることの困難さ

上記のような言葉で表現されていることは，自閉スペクトラム症をもつ彼らにとってはどのような体験なのだろうか。「不十分」とか「希薄」というのは「定型発達」基準の捉え方であり，彼らはそうしたこととは質的に異なる体験をしているのかもしれない。ドナ・ウィリアムズ Williams, D.[12]が書いた『自閉症だったわたしへ』は，私たちに自閉症をもつ彼女が体験している世界の一端について教えてくれる。その中にこんな文章がある。

> "口をきくことはできても，普通の人とは話し方やことばの使い方が違ったり，言われたことに対して何も反応しなかったりすることが多かったので，難聴ではないかと疑われたのだ。確かに言語はシンボルであるが，ではわたしがシンボルというものを理解していなかったかというと，それも違う。わたしにはちゃんとわたしだけの話し方のシステムがあって，それこそが「わたしの言葉」だったのである。まわりの人々こそそういったわたしの

注2）小道モコ著『あたし研究』(2009)，『あたし研究 2』(2013) ナツメ社．

シンボリズムを理解していなかったのだ。そんな人々に対してどうやって，わたしの言いたいことを説明したらよかったというのだろう。わたしは一人で，わたしだけのことばを充実させていった。二本の指をもう片方の手で握ることも，自分のつまさきを丸めることも，わたしの動作にはどれも意味があった。たいていそれは，自分がばらばらになりそうなほどつらい時に，自分自身を落ち着かせるための励ましのことばだった。大丈夫，誰もおまえをつかまえたりしないから，と。自分の気持ちを人に伝えようとすることばもあった。だがどれも微妙なものだったので，気づいてもらえないことが多かった。"(p.82-83)

「当事者研究」を行っている綾屋[4]の文章も，心理療法の場で会っている人たちの体験について知っていく手がかりを私に与えてくれるように思う。例えば，綾屋は次のように書いている。"自分の身体内部の訴えをバラバラに感じるだけではない。身体の外側からの情報も，バラバラのまま大量に感じ取ってしまう。…五感からの刺激を必要なものと不必要なものに分けて，後者を潜在化させていくという作業がスムーズにできないため，次々に蓄積されてしまう情報によって苦しむ，ということが生じる"(p.18〜19)。綾屋はそれを「感覚飽和」と名付けている。また，"入ってくる情報がどのような意味を持っているのかを判断する機能がおいつかなくなっていき，情報は単なる痛い刺激としか感じられない。「聞こえているし見えてもいるけれど，意味を失う」状態になっていくのである"とも述べている。綾屋は，情報が「自分の身体の内側か外側か」にかかわらず，「バラバラな情報の大量インプット」が生じるということや，いつもびくびくとして外界に翻弄され続けるのに耐えかねて，引きこもらざるを得なくなるという体験についても記述している。

ドナ・ウィリアムズや綾屋の文章は，自閉スペクトラム症の子どもたちが生きている世界を彼らの体験に少しばかり近い視点から見ることを助けてくれるように私には思える。

Aさんは4歳の時，保育園でしゃべらないことや極度の人見知りを心配した母親に連れられて相談室にやってきた。心理療法開始後も母親と離れることはAさんには難しく，Aさんが私と二人でセラピーの部屋で過ごすことが

できるようになるまでには，2年近くの時間が必要だった。なかなか視線が合わなかったAさんは私の目を見るようになるが，時々私は，Aさんが私の目の中に入りこんできているように感じる時がある。また，Aさんが私の目を通り抜けていっているかのような，あるいは，私の眼球になろうとしているかのような奇妙な感覚をもつこともある。Aさんは私のネックレスをじっと見る時もあり，そうした時にも私の中には何とも形容しがたい奇妙な感覚が湧き上がってくる。ドナ・ウィリアムズは，"わたしは何かを好きになると，心が吸い寄せられるように魅了されて，そのままその物と一体になってしまいたくなる。人間にはなじめないというのに，モノならば，自分の一部のようにまでしてしまうのが，うれしくてしかたない"（p.29）と書いている。ドナ・ウィリアムズのこのような表現は，Aさんの体験でもあると思われ，私の中に生じる言葉にしがたい奇妙な感覚を私が「言葉」で知っていくのを助けてくれる。

　小学校高学年のとき，家で暴れるために母親に連れられて医療機関にやって来たBさんは次第に登校できなくなっていった。私との心理療法の中で，Bさんはゲームの話は饒舌にする一方で，その他のことについては「覚えていない」とか「わからない」と言っていた。十数回に1回くらい，セッションの中でBさんはBさん自身のことを話すことがあった。それは，次のようなものだった。「学校に行くと頭が痛くなる。頭痛がひどくて，午前中か午後しか学校に行けない」，「早退した途端，頭痛はおさまって元気になるけど，親は『嘘をついている』と言って怒る」。また，Bさんは教室での体験を次のように話すことがあった。「教室に行くのは怖い」，「話しかけられるのが怖い」，「話しかけられても何て答えればいいのかわからないから笑っている」。綾屋は「教室は言葉の無法地帯」と表現し，"教室内でのおしゃべりというのはまるで，見た目も動きもさまざまないくつものボールが，それぞれのルールで狭い教室内を無軌道に猛スピードで飛び交うかのようだ"と書いている。そして，"了解不能の激しいボールが間違って自分に当たりませんようにとぎゅっと体をこわばらせて身をすくめていると，ふいに「じゃあ，あややは？」と，ぽこんと掌中にボールが置かれる。「このボールをどうしろと？　私はどこにどんな投げ方でどのくらいの強さで投げ返せばいいんだ？」"と記述している。綾屋の表現に助けられながら，Bさんが話す教

室での体験を聞きながら，教室が"あちこちで無軌道にボールが飛び交っていて，ぎゅっと体をこわばらせて身をすくめるしかない場"だとしたら，頭が痛くなるだろうし，そんな場所に長時間はいたくないだろうし，怖いだろうと想像する。そして，Bさんは，セラピーに来るのも怖くて，セラピストから話しかけられるのも怖くて，それでゲームのことをしゃべり続けようとしているのかもしれないと私は考えたりする。

2）認識愛本能の回復

　動物学者のユクスキュル Uexküll, J. von は，その代表作である『生物から見た世界』[11]の中で「環世界」という概念を提唱している。彼は，生物が知覚したり体験したりしている世界は異なっており，すべての生物はそれぞれが異なる時間と空間を生きていると説明している。一例として，マダニが見る世界と私たちが見る世界は大きく異なっていることが挙げられている。ユクスキュルの記述によると，マダニというダニの一種には視覚や聴覚は存在せず，その代わりに優れた嗅覚，触覚，温度感覚がある。そして，マダニは森や茂みで血を吸う相手が通りかかるのを待ち構え，相手の接近は，哺乳動物が発する酪酸の匂いによって感知され，温度感覚によって動物の体温を感じ取り，温度の方向に身を投じるそうである。ユクスキュルの提唱した「環世界」は，新たなものの見方や考え方を示しており，自閉スペクトラム症の子どもとのセラピーは，子ども一人一人の「環世界」を知っていくことだと言えるのかもしれない。

　アメリカの哲学者トマス・ネーゲル Nagel, T. は，1974年に「コウモリであるとはどのようなことか」（What is it like to be a bat?）という哲学論文を発表している[注3]。ネーゲルが問うているのは「コウモリにとって，コウモリであるとはどのようなことか」という点，つまり，コウモリの体とコウモリの脳を持った生物が，どのように世界を感じているのかという，コウモリにとっての主観的体験である。コウモリは口から超音波を発し，その反響音をもとに周囲の状態を把握している。コウモリは，この反響音を「見える」

注3）文献としては次のものがある。Nagel, T.（1979）：Mortal Questions. Cambridge University Press. 永井均訳（1989）：コウモリであるとはどのようなことか．勁草書房．

ようにして感じ取るのか，それとも「聞こえる」ようにして感じ取るのか，または全く違ったふうに感じているのだろうか（もしかしたら，何ひとつ感じていないかも知れない）とネーゲルは問うている。このようにコウモリの感じ方，といったことを問うこと自体は容易にして可能であるが，結局のところ我々はその答え「コウモリであるとはどのようなことか」を知る術は持ってはいない，とネーゲルは述べている。

　私たちにとって，他者を他者として経験したり，その人であることはどのようなことであるかをその人として知ったりすることは不可能なのだろう。そして，他者をそのように知る必要もないのだろうと思う。私たちが他者にとって他者であること，つまり，私たちが「私」であることによって，他者は「自己」であり得るのだろう。

　精神分析的心理療法では，子どもが主体であり，セラピストも主体である。子どもがなすことをセラピストが見て，聴いて，それに基づいたやりとりを通して子どもの心，つまり子どもが自分自身や人や出来事や世界をどのように体験しているのかをセラピストは知っていこうとする。そして，子どもは，そのような関心や態度をもつセラピストと関わっていくことを通して，自分というものに気づいていくと考えられている。

　綾屋[4]は，共感や理解が助けになることについて，次のように述べている。"当事者研究では，多数派の世界では「ないこと」になっている現象に対して，新しい言葉や概念を作ることを通して，仲間と世界を共有する。そして，そういった世界の共有だけで解決することは多いのだということに気づかされていく。……今はネガティブな発言を制限されない。「さみしい」と言えば，「どんなふうにさみしいの？」「ああ，それわかる」「そうだね。そういう時ってさみしいよね」とさみしさが共有される。それだけで，あんなに苦しんださみしさが消えるのだと知った。自分に起きていることに対して，何か具体的な対処やケアが必要だったわけではなく，共有されることが解決法になるという局面が実は案外多いということを，当事者研究を経て気づいたのである"（p.157）。

4．結　び

　自閉症をもつ子どもたちにとって，心への関心や好奇心を持つセラピストと触れていくことが，子どもたちが「わたし」という感覚を持ち，それが育っていく一助になればと思う．「スペクトラム」という捉え方は，私たちそれぞれの特徴や傾向は多様でありながら，連続線上にあることを示している．そうした観点から考えると，「私たち」が共に生きている世界の地平はつながっていると言えよう．

文　献

1) Alvarez, A. (1992)：Live Company: Psychoanalytic Psychotherapy with Autistic, Borderline, Deprived and Abused Children. Routledge. 千原雅代，中川順子，平井正三訳（2002）：こころの再生を求めて──ポストクライン派による子どもの心理療法．岩崎学術出版社，東京
2) Alvarez, A. & Reid, S. (1999)：Autism and Personality: Findings from the Tavistock Autism Workshop. Routledge. 倉光修監訳（2006）：自閉症とパーソナリティ．創元社，大阪
3) Alvarez, A. (2012)：The Thinking HeartThree levels of psychoanalytic psychotherapy with disturbed children. Routledge. 脇谷順子監訳（2017）：子どものこころの生きた理解に向けて──発達障害・被虐待児との心理療法の3つのレベル．金剛出版，東京
4) 綾屋紗月，熊谷晋一郎（2010）：つながりの作法──同じでもなく違うでもなく．NHK出版，東京
5) 平井正三（2011）：精神分析的心理療法と象徴化──コンテインメントをめぐる臨床思考．岩崎学術出版社，東京
6) 福本修，平井正三（編著）（2016）：精神分析から見た成人の自閉スペクトラム──中核群から多様な拡がりへ．誠信書房，東京
7) 木部則雄（2012）：こどもの精神分析Ⅱ．岩崎学術出版社，東京
8) Klein, M. (1930)：The Importance of Symbolic-Formation in the Development of the Ego. In Love, Guilt and Reparation. The Hogarth Press. 西園昌久，牛島定信編訳（1983）：自我発達における象徴形成の重要性．子どもの心的発達．メラニークライン著作集1．誠信書房，東京
9) 松本拓真（2017）：自閉スペクトラム症を抱える子どもたち──受身性研究と心理療法が拓く新たな理解．金剛出版，東京
10) Meltzer, D., Brenner, J., Hoxter, S., Weddell, I,. & Wittenberg, I. (1975)：

Exploration in Autism. Karnac Books. 平井正三監訳（2014）：自閉症世界の探究. 金剛出版, 東京
11) Uexküll, J. von & Kriszat, G.：生物から見た世界. 日高敏隆, 羽田節子訳（1970, 2005）. 岩波文庫, 東京
12) Williams, D.（1998）：Nobody Nowhere: The Extraordinary Autobiography of an Autistic Girl. Jessica Kingsley Publishers. 河野万里子訳（2006）：自閉症だったわたしへ. 新潮文庫, 東京

自閉スペクトラム症の精神分析
—— 感覚過敏と過剰記憶に注目して

木部　則雄

1．はじめに

　自閉スペクトラム症（以下 ASD）の人々に感覚過敏があることは従来から知られているが，コミュニケーション能力や社会性の能力に注目が集まり，感覚過敏そのものへの関心は乏しかった。アメリカ精神医学会の診断基準である DSM-5 では，初めて診断基準の B 項目の中の小項目に，感覚入力に対する敏感性あるいは鈍感性，あるいは環境の感覚的側面に対する普通以上の関心が加わった。

　過敏性の問題に関して，ラスティン Rustin, M.[5] は，この過敏な身体的経験は圧倒し混乱し怯えさせるようなこころの経験に一致し，絡み合いながら変化していくことを指摘した。意味あるパターンを創り出すことが困難であるため，こころが過密状態になる感覚が引き起こされ，経験が絶え間なくあふれ出てしまう。このような子どもはどんなことも忘れることはできない。それはあらゆる経験の寄せ集めにしがみつくことでしか，存在の連続性は保障できないという絶望的な不安に由来する。そのため健康な幼児期の記憶が驚くほど欠落していることを目の当たりにする。つまり，感覚過敏は健忘のできない過剰記憶に直結しているという。

　ウイニコット Winnicott, D. W.[7] は精神分析中に明らかになった出生記憶についての論文で，分析の設定の中で，丁寧に収集した原初的な迫害体験は思い出せることを見出した。そして患者はやっとのことでそれを忘れることが叶えられると記載している。子どもが忘れたり抑圧したりする能力を身につけ，安心を手に入れることがいかに望まれることか。こうした子どもは不条理に際限なく一瞬一瞬を思い出すよう運命づけられているように見え，そ

こからは情緒と意味が徐々に剥奪されていく。子どもの持つ過剰記憶では重要なことと些細なことの区別はなされない。さらに現在や過去の区別が為されていないため，出来事は時間の中に明確に位置づけられることがない。そこは現在が連続している世界であり，しばしば仮死状態の雰囲気を醸し出しているようにも思える。明らかに意味のない細部に強迫的に固執することや，それを保持することは奇妙な印象を与える。しかしながら私たちは本来の意味を再構築できることがあり，奇怪な言葉や行動のごちゃまぜの中のどこかに意味が埋没していることを記憶にとどめておくことは重要なのである。つまり，過敏性はある体験をそのままのものとしてのみ存在を許容し，決して心的産物として抑圧されることなく，忘却されずに記憶として留まり続けるが，ここに意味や再構築が重要であることをウィニコットは記述している。これはビオン Bion, W. R.[1] の，$β$ 要素（感覚印象）から $α$ 要素に変換することが重要な治療プロセスであるという考え方とほぼ同義のことについて記述していると思われる。

本稿では，自閉スペクトラム症女児の精神分析的心理療法を振り返り，この感覚過敏と過剰記憶の観点から論じ，ここに情緒性を見出すことによって，過剰記憶に意味づけすることが重要であることを論じる。

2．症　例

本症例は幼稚園年長児より，中学1年生まで週に一回の精神分析的心理療法を行ったケースであるが，感覚過敏と過剰記憶が大きな問題となった年長児から小学校3年生の秋までの記録を中心にして論じる。

【症例】初診時4歳5カ月の女児（幼稚園年中児）

【主訴】自分の世界にひきこもり，集団行動ができない。トイレ・トレーニングが完了せず，自宅外のトイレに入れないために，失禁をしてしまう。楽器の音などの聴覚過敏，出入り口での不安があり，幼稚園の門に入る時に2,30分の時間を要してしまう。

【生育歴・エピソード】出産時，三重の臍帯巻絡のために緊急帝王切開で生まれた。予定日，出生体重ともに正常，新生児仮死なし。出生直後より，睡眠時間が少なく物音に敏感で，常に浅眠状態であった。母親が添い寝をし

てようやく寝たが，物音に敏感であり，母親が夜中起きて用事をするとすぐに起きて泣き出していた。そのために，母親はＡを背負って楽器演奏の練習を行っていた。楽器の上に備え付けられた鏡でＡの顔を見ることができた。生後３カ月時に母親は自宅での仕事に復帰した。Ａは母乳で育てられるが，コンサートに母親はＡを連れて行き母乳を与えていた。母親が仕事の時には，母方祖父母がＡの面倒をみて，時々動物園に連れて行っていた。生後９カ月時に座位が可能になるが，目的なく動き廻るだけであった。人見知りは一切なくにこにこと笑う愛想の良い子であった。１歳半頃から，ほとんど毎日，祖父と公園に行っていた。始語１歳２カ月，初歩１歳４カ月であった。しかし，言語発達はその後遅れ，会話にならず独り言が多かった。母親は早期のトイレット・トレーニングのために布おむつを使用したが，母親の厳しさに反して進展することはなかった。２歳３カ月に熱性痙攣で椅子から落ちて救急車で病院に搬送された。２歳７カ月でトイレット・トレーニングを始めるが，自宅外ではトイレに入ることができなかった。３歳４カ月時に幼稚園に入園するが，他児への関心は乏しく，集団行動ができずに，孤立傾向であった。

面接経過

　Ａの面接は生育歴上のエピソードに関連して，当初の５年間行われた。面接経過を過剰記憶ごとに，私の理解を含めて以下にまとめた。

　１）出産に纏わるテーマ

　①初回から１年間の面接（＃41まで）は，決められた休み以外にキャンセルはなく定期的に行われた。積み木にティッシュを被せてテントに見立て，テントが外からの暴風雨によって破壊されるというプレイが繰り返された。そして，Ａはタオル地の乳児用おもちゃの蝶々とアヒルを一緒に積み木に付いた紐でぐるぐると巻いた。時には天井の蛍光灯をぼうっと見つめることもあった。さらに，ソファに横になって，Ａが「おててちゃん」と称する自らの手との会話に嵌り込み，私との関係は断絶された。これはＡの子宮内の体験と緊急帝王切開という出産の悲惨さを表しているかのようであった。この頃，私とＡとのコミュニケーションは限られたものであり，「おててちゃん」との会話が多く，私は片隅に追いやられていた。これは子宮内の胎児のよう

であった。面接室は子宮内であり，そこに漂う打つ手のない感覚にも苛まれていた。Aの世界の大枠の理解はできるにしても，言語による解釈は無力化されていた。二人の間に関係性や転移関係を感じることはなく，私は五里霧中であった。

　小学校入学前の#42は，突然の身体的不調によるキャンセル明けの回で，Aの私との分離，自他未分化の世界が明瞭に露呈した。この時まで，予定された休み以外は定期的な面接が継続していた。Aの必死に私と一体化しようという試みは，支配的な命令，私の腹部に長時間乗るといった行動化によっても示された。これは私が今まで感じたことのない腹部の不快感であり，Aの身体接触を拒否し，分離を促した。私は臨月の妊婦のようであり，Aの出産を再体験しているかのようでもあった。Aはこの分離から，まったくコミュニケーション不能の自閉的な世界にひきこもってしまった。#43では，初めての来室拒否が，来所前の駅での失禁という形で表現された。それは母親の怒りを買ってしまい，私たちは怒りの渦に巻き込まれ，誰が誰に怒っているのか分からなくなっていた。まさに自他未分化な混沌とした世界であった。#44のAは元気な女の子そのものであった。積み木の紐（臍帯）を私に手渡したのがとても印象深かった。#45の面接は今までになく大きな変化が見出された。Aはまず祖父母と従姉妹の写真を持参したが，最初にこれを私に見せることを渋り，怒りの一抹を表現した。そして，私が怒りを解釈すると，プーさんとアヒルの再会を演じて反応した。その後の動物園プレイはまったく初めてであり，アヒルの母親はウサギの面倒をみることなく，一人で動物園を見学していた。私はこのことを解釈して伝えた。すると，母親アヒルの見ている動物園は子宮のような楕円形に紐を置いたものであったが，Aはその中にウサギを入れ，ライオンに蹴飛ばされるというプレイをし，出産時の表現をしているようであった。そして，ウサギは祖父母の写真の横に戻された。出産時についてのAの空想であり，Aは母子分離を成し，祖父母と一緒という乳幼児期の思い出を語っているようであった。これは大きな展開であり，Aは母子一体空想から出産というトラウマを表現したが，母親でないにしても祖父母からケアされるという空想を象徴的に展開することができた。私の中に世話をしない乳児期早期の母親転移が見出され，漠然としているが，転移解釈が可能となった。この4回のセッションの流れは，分離不安

による母子一体空想，そして自他未分化といった精神病的世界からの暴力的な出産であったが，Aと私は分離することが可能となった。Aは一旦，以前のプレイを行なうことで胎児的世界に戻ったようであった。しかし，私の解釈によって，Aは分離への怒りを認識し，世話をしない母親＝治療者，母親以外のケアを与えてくれる祖父母を想起し，これをプレイで表現したという大きな展開を成した。

②出産外傷と象徴化

この約1年半後より，Aのプレイの展開が起きた。冬休みを挟んで，4，5回連続して白クマがソファの部屋に戻れないことがテーマとなった。

#115：Aは茫然とした表情で，不安，不信感を示しているような雰囲気であった。〈中略〉Aは「頑張ろう」と言いながら，白クマに何か折り紙で作らせようとしたが，折り紙はぐちゃぐちゃになり，白クマは大声で泣き出した。Aは「豆まきはいやだ」と言いながら，折り紙をぐちゃぐちゃにした。背中を向け，被害的な雰囲気で孤立していた。Aは「のりがない」と呟きながら私を疑わしそうに見た。のりを発見すると，折り紙で三角帽を作って白クマにかぶせた。白クマはソファの家から散歩に出かけ，Aは手を怪獣のような襲い掛かる形にして「手鬼」と言いながら，ニヤッと私の方を見た。Aはソファの家に戻り，「最悪だ，もういやだ」と白クマに叫ばせながら，ノートに折り紙の作品を張ったものをアルバムと言い，そこに張られた折り紙を剝がした。そして，白クマは折り紙で帽子とスナックを作って，自らを慰めようとしていた。白クマが散歩を始めると，手鬼が出現しAの帽子とスナックを破壊した。白クマが大声で泣くのを見て，私は〈白クマには助けてくれるママがいないんだね。僕もAちゃんの唾涙（つばなみだ）をダメだとばかり言っているしね〉と伝えた。Aはこの解釈を無視したかのように，「白クマ，一人で頑張ってる」と言いながら，三角帽子，レモンチュロスを作り，白クマは再度ソファから，長いクッションをスロープにして滑り降り，そこからとことこ散歩した。これはソファが子宮であり，クッションは産道であり，手鬼は産婦人科医の手のようであり，まさしく出産の光景を象徴化しているかのようであった。白クマが散歩に出ると，手鬼が再度現れて，ソファの上の白クマの家を破壊してしまった。Aは「誰もいなくなった白クマの家は壊されちゃったね」と白クマに語りかけながら，青ざめた表情をし

た。私は〈白クマのお家は誰も留守番がいないんだね。白クマはお家に帰れなくなったけれど，これはお腹の中から出てきた赤ちゃんと一緒だね〉と伝えると，Aは私の身体に身を委ねた。Aは「ぽにょ」の歌を歌いながら，さらに手鬼になってアルバムを破壊した。この光景は，産婦人科医が胎盤を子宮から引き剥がすかのようであった。Aは「ぽにょ」の歌を歌っていた。私は〈ぽにょはママに会えたけど，白クマさんはどうかな〉と尋ねた。白クマは泣き続けた。

　#121：この回に，Aが当初から持参していた乳児が握る小さなタオル地の蝶々が帰る時に見つからずに，部屋に残された。その翌回にソファの下から発見された蝶々をAに返したが，Aはその後ほとんどこの蝶々を持ち込むことはなかった。この蝶々は出産時のAを表象しているものであり，この頃までAの主要な面接でのテーマであった出産は後景に退いた。

　２）救急車

　Aは当初から救急車の音に敏感であり，面接室の外から聞こえるかすかなサイレン音も聞き逃さなかった。Aは時に，「救急車はどこにいくのかな」と尋ね，プレイを休止して聞き入ることもあった。それまでも救急車のおもちゃは時折使用されていたが，#130頃より頻回に用いられるようになった。

　#131：Aは同種の５体の人形を持参した（この人形はAが２歳頃に実際に遊んでいたものであった）。Aは私を見ながらニヤニヤして，人形を次々と思い切り床に投げ，人形は大きな声で泣き出した。ウサギの人形も思い切り床に投げた。私は〈うさぎさんは何をしたのかな？〉と尋ねると，Aは「悪いことをしたから，おならをしたから」と言って，もう一度，ウサギを床に投げた。他の動物がウサギに駆け寄り，「大丈夫か」と尋ねた。Aはウサギを救急車に乗せた。しかし，救急車は病院に辿り着くことなく朝になってしまい，運転手は「（病院近くの）駅を通り過ぎちゃったね」と言いながら，救急車を部屋の隅に転がしてしまった。次にAはリスを投げた。私は〈ひどいAちゃんママだね。きっとAちゃんも同じようにとっても辛い赤ちゃんだったのかもしれないね〉と伝えたが，反応はなかった。

　#138：Aはトラ猫と白クマを持参した。そして，ソファをリビング，その横のテーブルを子ども部屋，その下を物置と設定し，この設定はこれ以後も継続した。白クマ，トラ猫，アヒルの３匹はソファのリビングで過ごして

いた。Ａはウサギを投げ飛ばし，救急車に乗せながら，「うさぎちゃんはお尻が臭いから，だめなの」と言った。ソファの白クマも投げ飛ばされて，救急車に乗せられるが，病院に辿り着くわけではなかった。Ａは「ピーポーピーポ」と言いながらも行き先はない感じであった。私は〈お尻が臭いので，投げ飛ばされるし，どこに行っても治してもらえないんだね〉と伝えた。Ａは「トラ猫は何でも悪いことをして，お仕事の邪魔をする」と言いながらも，トラ猫と白クマが一緒にTVを見る光景を示した。私の椅子の下に２台の救急車が置かれた。Ａは「豚さんの調子が悪い」と言って，豚を救急車の上に置き，救急車を部屋の隅に転がした。しかし，豚は転落してしまった。さらに，Ａは「トラ猫が調子悪い」と言い，救急車の上に乗せ，「病院に行くよ」と元気よく出発したが，「ママが病院に電話していないので，病院に行けない」と言って，部屋をウロウロした。そして，Ａは「トラ猫は死んだ」と言った途端に，「治ったんだ〜」と続けた。その後，動物園を作り，豚が椅子から落ちた。Ａは熱性けいれんで実際に椅子から落ちて救急車で運ばれている。

　白クマ，トラ猫が救急車に乗る騒ぎが展開した。Ａは手紙を書きながら，「ぷんぷん」と言い，怒っているようだった。私は〈誰もトラ猫とか，白クマとかを助けてくれる人がいないことに，とてもＡは怒っているんだね〉と伝えた。Ａは色鉛筆をバラバラに床に散らかした。私は〈Ａちゃんは本当に僕やママに怒っているけれど，バラバラになっちゃうんだね〉と伝えた。救急車ごっこが再度始まり，Ａは「アヒル（私の表象）がいない」と言いながら，トラ猫のキャッチボールを演じた。Ａは「ママがキャッチボールで鼻血，怪我した」と語り，「だから，救急車を待っている」と語った。私の解釈への反応であり，Ａは私の不在，母親への怒りを表現したと思われた。

　#141：白，黒，虹色のクマを持参する。Ａは早速，「お尻が臭い」と言って，虹色のクマを叱る。「おしっこ漏らしのレインボウ，叱られた，叩かれた」と言いながら，虹色のクマを叩く。ソファの横のテーブルの上のこども部屋で騒がしく３匹が遊んでいると，Ａは虹色のクマが「うんち，手で触った」と言い，実際のトイレに行って，手を綺麗にしてきたと言った。Ａは大きなソファのクッションを持ち上げて，骨組みとクッションの間に入ろうとした。Ａは窮屈そうであったが，この中でマンガの「うちの３姉妹」を読み

ながら，一人の世界にひきこもっているようだった。私はAに夏休みのことを尋ねた。Aはソファの大きなクッションを取り除き，下のばねの入った基盤を指さして，「何が入っているのかな」と言いながら，飛び跳ねた。そして，救急車が到着した。Aは「Aが乗っているの。熱が出て，T病院に運ばれた」と語った。Aはようやく病院という援助する場所に行きついた。

3）ドラキュラと人の顔

#130頃より，ドラキュラも面接の中のテーマとなった。これと同時に，母親も含めて人の顔を覚えられないといった，人の顔に関する言動が増えた。私の顔が同じかどうか，さらに母親の顔を思い出せないというテーマも表面化した。ドラキュラについて，母親から話があった。乳幼児期に過ごした家には音楽室があり，母親はAを背負って楽器の練習をしていた。母親は楽器の上に置かれた鏡でAの表情を確認できたが，Aからも母親の表情を確認することができただろう。母親は「楽器を練習している時の表情は，悲惨なものだったので，ドラキュラみたいだったかもしれないですね」と笑いながら語った。

#133：〈前略〉白クマは「思い出が欲しかった」と叫びながら，アルバムを投げた。そして，アルバムを再度，持ってきてそれを舐めて「思い出はいらない」と言ったかと思うと，「思い出，ごめんね」と言いながら，手紙に，思い出ごめんね，と書いた。私は〈Aちゃんには哀しい思い出がいっぱいあって，きっとそれを忘れたいと思っているけれど，忘れることが難しいんだね〉と伝えた。Aは茶色のクマを取り出し，茶色のクマは白クマを慰めた。Aは「よしよし」と言い，私の方を向いて，「（同じように）言って」と要望した。私は〈よしよし〉とAに連呼するように何度か繰り返して言った。そして，Aは茶色のクマ役になって「お母さんはドラキュラじゃなかったんだって」と言い，ごみ箱を取出してアルバムを捨てた。私は〈Aちゃんは悪い思い出ばっかりで，とても辛かったんだね。悪い思い出はすべて捨てたいと思っているんだね。本当に，そのアルバムを捨てていいのかな〉と尋ねると，Aは真顔で「捨てて欲しい」と答えた。私は了解した。Aは「K先生の絵を描く」と言い，私の絵を描いた。私はAに〈先生のことも時々，ドラキュラと思うこともあったよね〉と伝えると，Aは肯いて，「でも，違うよね」と不安そうな目で確認した。二匹のクマはテーブルの上で寝て，朝になった。

白クマは叩かれたが，泣くことなく，私は〈ドラキュラじゃないんだね〉と言った。

#136：Aはこの頃よりしばしば私が同じ顔かどうかと，入口のドアのところで母親に確認するようになった。母親は「同じ顔だから心配しなくてもいいよ」と伝えた。Aはミッキーの人形を持参した。Aはそれを床に投げつけると救急車とパトカーが来た。Aは「誰かが喧嘩をした」と言いながら，もうひとつ持参の白くまを床に投げつけた。私は〈今日は小さな動物たちでなく，大きなミッキーと白クマなんだね〉と伝えた。Aは「ミッキーは赤ちゃんじゃない」と言いながら，ミッキーを叩いた。白クマが「よしよし」と言い，私も〈よしよし〉と連呼させられた。私はAに〈誰もよしよしと言って慰めてくれる人がいないんだね〉と言うと，Aは白くまを手から落とした。そして，Aは「くしゃおじさん」と意味不明なことを言い，バックから「ジャーン」と言って運動会の写真を取り出して見せた。Aは救急車ごっこを始め，ラクダや白くまを床の中央に運んだ。ミッキーと白クマは仲良く遊んでいたが，白クマはソファから落ち，Aは色鉛筆に涎を垂らし「つばき涙」と言った。Aは「おかあさんはくしゃおじさん」と言い，すぐに，「本当はドラキュラと思っていたんだった」と付け加えた。私は〈ママや僕がAちゃんの傍にいないと，ドラキュラになっちゃうんだね〉と答えた。夜の場面になり，Aはミッキー，白クマ，アヒルをテーブルの上で寝かせた。白クマが起きて「おはよう」と言い，そしてミッキーを叩いた。Aは「救急車はどこ」と言いながら救急車を探し，床にそれを置いた。そして，おもちゃ箱からおもちゃをばらばらに出した。Aは「なんだ，夢だったんだ」と言い，3匹はそのまま寝続けた。

4）拍　手

Aにとって拍手は，乳児期の母親との分離を意味しており，当初から拍手を恐れ，時に私がそうする機会があった時も，「拍手は止めて！」と何度か必死に叫ぶことがあった。Aのプレイでは拍手は禁じられていた。拍手はAにとって，喜ばしいものではなく，母親がいなくなるという恐怖の感覚であった。#148は夏休み前の面接であり，夏休み以後，Aは自らのプレイに拍手を求めるようになった。

#148：〈前略〉Aは「拍手することに決めたんでしょう」と呟いた。私

は〈ママの演奏会のことだね。赤ちゃんの時に辛い思いをしたんだったよね。ママにも怒ってもいるんだよね〉と伝えた。Aは大人びた口調で「そうかもね」と答えた。私は〈ママがかまってくれなくて寂しいんだね〉と伝えた。Aはミッキーを救急車の上に乗せて,「5歳のAじゃないよ」と付け加えた。私は〈ママがいないことと同じように,お休みになって僕とも1カ月,会うことができないことに怒ったり,寂しかったりしているんじゃないのかな〉と伝えた。Aはミッキーを「汚い」と言い,パトカーのサイレンと消防車のサイレンの真似をした。私は〈Aちゃんのとっても嫌な音で,僕の言ったことはその音のようなものなんだね〉と伝えた。Aは「拍手をしなければならないんだよね」と言い,すぐに「先生の靴は汚い」と言った。Aは「拍手することに決めた」と呟いた。私は〈Aはどんなに辛くても嫌でも,我慢して拍手することに決めたんだね〉と伝えた。Aはでんぐり返しをして,「まだピアノは弾けない」と言った。そして,壁に掛けてある時計を落としてしまった。Aは「皆,お客さんは拍手するんだよね」と言ったが,何度も咳をして息ができないような苦しい表情になった。私は〈それはとっても辛いことで,息ができなくなっちゃうほどだね〉と伝えた。Aは「ミッキーはどんな顔だっけ」と言い,「ジイジのところで泣くことに決めた」と健気な決心を語った。そして,ミッキーに拍手の真似をさせた。私はミッキーがAなのか,母親の生徒なのか分らなくなり,Aに〈ミッキーは誰のこと〉と尋ねた。Aは「自分のこと」と自信なさそうに答えた。Aはまだ,しきりに咳をして鼻水を垂らし,「B先生(掛かり付けの小児科医),カゼ,クシャミだから,行かなくっちゃ」と言い,いかにも体調が悪そうだった。私は〈僕が頼りにならないで,小児科の先生が僕の代わりだね〉と伝えた。

5) 公園のスピーカー

公園のスピーカーという問題は面接内では目立つことはなかったが,#162前に,母親からメールを受け取った。この頃Aは自宅近くの公園をあちこち次々と訪れて,スピーカーを探していた。Aは乳児期から夕方になると,習慣的に祖父に連れられて公園に連れて行かれていた。よく訪れていた公園では,5時半になると「夕焼け小焼け」の曲が流れていた。Aはあちこちの公園を周り,ようやくこの音楽が流れるスピーカーを探し当て,この曲を聴きながら涙を流した,ということであった。

#158：Aは母親と一緒に玄関に入るなり，挨拶や視線を合わせることなく，上を向きながら，「スピーカーは」と小声で呟いた。Aは心ここにあらずといった感じで，入室した。面接室に入っても，上を向いて何かを確かめているようだった。私はAに〈スピーカーってどういうこと〉と尋ねると，Aはいつもの雰囲気に戻って，ミッキーを「臭いんだから」と言って投げ飛ばした。〈後略〉

#160：Aは玄関で上を向いて，「スピーカーは」と独り言のように呟いた。そして，面接室に入っても，上を向いて何かを探しているようだった。私はこの時，スピーカーの意味が分からず，Aに〈スピーカーって何かな〉と尋ねた。Aはこの質問を無視して，手に持っていたミッキーを「臭いんだよ！」と大声をあげて，投げ飛ばした。私にはスピーカーの意味が分からず，途方に暮れた。〈後略〉

#162：Aは玄関で同じように上を見て，そして私の方を見て「スピーカーは」と尋ねた。母親は「公園巡りには疲れたわね」と笑いながら呟いた。そして，母親は「よろしくお願いします」と言って玄関を出た。Aは面接室に入室すると，私の方を真面目な表情で見つめた。私は〈Aは小さい時に，ママがお仕事中に爺と一緒に公園に行って，「夕焼け小焼け」を聞いていたんだね〉と伝えた。Aはいつもより弱々しい声で，「ミッキー，臭いんだから」と言って，ミッキーを投げ飛ばした。そして，Aはすぐにミッキーを抱き上げて，「よしよし」と言いながら頭を撫でた。そして，私の方を見て，「よしよしって言って」と命じた。私は〈よしよし〉と何度か言った後に，〈Aはこの部屋も公園と思っていたのかもしれない。私はきっとジイジで，赤ん坊のAちゃんをジイジのようによしよししているのかもしれないね〉と伝えた。Aは「ママ迎えに来るかな」と本当に心配そうに尋ねた。私は〈赤ちゃんと同じように，ママに会えるかどうか心配しているんだね〉と伝えた。Aは肯きながら，再度「ママ迎えに来るかな」と不安というより，元気なく尋ねた。私は〈Aはママに会えないと思うと，とっても寂しくもなっちゃうのかも知れないね〉と伝えた。Aは「寂しい，寂しいって」と自問自答するように呟きながら，ミッキーを優しく何度も撫でた。〈後略〉。このスピーカーのエピソードには，Aの明らかな情緒性が認められ，Aは寂しいという感覚を見出した。

3. 考 察

 プレイセラピー開始より5年間，Aは事実関係に基づいた過剰記憶によるプレイを展開した。これは，感覚過敏によって表象（イメージ）が形成されず，心的要素と成りえなかったことが関係していると考えられる。Aには出産時の記憶があり，それは光に対する視覚過敏，救急車に対する聴覚過敏，ドラキュラという視覚過敏，そしてミッキーのおむつの臭さという臭覚過敏に基盤を持つ，過剰記憶であると考えられた。こうした過剰記憶は，母親という安全基地の形成を困難にしていた。

 スターン Stern, D. N.[6]は，乳児があるひとつの知覚様式で受信された情報を何らかの形で別の知覚様式へと変換する生得的で普遍的な能力を持ち，これを無様式知覚と名称した。スターンは情報が特定の知覚様式のみの属性という形では体験されないものと仮定し，そうした情報は，様式やチャンネルを超越し，未知の超-様式的なものとして存在するとした。それは未だ神秘に包まれた無様式の表象への書き込みを意味し，その表象はどの知覚様式によっても認識可能なものである。乳児の知覚，つまり，五感は互いに連結して連続性のある，たとえば母親などの表象（イメージ）を形成することになる。

 カセッセ Cassese, S. F.[3]は，メルツァー Meltzer, D. によって記述された分解について，それは注意の停止とこころの機能の一時的な不在（マインドレス）であり，この停止は自己と対象の感覚的な経験を断片にすることによってもたらされるとまとめた。さまざまな感覚は分散され，ビオン[2]が共通感覚として定義したものによって，同じように理解することはできなくなるとした。メルツァー[4]によれば，共通感覚は，多面的な方法で対象を理解し，それらに意味を与えることを可能にするものである。メルツァーは，注意を停止することによって，子どもは自分の心的構造体が受身的にばらばらになったままに放置しておくことが可能であると考えた。自閉的な子どもには対象を支配するためにそれらを解体して，一つひとつの感覚的な構成要素に変えてしまう傾向があるとした。こうして，子どもの感覚は分離され，瞬間的に自分を刺激するどんな対象にも附着するようになる。こうして意味のある情緒的あるいは心的な経験が回避されることになる。メルツァーは，レンガ

がモルタルによって固められていないためにゆっくりと崩れ落ちていく壁に喩えて，心的構造体はばらばらになっていくと表現した。この隠喩において，一つひとつのレンガは異なる感覚的経験を表象し，モルタルはさまざまな経験をまとまりのあるものにし，それらに意味（壁）を与えることができる注意（あるいは，共通感覚や心的構造体の基礎）を表象するとした。さらに，フォクサー[4]は分解対象を唱え，対象は情緒的で措在的な心的経験に従ってスプリットされるよりむしろ，たいていは感覚的な経験の断片にしたがって，小さく単純化された一部分にされるとした。たとえば，自閉的な子どもは味覚で感知するひとつの母親対象，臭い，視覚，音などのいずれかで感知する別の母親対象を持っているのかもしれないとした。同じく，味わう自己，見る自己，聞く自己などを持つことになるのかもしれないと指摘している。

　スターンは定型発達のみについて語っているが，もしひとつの感覚が過敏であれば，この連結は形成されることなく，母親という表象は形成されないことになる。さらに，Aのように，感覚過敏によっていくつかのエピソードはその時の出来事のまま維持されることになるのであろう。メルツァーらが言う分解という現象は，スターンの無様式知覚の障害であると考えることができると思われる。ASDの子どもたちは，こうした無様式知覚の障害を基盤としているために，精神分析治療の大きな困難の一因となっていると思われる。

　ASDの子どもたちの精神分析的心理療法において，ダビンスキーDubinsky[5]は，情緒的経験とは情動と感覚印象，思考，その瞬間に意識に現れる無意識的空想との連結であると定義した。そして，感覚の情報や情動を理解する能力は，ビオンによってアルファ機能と名付けられた。アルファ機能は感覚印象と情動を象徴的思考に適した形に変容する。情緒的理解は，情動と感覚印象と思考の連結として理解する特別な思考であり，これが情緒的経験に適応された時に，それは象徴的思考に適した形式へと変容する。一方，情緒的理解のないところでは，情緒的経験は具象的対象，「ものそれ自体」のままである。

　本症例では，Aは出産から幼児期までの出来事は感覚過敏のために感覚印象としかなりえずに「ものそれ自体」として存在していた。セラピストはAの出産時の恐怖を体験させられることによって，Aの出産外傷に情緒的な理

解をもたらすことができた．その後，Aは帰ることのできない子宮のプレイを行うことができたのであろう．救急車やドラキュラなどの素材は脈絡なく登場し，セラピストは理解に苦しんだ．こうしたAの混沌としたプレイの理解に際して，保護者からの情報はセラピストの想像力を駆使するうえで大きく役立った．ラスティン[5]はこうした子どもとのセラピーにおいて，両親との関係が重要であることを記している．本症例においてだけでなく，ASDの子どもたちとのセラピーは数年から時には10年近くを要することを考えれば，重要な事柄である．

　Aの過剰記憶に関するプレイは，公園のスピーカーという行動化によって一段落に至った．本症例での転移関係を考える上で，出産のプレイの最後には，祖父と一緒に行く動物園のプレイがあった．この公園のスピーカーから聞こえたのも祖父と一緒に聴いた「夕焼け小焼け」であり，セラピストとの転移関係の中心は祖父であったようであった．Aにとっては，未熟な自我のために母親からの分離ができないAをコンテインする現実の存在として，祖父母の存在が大きかった．ASDの子どもにとっての転移関係は，精神分析的心理療法においても重要な点であることを再確認した．

文　献

1 ）Bion, W. R.（1962a）：Learning from experience. Heinemann, London. 福本修訳（1999）：経験から学ぶこと．精神分析の方法 I──セブン・サーヴァンツ．法政大学出版局，東京
2 ）Bion, W. R.（1962b）：A Theory of Thinking. International Journal of Psycho-Analysis 43, 306310. In, Parent-Infant Psychodynamics. Routledge, London. 木部則雄監訳（2011）：思考作用についての理論．母子臨床の精神力動．岩崎学術出版社，東京
3 ）Cassese, S. F.（2002）：Introduction to the Work of Donald Meltzer. Stylus Pub, London. 木部則雄，脇谷順子訳，山上千鶴子訳・解題（2005）：入門メルツァーの精神分析論考──フロイト・クライン・ビオンからの系譜．岩崎学術出版社，東京
4 ）Meltzer, D., Bremner, J., Hoxter, S., Weddel, l. & Wittenberg, l.（1975）：Explorations in Autism. Clunie Press, London. 平井正三監訳（2014）：自閉症世界の探求──精神分析的研究より．金剛出版，東京
5 ）Rustin, M., Rhode, M., Dubinsky, H., Dubinsky, A.（1997）：Psychotic States in

Children. Karnac, London. 木部則雄監訳（2017）：発達障害・被虐待児のこころの世界――精神分析による包括的理解．岩崎学術出版社，東京
6）Stern, D. N（1985）：The Interpersonal World of the Infant: A View from Psychoanlysis and Developmental Psychology. Basic Books, New York. 小此木啓吾，丸田俊彦監訳（1989）：乳児の対人世界 理論編．岩崎学術出版社，東京
7）Winnicott, D, W.（1949）：Birth Memory, Birth Trauma, and Anxiety. In, Collected Papers through Paediatrics to Psychoanaysis. Tavistock, London, 1958. 妙木浩之訳（1989）：出生記憶，出生外傷，そして不安．小児医学から児童分析へ――ウィニコット臨床論文集．岩崎学術出版社，東京

自閉スペクトラムをもつ思春期・青年期の クライエントとの精神分析的心理療法

平井　正三

1．はじめに

　一般的な印象として，自閉スペクトラム[注1]に関する精神分析の文献で，思春期や青年期のクライエントを扱っているものはそれほど多くないし，またどちらかというと幼児期や児童期に比べ精神分析的心理療法の有効性については懐疑的であるとするものが散見されるように思われる。実践上では，軽度あるいは「薄い」自閉スペクトラムを持つ思春期もしくは青年期のクライエントに出会うことが頻繁になってきているだけでなく，私の経験では，こうしたクライエントに対してはアプローチの仕方を誤らなければ精神分析的心理療法が役立ちうる。むしろ，反復的になりがちな潜伏期の子どもよりも短期間でそれなりの変化がみられる場合もしばしばである。

　「アプローチの仕方を誤らなければ」と述べたが，精神分析的心理療法士はこうしたクライエントと仕事をする場合，従来の精神分析的心理療法に関する理論や技法に関して大幅に考えを変えていく必要があると私は理解している。ここでまず私の現時点での自閉スペクトラムのクライエントへの精神分析的心理療法に関する考えを簡単に述べておきたい。

　精神分析的心理療法士は，クライエントの遊びや語りを「素材」として捉え，その象徴的意味を捉え，解釈していくことが治療的介入であると理解しそのような訓練を受けている。しかし，このような介入が意味をなすのは，クライエントに象徴的表現やコミュニケーションの能力がある程度あるか，潜在力を有している場合である。ところが，自閉スペクトラムは定義上，

注1）本稿における自閉スペクトラム概念は，福本[3]に依拠している。

そうした能力が不十分であるか欠損状態である。アルヴァレズ Alvarez, A.[1] が，クライエントの表現することの隠された別の意味を解明する解釈の前に，そもそもクライエントの経験していること，表現しようとしていることが何であるかを十分に育む介入をする必要があることを強調するのは，こうした訳であろう。私は，以前の著作[4]で，クライエントとの間で起こるやりとりを「外側」の視点から観察して吟味し，クライエントの象徴化の能力を育むために必要な介入を行っていくという「対人相互作用フィールド・モデル」がこうしたクライエントとの仕事では重要であると論じた。

　私はまた，別の論考で[5]，自閉スペクトラムの問題を「間主観性／相互主体性ゲーム」の視点でみることが有用であると論じた。これは，人の生きる営みを，間主観性／相互主体性という「ゲーム」をプレイしているとみる視点である。英語の intersubjectivity という語には，間主観性，すなわちそれぞれの「主観性＝世界の見え方・感じ方」を分かち合うという意味と，相互性に基づく「主体性＝行為の主体の感覚」という意味があり，これら二つが分かちがたい全体を構成していることが示唆されている。ここで「ゲーム」という概念を付加しているのは，この営みが，スポーツのように，一定の規則に基づいた運動であり，プレイされるような性質を持つことを示すためである。その含みは，運動音痴があるように，このような「ゲーム」をプレイするのが苦手な「音痴」という次元が存在するということであり，自閉スペクトラムをそのように捉えることを示唆したいためである。つまり，自閉スペクトラムは，間主観性／相互主体性ゲームにおける運動音痴と捉えることが有益であると私は考える。

　先の論考で私は，軽度の自閉スペクトラム症を持つ思春期青年期の事例において「運動音痴」さをみる際に重要と思われる視点として，2点，すなわち思考の性質，そして自己と対象関係の性質を挙げた。思考の性質としては，全か無かという極化思考，そして二つのことを同時に心に抱くことが難しい「複線思考」[1]の困難性を指摘した。そして，自己と対象関係の困難さに関しては，主観性や主体性から構成される自己の脆弱さと分離性（他者性）を受け入れることの困難さを挙げた。

　自閉スペクトラム症を持つ青年や思春期のクライエントの抱えている問題は，概ね非象徴的な経験様式や関係様式にあり，伝統的な象徴-解釈モデル

に基づく精神分析的心理療法が果たす役割は良くて限定的，悪くてかえって混乱を引き起こすだけである場合が多いように思われる。これに付随して，こうしたモデルに基づき抽出されてきた精神分析理論，特に対象関係論の適応は困難になりがちである。しかし，私は，既述した「対人相互作用フィールド」モデルに変換することで従来の対象関係論は適応可能であることを示唆した。これを間主観性／相互主体性ゲームの視点で言えば，自閉スペクトラム症のクライエントへの精神分析的心理療法の主要な目標は，間主観性／相互主体性ゲームに参加することを誘い，それを手助けすることであると言えるが，その焦点はやはり，人と分かち合うことのできるクライエントの物の見方・感じ方の確立，そして自分がこのゲームにおける行為の主体であるという感覚の確立であると思われる。これらは，クライン派対象関係論で，主に分裂と理想化という，健常な妄想分裂ポジションという情緒発達の基盤そのものと見られるものに相当する。別の言い方で言えば，しばしば自閉スペクトラム症を持つクライエントとの精神分析的心理療法の仕事は，クライエントにとって良いと思えるか悪いと思えるかという視点の確立と共有，そしてそれを分かち合える，よい対象との関係を作っていけるという主体性の感覚の確立が肝要であり，それが象徴化の能力の発達と軌を一にしているのである。

　これをまた別の視点から述べてみよう。間主観性／相互主体性ゲームをプレイするということをキャッチボールをすることに例えることができる。自閉スペクトラム症をもつクライエントとの心理療法は，まずクライエントがボールを投げられる（すなわち投影）ことを手助けすることであり，セラピストはそれを受け止めることに徹することから始める必要があるかもしれない。それを十分行ってから，ときおりセラピストがクライエントにボールを投げ，クライエントはボールを受け止める（摂取）ことができるようになるかもしれない。

　以上のことを自閉スペクトラムを持つ，思春期と青年期のクライエントとの心理療法の実際を提示することで例証したい。

2．事例素材[注2]

1）事例1：中程度の自閉スペクトラム症を持つ思春期男子A君

　中度の知的障害と自閉スペクトラム症を持つ，中学2年生のA君は，両親，そして学校教師に激しい暴力を振るうということで主治医から私のところに紹介されてきた。A君は幼稚園の時からほかの子どもへの暴力が問題になってきており，その後もそれはあまり変わらず，中学生になると今度は親や大人に激しい暴力を振るうようになっていた。警察を呼んだり，何度か入院したりしたが，A君はそのことで親を恨み暴力は一向に収まる気配はなかった。

　私とのアセスメント面接で，彼は，「僕はYouTuberになりたい」と話し，「なのにお父さんとお母さんは警察を呼ぶなんて酷い！　刑務所に入ったらYouTuberになれないんです！」と私に訴えた。私は私の方をまっすぐに見てこのように話すA君に心を動かされた。私は親への恨みにとらわれているだけでなく，彼がまず「こうなりたい自分」「こう生きたい生き方」があることを伝えてきたこと，それも私の心を動かすように訴えてきたことに注目し，彼がよい対象関係をどこかに持っておりそれを転移という形で形成する力があるように思え，心理療法をしていくことを決断した。

　当初，心理療法のセッションで彼は，親への恨みを話し続けたが，次第に「本当はおとなしくて優しい」のだと話すようになり，私はそのことに注目し，「A君は本当はおとなしくて優しいということなんだよね」と伝えていった。大半のセッションで彼は話すことの多くをあらかじめ考えてきているようであり，それはどこか，彼の好きなYouTuberの動画のようであり，私はその観客であるかのようであった。私は，彼は，自分の今の状態を何とかしようとしており，彼が「本当」と思える「自分」を作り上げようとしており，私との関係や面接室の空間をそうしたことを彼が遂行することを支えてくれる空間として用いているように感じた。

注2）ここで挙げる事例素材は以下においても記載されている。
　平井正三（2020a）自閉スペクトラムをもつクライエントとの精神分析的心理療法
　　——間主観性／相互主体性ゲームの観点から．内海健，清水光恵，鈴木國文共著：
　　発達障害の精神病理Ⅱ．星和書店
　平井正三（2020b）意識性の臨床科学としての精神分析——ポスト・クライン派の視座．
　　金剛出版

彼は嫌なことがあるとすぐに「なかったことにして欲しい」と言い，誰かが少しでもそのことを持ちだすと激怒した。そして，ついに彼は本名を捨ててユウタという YouTuber と同じ名前になるとと宣言し，周りの大人にそう呼ぶようにと言った。私は，これらは彼がアルヴァレズのいう複線思考の困難さと理解し，当面は極端であるとはいえ彼がそうあろうとしている，単線の「自己」を受け入れることが大切であると判断した。

　心理療法が1年経った頃，A君の家族に大きな不幸が訪れた。その出来事の際に，彼が母親に暴力を振るおうとしたときにヨシヒロという従兄に「やめろ」ととがめられたことに彼はとても腹を立てて，半年以上その話ばかりした。彼は，「ヨシヒロは酷い。今度会ったら絶対殴ってやる！」と激昂して話したものであった。しかし，セッションを重ね数カ月経った頃には，「Bおばさんはヨシヒロは優しいと言う。でもヨシヒロは優しくなんかないんだ！」と別の視点も語りの中に入って来るようになった。そしてあるセッション，彼は，トーマスシリーズの模型を改造したものを持ってきて，それがヨシヒロだと言い，ヨシヒロの物語を作るとはにかんで話した。これは，その後何カ月もかかって，『タクマと仲間外れたち』という物語に結実していった。この物語では，蒸気機関車のタクマが，ディーゼル機関車のヨシヒロと衝突し，ヨシヒロは蒸気機関車の体になりパワーも弱くなってしまう。タクマはヨシヒロのディーゼルエンジンの一部を取り込み，蒸気エンジンとのハイブリッド機関車として強力なパワーを得る。ヨシヒロは，元の体を取り戻そうとしてタクマと激突するが，最後は崖から海に落ち，顔も消滅して海の藻屑となる。

　A君は，ヨシヒロやタクマの模型をセッションに持ち込み，いくつかの場面を実演して見せ，考えてきたセリフを何度も何度も繰り返した。特に，ヨシヒロが海に落とされ，顔が消滅して苦しみながら消えていく場面を演じて見せるのを楽しんでいるようであった。当初それは，ある種の象徴的復讐のように見えたが，次第にヨシヒロが彼自身であり，「顔を失う」という自己消滅の恐怖と取り組んでいるように見えてきた。物語には，様々なキャラクターが取り入れられるようになった。わかってきたことは，これらのキャラクターも物語もほぼすべて元ネタがあり，彼はそれらをいわば二次創作しているということであった。追加されたキャラクターにほぼ共通する主題は，

自分の居場所や仕事を取られて，復讐の念に駆られ，以前はおとなしくて優しかったのが残酷で暴力的な性格に変わってしまうというものであった。これらのキャラクターはおおむね蒸気機関車とディーゼル機関車，タクマの仲間とヨシヒロの仲間に分かれていた。タクマの仲間には，女の子のキャラクターのエイミーという客車が加わり，エイミーを助け最後はタクマとエイミーは仲良く暮らすというハッピーエンドに話は変容していった。また，ヨシヒロは，悪者というよりも，元の体を取り戻したかっただけなのに海の藻屑と消えていったかわいそうなキャラクターというニュアンスに変わり，最後は蒸気機関車とディーゼル機関車たちは和解して仲良く平和に暮らすという話になっていった。

『タクマと仲間外れたち』がこのような物語になっていったころ，A君は『邪悪な幽霊列車ティモシー』という，トーマスの二次創作の物語について頻繁に話すようになった。これはネット上で観られる動画であり，彼はティモシーの模型を自分で作って持参してそれについて話した。ティモシーは元はおとなしくて優しい蒸気機関車であったが，鉄道会社の重役にスクラップにされる予定であることを聞き，悪魔に体を乗っ取られて，乗客もろとも崖から海に突っ込んでいき幽霊となってしまう。そして，他の蒸気機関車たちも地獄に道連れにしようとする。A君は，ティモシーには，通常形態，悪魔形態，最終形態があると説明し，ムンクの叫びに似た，最終形態の顔は自分で作成して私に何度も見せた。そしてセッションでは，「お前たちも地獄に連れていってやる！」という，悪魔形態と最終形態のティモシーのセリフを迫力ある声で実演して見せることを楽しんでいた。

心理療法が始まって2年半を過ぎた頃，再びA君が両親に暴力を振るう出来事が起きた。以前は，こうした出来事があってもA君は「なかったことにしたい」と言うか，「お父さんとお母さんは酷い」と興奮して言い続けるかであったが，沈んだ面持ちでセッションにやって来ると，怒りや恨みの気持ちを述べることはなく，落ち着いて「お父さんやお母さんにやさしくしたい。暴力を振るいたくない」と自分から話した。そして，自分はおとなしくて優しい通常形態のティモシーに似ていると言ったので，私が，ティモシーと同じように，彼も，悪魔に体を乗っ取られたみたいなるよねと話した。すると，彼は自分がどのようにかーっとなるか話していった。続くセッションで

は，いつものようにティモシーの動画をタブレットで再生し，悪魔モードになったティモシーを見せながら，「僕も暴力を振るうとき，こうなるんです」と言った。

2）事例2：自閉スペクトラムを持つ青年期男子Bさん

　大学3年生になるBさんは，様々な心気症的・心身症的症状と抑うつ症状のために何年も休学していた。アセスメント面接で彼は，自分は努力してもダメな人間で結果がそれを証明していると言い張り続けた。彼は，小さい頃から母親に勉強するようにと言われ続け，ことごとく良い結果が出なかったので怒られ続けていたようであった。私が，こうした関係を持ってきたことで彼は自分がありのままを肯定できず，常に自分はダメだと感じてしまうことが大きいのではないかと話すと，彼はそれを素直に受け入れ，心理療法をしていくことで合意した。私は，Bさんと話してみるとその立ち振る舞いや受け答えのぎこちなさ，そして思考の極端な二分法などから自閉スペクトラムを有していると見立てたが，何か話していると「通じ合える」という感触と筋道の通ったことは受け入れることのできるところから心理療法が役に立てると判断した。

　こうして始まった心理療法であったが，最初の数カ月はアセスメント面接とほぼ同じように彼は，自分は努力してもダメなことは結果が証明しているという話を延々とし続けた。彼はまた，社会はブラック企業に代表される汚いもので，そんなところで生きていくことはできないとも言い続けた。それについての異なる視点は全く寄せ付けない，極論に固執していた。私は，非言語的なところで彼が自分の考えや気持ちを表明することを受け入れ尊重する姿勢を示しながら，時折ダメかダメでないかの二分法ではないのではないといった彼の理屈で考える部分に訴えることを続けていった。半年後，彼は復学し，半期は通い続けなんとか卒業するのに必要なくらいの単位も取れた。これは彼には一定の自信にはなったようにみえた。あるセッション，彼は母親からのプレッシャーがきつい，何とかしてほしいので面接の場に連れて来るから私から母親に話してほしいと唐突に言ってきた。私が，それは彼が自分で言うことができるかもしれない，と断ろうとすると，彼は，突然切れたように，立ち上がって大声で「そんなことできるわけないじゃないですか！

あなたはそれでもカウンセラーなんですか！」と私に向かい怒鳴り散らした。これに私は，やはり難しいと答え，彼が怒鳴り続けるなかでこのセッションは終わった。続くセッション，彼がやって来るのかどうか，やって来るとしてもどのようにやって来るのかと心配して待っていると，彼は，前回とは人が変わったように元気のない様子で，とても落ち込み調子が悪いと話し，先週のことはまるで忘れたように，私への敵意や攻撃性は影を潜めしおらしく依存的な様子に変わっていた。

　こののち，彼は再び大学には行けなくなり，家では布団に潜り込み，母親に甘えているようであった。この頃から，彼は『東方Project』というアニメの話をし始める。それは，人間界と共存する「幻想郷」という魔界の話であった。「幻想郷」は人間を食べて存続しているが人間には知られていない。Bさんはまた夢を話すようになったが，そのほとんどが，中学生の時の卓球部時代の「後輩」が言うことを聞かないので怒鳴りまくるという夢の類似のバリエーションであり，自分自身をまとめあげるという点においても，また人と関わるという点においても彼が無力感を突き付けられている状況が表現されているように思われた。Bさんは，先の『東方Project』の二次創作に関心を持ち，自分が「幻想郷」でリーダーシップを発揮する将軍のようなキャラクターであるという空想を楽しんでいるようでありそれについておずおずと話すようになった。この間彼は大学を卒業したが，やはり社会に出ていく自信は全くないようであったが，セッションでは，社会に出ることは会社で働くことであり，会社はすべてブラック企業でこき使われるだけであり，自分はとてもそれはできない，と話し続け，硬直した論理の中に閉じ込められていた。私は実際に，彼が人間関係の中でこうでないとダメという縛りにとらわれ，できないと言えずに，つぶれてしまう傾向があることが見て取れ，彼の言うことに一片以上の真実が含まれているように思われた。それは神経症的な抑圧が強いというよりも，非言語的な圧迫を敏感に感じる傾向とそれに対処する象徴的思考の弱さが最大の要因に私には見えた。

　心理療法を開始して2年半が経ったころから，彼は，ネット上の匿名の参加者で一緒にする戦争ゲームに没頭するようになり，セッションでは毎回のようにその話をした。私は興味深く彼の話しを聞いていったが，こうしたゲームは，実際の人間関係と一人遊びの中間形態であるだけでなく，実際の人

間関係で行き交う情報量と比べ，格段にシンプルでありつつ基本要素をいくつか保持している「ゲーム」状況を提供し，実際の人間関係の格好のシミュレーションとなっているように感じた。Bさんは，自分が臨機応変の対応は難しいが着実にポイントを稼ぐ部分があること，そうしたやり方を嘲笑する声に対しては「ゲーム」のルール，つまり同じチームで協働して最後は敵チームに勝つという点から全く問題がないと批判した。この頃から，彼は家族について批判を口にするようになった。特に母親が情緒不安定で気まぐれで彼のことを怒ってきたりすることを，憎しみをこめて批判することが多くなった。また，会社の重役を務める父親に対しても，父親の考えはバブルの頃には成り立っていたかもしれないが今の時代は全く状況が違うんだと力説した。彼の話し方はこの頃とてもユーモアに富むものとなっており，落語家のようにいくつかのキャラクターを演じながら話すこともあり，彼自身が大笑いをすることもしばしばであった。父親のバブル時代思考批判の際も，「こんなことして踊ってた時代ですからね」とジュリアナ東京のお立ち台の女性のまねをして話し，それを見ていた私も思わず大笑いをしながら聞いていた。

　この頃のあるセッションで，彼は，ゲームに飽きてきたことをひとしきり話した。そしてまわりからアルバイトなどをしたらどうかという話があるが，それは難しいと思うと付け加えた。私が，彼がゲームをしている話を聞いていると今はかなり自信が出てきているようにみえると伝えると，彼はかなり感情的にゲームと実際とは全然違うんだと強硬に反論し始めた。私はそれに対しては，それは違うのではないかと反論し，私たちは互いに議論し合ってこのセッションは終わった。私はなぜかこのセッションでは彼の言うことを受け入れるのでもなければ，話していることの意味を解釈するのでもなく，自分でもムキになって反論し続けたことに引っかかった。それは，初期の頃に彼が怒鳴ってきたときとやや似ており，彼と私が何かガチンコでぶつかったという，硬い衝突感があったと同時に，前回の衝突とは異なり，セッションが終わるときも何かしら友好的な雰囲気が二人の間であったことも実感していた。続くセッションは，直前に彼の方から体調が悪いと言ってキャンセルされた。そしてその次のセッション，彼はやって来ると自分から，「前回言い合いになってしまいましたよね。自分でもなぜ受け入れられないんだろうって。同意すればすぐにやらないといけないとなぜか思ってしまう。同意

すると負けだって。ゲームと仕事が同じところがあるとなるとすぐにもう働きに行かないといけないと思ってしまう。母親と話すとそんなことはないと言ってくれ，頭で同意しても，納得しないでいることもありかなと思うようになった」と話す。その後彼はゲームの話をし，自分さえよければと人の足を引っ張る人を「カス」だと批判し，自分も生かし味方にも役に立つことが大切だと話したので，私は，彼はおそらく前回の私が自分の考えに拘り人の足を引っ張る「カス」に見えたのかもしれないが，自分も生かし相手も生かせる建設的なやり方を今日まさに私との間でやっているように思えると指摘した。彼は，前回確かに腹を立てて帰ったが一晩寝てあくる日に考えて母親に話したら考えが変わったと述べ，そして私との関係は「とても大切なんで」と付け加えた。私は，Bさんが初めて率直に人としての私への気持ちを語ったことに驚くとともに心を動かされた。長期休み前の，続くセッションで彼は，私が休み中，何をしているのか，とても興味があると話してきた。

3．おわりに

二つの事例とも，伝統的な精神分析的心理療法という視点から見れば，いわゆる精神分析的な介入をほとんど行なっていないように見える。A君の事例では2年半を経てようやく転移外解釈を時折することができる状況になった感じであり，Bさんの事例では3年余りかかって今ここでの転移解釈をするセッションが生じたと言える。私は，自閉スペクトラムという見立てで精神分析的心理療法を行うということは，定型発達のクライエントとは大きく異なる尺度をもって実践していくことであると考える。それは，むしろ精神分析的心理療法の前提となる間主観性／相互主体性ゲームをプレイできるように，すなわちキャッチボールに参加できるように援助することである。そのために，冒頭に述べたように，クライエントが自分が投げたいボールを投げたい相手に投げられるように援助することがとても大切である。A君もBさんも心理療法に来たときは，硬直した思考にとらわれ身動きが取れず，自分の本意である生き方ができずにいた。こうしたクライエントに接するには，彼らのリズムやペースといった非言語的な動きに注目し，彼らの本意がなんであるかを読み取りそこに注意を集中することが一般的に大切であると私は

考える。私たち精神分析の臨床家は，クライエントの気づかない側面に注意を向けがちであるが，こうしたクライエントたちはちょうどその反対の問題に苦しんでいるように見える。つまり，注意を向けたくないものに注意を向けてしまい，自分が望んでいる方向に進めなくなるという問題である。セラピストがこの問題に気づいて介入することで，こうしたクライエントとの間で協働関係を結ぶ困難さは少なくなるように思われる。

　このようして彼らと協働関係を結んでいく中で，彼らが「自由に遊べる空間」を治療場面に作っていくことがとても大切になる。私の印象では，A君もBさんも周りの大人たちの思惑に過敏すぎ，自分の主観性や主体性を持つことがとても難しいようであった。彼らは，彼らなりの現実把握を口にするが，それは融通の利かない硬直した思考であるだけでなく，そもそも自分の見方ではなく，たんに反応しているだけのように見えた。したがって，こうしたクライエントとのセッションでセラピストは，ビオン Bion, W. R.[2]のいう「記憶なく欲望なく」という態度に徹することが極めて重要であると考える。そうして彼らは反応する圧力から自由になり，主観性や主体性を育むことができる空間を面接室に作り出すことができるのである。A君の「蒸気機関車」と「ディーゼル機関車」との相容れなさ，Bさんの「人間界」と「幻想郷」，そして戦争状況などは，自閉スペクトラムを持つクライエントたちが対人状況で他者性を脅威に感じていることの典型的な表現であると私は理解する。その際立った表れは，A君のヨシヒロとタクマの激突であり，一方が海の藻屑と消え去っていくという話に表現されている。それは，Bさんとの心理療法の場合，私とのぶつかり合いという形になったのである[注3]。

　A君もBさんも心理療法というサポートを得ることで，硬直した思考から，より柔軟に臨機応変に状況に対応できる，より象徴的な思考ができるようになり，それは彼らのコミュニケーション能力の大幅な成長にもつながっているように見えた。つぶさに見ると，彼らがこうした成長を成し遂げていったのは，どこかから象徴を借りて来てそれを発展させるという二次創作的な営みであったことにも注目される。つまり核心の部分は「パクリ」すなわち付着同一化なのである。それはおそらく彼らの象徴的思考の能力はまだまだ一

注3）この点については，「共存不能な対象関係」として以下に詳細に論じている。
　平井正三（2011）精神分析的心理療法と象徴化．岩崎学術出版社．特に終章．

定の脆弱さを持つことを示唆しているようにも見えるし，またそれは何らかの復元しやすさ，打たれ強さにいずれつながるかもしれないようにも思われる。

文　献

1) Alvarez, A.（2012）：The Thinking Heart: three levels of psychoanalytic therapy with disturbed children. Routledge.　脇谷順子監訳（2016）：子どもの心の生きた理解に向けて．金剛出版，東京
2) Bion, W.（1970）：Attention and Intepretation. Heinemann, London.　福本修，平井正三訳（2002）：注意と解釈．精神分析の方法Ⅱ，所収．法政大学出版局，東京
3) 福本修（2016）：序．福本修，平井正三共編：精神分析からみた成人の自閉スペクトラム――中核群から多様な拡がりへ，所収．誠信書房，東京
4) 平井正三（2011）：精神分析的心理療法と象徴化――コンテインメントをめぐる臨床思考．岩崎学術出版社，東京
5) 平井正三（2016）：第18章 自閉スペクトラム症への精神分析的アプローチ再考――間主観的／相互主体的ゲーム」の観点から．福本修，平井正三共編：精神分析からみた成人の自閉スペクトラム――中核群から多様な拡がりへ，所収．誠信書房，東京

討論 自閉スペクトラムと子どもの精神分析的心理療法

鵜飼 奈津子

1．はじめに

　私は，ロンドンに留学する以前の1990年代初頭から後半にかけて，多くの自閉症をもつ子どもたちと出会う機会があった。その当時から，自閉症をもつ子どもに対しては，集団療育の中で他者と関わる経験を多く積ませること，あるいは感覚統合訓練など，おそらくは，そうした子どもたちが少しでも生きやすくなることを目指した援助が提供されることが主であった。また，心理療法と言えば，もっぱら子ども中心遊戯療法をはじめ，セラピストが子どもの遊びについていきながら，子どもの感情に共感し，理解をしていくというものが主流であった。そこでは，子どもが安心して自分の感情を表現できるようになることが目指されていたが，私はそこにどこか納得が行かない気持ちを抱いていた。そんな中で，例えば恐ろしい眠気に襲われるなどの逆転移について，十分に考えられる資源をその当時の私は持ち合わせていなかった。しかし，セラピストの側が積極的に子どもに働きかけるといったアプローチをとることは，何か心理療法的ではないものとして，排除されていたように思う。また，最近でこそ多くの翻訳書が出版されているが，まだ現在のようにロンドンの子どもの心理療法士らが，どのように自閉症をもつ子どもたちと心理療法の中で出会っているのかといった情報は，ほとんど得られない状況であった。

　その後，1990年代の後半，ロンドンで子どもの心理療法の訓練を始めるにあたり，まず乳児観察を主とするコースに所属した私は，観察というものが，ただ漠然と子どもの遊びを眺めるということではなく，そこでいったい何が起こっているのかということを，常に，自分もそしてその対象となる子ども

もこころを持つ対象であるということを前提に，そしてそのこころを理解しようとしながら見ることであると，体験的に学ぶようになっていく。また，その後に続く臨床訓練コースでは，脇谷が述べるように「精神分析的心理療法は，子どものこころ，つまり子どもが彼自身や人や出来事や世界をどのように体験しているのかを知っていこうとする方法」であり，「セラピストのそのような関心やあり方や関わり方は，子どもが彼自身を知っていく助けにな」るということを，やはり体験的に理解していくことになった。これは何も，自閉症をもつ子どもとの心理療法にかぎらず，私たち精神分析的心理療法士が持つ基本的な姿勢であるが，ただ，自分のこころに対しても，また他者のこころに対してもその認識が希薄であると思われる自閉症をもつ子どもと出会う際には，さらに一層意識されるべき態度だといえるであろう。

2．自閉症を持つある女の子との出会いから①

さて，私がその臨床訓練コースで出会ったポピーという自閉症を持つ女の子との心理療法については，拙著[7]に詳述の通りであるが，ポピーは，まさに当初はこころの機能としてはメルツァー Meltzer, D. ら[5]が心的次元論において，彼らが対象をどう体験しているのかを説明したところの一次元性が主であった。アルヴァレズ Alvarez, A.[2]で言うと，2つ目（記述的解釈，つまり名づけたり記述したりするもの）から3つ目（活性化する解釈，つまり注意を喚起したり活気づけたりしていくもの）の解釈のレベルが必要，かつ適切であると考えられる子どもであった。1つ目の解釈（説明的解釈，つまり説明や別の意味を提供するもの）は，主に三次元性や四次元性のこころの状態が主である子どもに対して適切なものであるといえ，これはポピーとの心理療法が後半に入ってきた頃に，時折，用いることのできるものであった。このように，その子どもが，今，どういったこころの次元性のレベルで機能しているのかを考えていくあり方は，アルヴァレズが解釈のレベルについてこのような形で整理をするずっと以前から提唱していた「発達研究に裏打ちされた心理療法」[3]にその歴史を遡ることができるであろう。また，乳児観察の実践により培われる，その子どもの状態について，今，ここで起こっていることをありのままに見て，感じて，理解しようとするセラピストの

こころのあり方とも全く矛盾するものではないと思われる。
　木部の症例提示とも重なるが，無思考の世界に陥っていくポピーと，なんとか今，ここで起こっていることについて考え続けようとするセラピストである私との綱引きは，まさに自閉症の世界に安住することに「ノー」と伝え，アルヴァレズの言うところの生きた仲間のいる世界への誘いかけを，諦めることなく続けるということだったと言い換えることができよう。つまり，そのためには，3つ目の解釈がいかに重要であるのかということであり，例えば常同行為に陥ることに対しても，セラピストは，無思考の，まさに眠くなるような世界と戦い続ける必要があるということなのである。
　また，アルヴァレズの言うところの2つ目から3つ目のレベルの解釈という考え方は，平井[4]が「対人相互作用フィールド・モデル」として述べるところの，「セラピストはクライエントが関係性を知覚し表現するのを待つだけではなく，セラピストも関係性を観察し，それについて考え続ける努力をする必要がある」こと，そして，「治療者は自分の視点を維持しつつも，常に「接点」を求めたり，「歩み寄ったり」することとのバランスをとっていくことが通常の心理療法よりも求められる」といった考えとも通じるところだと思う。さらに，平井は「精神分析的心理療法士は，クライエントの遊びや語りを『素材』として捉え，その象徴的意味を捉え，解釈していくことが治療的介入であると理解しそのような訓練を受けて」いるが，「このような介入が意味をなすのは，クライエントに象徴的表現やコミュニケーションの能力がある程度あるか，（その）潜在力を有している場合で」あり，「そうした能力が不十分であるか欠損状態」にある自閉スペクトラムを持つ人たちとの仕事においては，「アルヴァレズ[2]が，クライエントの表現することの隠された別の意味を解明する解釈の前に，そもそもクライエントの経験していること，表現しようとしていることが何であるかを十分に育む介入をする必要があることを強調」していると紹介していることでもある。アルヴァレズは，こうした技法の工夫，あるいは改変については，自閉スペクトラムにかぎらず，被虐待児などこころの発達の機能に著しくダメージを受けた子どもについても同様であるとして論を展開している。
　こうした解釈のレベルについて，ポピーとの出会いで考えて行くと，いまだ，自らのこころにすら出会っていなかったかもしれない状態にあったポピ

ーには，セラピストである私はまず，ポピーのこころに関心を持つ他者として存在することが求められていたということである。なぜなら，精神分析的心理療法は，あなたにもそして私にも，それぞれこころがあるのだということを前提に行われる営みであり，どんなに時間がかかろうとも，まずはその前提を作って行くことこそが，なくてはならない仕事だったのである。つまり，セラピストが関わりを持とうとすることで，そしてそうしたセラピストとの関わりを通じて，その子どもの中に，セラピストという対象とその対象を知っていくということ，そしてその対象と関わりを持つということに対する好奇心がめばえる。これこそが，精神分析的心理療法の原動力となるものであり，そこに意味が生成されていくのである。ここで起こること，あるいはセラピストが起こそうとすること，それがアルヴァレズ[1]のいう再生，つまりは精神分析的探索の始点となるところなのである。

こうして考えると，子ども中心遊戯療法には，その子どもに自分という感覚，あるいは行為の主体の感覚があるのかどうかという見立てがなされないままに，あるいは，それらは既に存在するのだというむしろ楽観的な前提をもって，子どもに関わるアプローチだといえるのかもしれない。だとすれば，その子どもが機能しているこころの状態と，セラピストが前提とするその子どものこころの状態には大きな開きがあり，まさに出会うことが困難な平行線の状態が続くことになるのではないだろうか。タスティン Tustin, F.[6]は実際，こうした子どもの遊びにただ追従し，全てを受容していくような従来のセラピストのあり方では，自閉症を持つ子どもと真に出会うことはできないとして，技法の修正の必要性を強調した。

3．自閉症を持つある女の子との出会いから②

ここで思い出されるのは，私が出会った別の自閉症をもつ女の子，ユリである[7]。彼女は，当時5歳で幼稚園に通っていた。言葉の発達には問題がなく，むしろ，あたかもいろいろなことを理解しているかのような話しぶりをする子どもであった。独りで何役もこなしながら人形遊びに興じるが，これはいわゆる附着的な遊び方であった。彼女がそうしたモードに入ると，セラピストである私はその彼女の世界にはとうてい入っていけずに，締め出され

ることになる。しかしある時，彼女が部屋の中のついたての背後に隠れた際に，そしてそこで私が，「あ，ユリちゃんがいなくなった，どこにいったんだろう？」と，これは技法上の工夫と言うよりも，むしろとっさに問いかけたところ，彼女はとても嬉しそうな顔をして，そのついたての背後から姿を現したのである。その時に私は，自分のこれまでの彼女との関わり方および解釈は，今，私たちが用いるアルヴァレズの用語で言えば，時には2つ目，しかしほとんどが1つ目のものであったということを思い知ることになる。つまり，彼女は，もっと基本的なところ，セラピストと自分が，今，ここで同じ部屋にいて，同じ空間で何かを共に体験している，そして，どうやらセラピストは自分のこころに関心があるようだという気づきを彼女が持ちつつあるということを，ここでの私の発したむしろ偶然のような3つ目の解釈によって，彼女自身もそして私も*わかる*ことになったのである。つまり，平井が「自閉スペクトラムという見立てで精神分析的心理療法を行うということは，定型発達のクライエントとは大きく異なる尺度をもって実践していくことであると考え」ると述べていること，そして「それは，むしろ精神分析的心理療法の前提となる間主観性／相互主体性ゲームをプレイできるように，すなわちキャッチボールに参加できるように援助すること」であると述べていることである。この間主観性／相互主体性ゲームという考え方は，自閉スペクトラムをもつ人に特有の困難さについて，その思考の性質と対象関係のあり方について，そこに出会う私たち自身がどれだけ理解していることが必要なのかということだと私は考えている。つまり，こうしたクライエントがどのようなゲームを行なっているのか（どのような体験を伝えてきているのか），それはセラピストが当たり前だと考えて行なっているゲームと本当に同じものなのか。セラピストは常に自らに問いかけ続ける必要があるということであろう。

　平井の提示する2つの症例は，いずれも言語発達に遅れのない，いわゆる高機能で年齢も比較的高い青年たちのものである。「自閉スペクトラム症を持つ青年や思春期のクライエントの抱えている問題は，概ね非象徴的な経験様式や関係様式にあり，伝統的な象徴‐解釈モデルに基づく精神分析的心理療法が果たす役割は良くて限定的，悪くてかえって混乱を引き起こすだけである場合が多いように思われ」，「これに付随して，こうしたモデルに基づき

抽出されてきた精神分析理論，特に対象関係論の適応は困難になりがち」だということであるが，これはユリにはもちろん，①で触れた，幼く，また言語発達に遅れを伴うような自閉症をもつ子どもとの出会いにおいても，多くの共通点が見られることだと考える。

　日本に帰国後は，私も自閉スペクトラムを持つ高機能の思春期青年に出会う機会が増えたと感じている。そこでは，彼らの世界を理解しようとしつつも，無思考に陥り，そこに安住しかねない自分自身のこころに抗い続ける必要性をなおいっそう痛感している。彼らは，セラピストがコミュニケートしようとするこころを打ち砕くように，時にはそれを嘲笑するかのような態度で，自らの世界に引きこもる。まるで，セラピストの存在など彼らにとっては何の役にも立たず，必要ではないと言わんばかりに，である。脇谷の当事者研究の描写は，そうした彼らの体験世界を，ともすれば忘れがちな私に思い起こさせてくれるものである。

4．自閉症を持つ子どもと精神分析的心理療法の「技法」

　さて，冒頭で脇谷は，「クラインの「解釈」は，その内容自体よりも，彼（ディック）がやっていることにクラインが強い関心を持ち，その象徴的意味を考え，言葉にして伝えるという，クラインの精神分析的態度が，ディックにとっては他者からの関心や自分というものの輪郭についての感覚を経験する機会になったのかもしれない」と述べている。ポピーとの出会いに戸惑いながらも，何とかしてポピーのこころに届きたいと懸命であった私の精神分析的態度は，まさに私のセラピストとしての経験不足を側面から支えてくれたものだったといえるかもしれない。そして，私がポピーとの心理療法でもっぱら参照していたのは，アルヴァレズやリードの知見，またそのルーツともいえるタスティンの知見であった。タスティンは，いわゆる一次元性が大部分を占める子どもたちと多く出会っていたのであろう。

　ここで，今回，脇谷が改めて紹介しているタスティンの技法，「具体的には，セッションでの出会いと別れの際にセラピストが子どもに挨拶することによって，『はじまり』と『終わり』の境界を明確にすること，セラピスト

は子どもと手をつなぎ，待合室からセラピーの部屋の移動の際には歩くこと，反復行動を制止することなど」について，改めて触れておきたい。

　正にポピーは，こうしたセッションの始まりと終わり，それはつまり母親／セラピストとの一時の別れと再会でもあるのだが，そうした境界を受け入れられるようになるプロセスと共に，トイレットトレーニングなどの ADL や，言葉の発達の萌芽がみられるようになっていったのである。さらに，木部の提示する症例Aでは，例えば赤ん坊の頃から使っていたおもちゃが持ち込まれたように，子どもが何かをセラピールームに持ち込むということについてもそうである。Aにとっては，それらを持ち込まなければ，本当に何もできなかったのではないかと思われる。

　しかし，自閉スペクトラムを持つ子どもに対する精神分析的心理療法の実践のこうした側面は，日本ではあまり認識されていないのではないかと思うことがある。たとえば，スーパーヴィジョン等でこうしたことを示唆すると，「そんなことをしていいのか」と驚かれることが少なからずある。これは，それほど，精神分析的心理療法の実践が誤解されていると言うことなのだろうか？　あるいは，もしかすると，いわゆる精神分析の話法，あるいは文法に縛られすぎている初学者がそれだけ多いということなのだろうか？そして，自閉症をもつ子どもに対してであろうと，虐待によりこころの発達に大きなダメージを受けているような子どもに対してであっても，精神分析的心理療法はやはり 1 つ目の解釈に徹するものであり，かつまたヒア・アンド・ナウの転移 - 逆転移に基づく解釈や象徴理解（のみ）を行うものだと考えられている（誤解されている）のかもしれないこととも併せて，私としては，非常に危惧するところである。

　また，どういった理論的背景を持つセラピストであっても，クライエントの状態に合わせて，つまりクライエントの状態をしっかりと観察して，そこに tuning していく――例えば，今，このおもちゃを持ち込むことが必要なのか――というのは，セラピストとしてある意味で当然のあり方であると思う。そこで起こっていることを見て，それをしっかりと記述することは，例えば乳児観察の訓練を通じて培われるものであるが，これはいわゆる偏見や先入観といったものとは対極にある姿勢である。そして，それは，理論を学んでそれを単に目の前にいるクライエントに当てはめるということとも異な

り，今，ここで出会っている子どもの世界を学ぶということだと言い換えることもできよう。今回提示された当事者研究は，その一例であったと思う。しかし，これもまた，他の「当事者」にそのまま当てはめることはできないのはいうまでもないことである。

5．おわりに

私は，精神分析的心理療法には，どこかこうして基本的に通底する「技法」があると信じているからであろうか，「〇〇（何らかの症状あるいは診断名）の心理療法」といったものは，どこかマニュアル的なニュアンスがあり，実はあまり好きな表現ではない。そこにとらわれてしまうことで，多くのものが見失われてしまうのではないかと考えるからである。これは，私が日常的に教員あるいはスーパーヴァイザーという立場で，初学者と関わる機会が多いことから，特に感じることなのかもしれないが，最後に付記し，この討論を閉じる。

文　献

1) Alvarez, A. (1992): Live Company: Psychoanalytic Psychotherapy with Autism, Borderline, Deprived and Abused Children. Routledge
2) Alvarez, A. (2011): Thinking Heart: Three levels of psychoanalytic therapy with disturbed children. Routledge
3) Alvarez, A. & Reid, S. (ed.) (1999): Autism and Personality: Findings from the Tavistock Autism Workshop. Routledge
4) 平井正三 (2011)：精神分析的心理療法と象徴化――コンテインメントをめぐる臨床思考．岩崎学術出版社，東京
5) Meltzer, D. et al. (1975): Explorations in Autism: a psychoanalytical study. Clunie Press
6) Tustin, F. (1994): The Perpetuation of an Error. Journal of Child Psychotherapy. 20, 323
7) 鵜飼奈津子 (2010/2017)：子どもの精神分析的心理療法の基本／子どもの精神分析的心理療法の基本〈改訂版〉．誠信書房，東京

討論　自閉スペクトラムをもつ子どもへの精神分析的アプローチ

黒崎　充勇

　私は，日本ではまだ新しいこの分野について話題を提供した3人に素朴な質問や日ごろからみなさんが抱いていると思われる疑問をぶつけ，議論を活性化しながら，私も含めて興味を持ってはいるがなかなか踏み込めないと感じている治療者たちが，この世界への活路を見い出すことができればと期待する。

　討論者は20年前のことであるが，今でいう自閉症スペクトラム障害の患者に対し，そのことを認知せず，従来の精神分析的アプローチ，つまり治療者は受け身性，中立性のスタンスを維持し，自由連想や夢やプレイに表現される素材にして，治療抵抗を不安や対象関係とともに取り上げ，転移・逆転移を理解し解釈することを通してワークスルーを目指そうとしたことがある。当時は，このような患者に対し，精神分析の鍵概念を用いた枠組みの中で理解し，分析的手法でのアプローチを試みても，患者は「何も浮かばない」と言い，素材も同じことの繰り返し，そして患者は何も変わらず，治療者はことごとくうまく行かず，自己の無意味感，無効力感にさいなまれてしまった苦い経験を持つ。このような経験は討論者だけでなく，多くの精神分析的指向性を持つ治療者に共通するものではなかろうか。もちろんその後もたくさんの自閉症スペクトラム障害の患者を診て来たが，そこでは，①こだわりの世界（オタクの世界）に入り込み，そこで治療者とともに自己価値を確認する作業を行い，②周りとのギャップを患者とともに確認し，患者の自覚を醸成し，環境調整（親，教員，職場）をして，両者のギャップを埋める作業を行う，というあくまで支持的なアプローチを心掛けた。

　さて，各著者には以下の質問をしてみたい。議論を湧きたてるため，あえ

て懐疑的な討論をすることを了解いただきたい。

1．脇谷に対する討論

　脇谷は，総論の部分はこれまでの英国を中心とした精神分析的な自閉スペクトラムの研究，日本の木部と平井の貢献についてコンパクトにまとめて述べている。

　その後の自閉症スペクトラムの子どもと精神分析的心理療法では，当事者のコメントや著作，さらには当事者研究からの引用と続く。そして脇谷の事例が紹介される。よくある身体化と不登校であるが，その意味を彼女なりに流暢に語っている。この事例の場合，脇谷は頭痛の訳に共感したわけであるが，このことで治療的進展があったのであろうか？　つまり共感は不安の軽減や関係性の親密化につながるのであろうか？　それとも，この事例は患者の感覚過敏の分かりやすい表現として引用したのであろうか？　さらに続く認識愛本能の回復？になると，この生物図鑑を見ているような世界から，急に人間存在にまで深まり哲学書を読んでいるような印象を持つ。この分からなさは，逆説的に自閉症スペクトラムの人たちの視点や基盤は，自分たちのそれとはいかに違うか（それこそ次元が違う），ということを示唆しているのであろうか？　彼らに対する好奇心を持ち，このことが大切であることを示唆しているのであろうか？　さらに彼らが理解されることが大切だということを示唆しているのだろうか？　著者がこの引用をした意図を教えていただきたい。

2．木部に対する討論

　木部は，まず自閉スペクトラム症の診断基準の中に含まれる感覚過敏性・過剰記憶について触れ，ラスティン Rustin, M. を引用する。彼らは感覚の過敏性からくる手に負えない経験の寄せ集めにしがみつくことでしか，存在の連続性を保証できない絶望的な不安に由来する過剰記憶を持つ。そして適応的なフィルタリングができないことにより，経験のエッセンスを抽出することができないため，治療者がそこに意味と情緒を再構築することが重要と述

べている。

〈事例について〉

　木部が提示した症例は，ラスティンの述べているような流れを経ているように思われる。この母親の人柄や母子関係や育児の実態とはどんなものだったのであろうか？　また父の存在は不明であるが，父母の仲や父の育児協力などについてもし分かれば教えてほしいと思う。またこの音過敏の女児が母の楽器演奏の音をどう記憶していたか，そしてそれは治療とともにどんな情緒が付与されたのかについて聞きたい。経過に入って，まず出産外傷の象徴化の時点で，女児はすでに具象的ではあるが象徴機能がある程度成長し，転移の萌芽を形成し治療者との分離を怒っているように思われる。もしそうであれば，そこに至るまでの木部の治療上の苦労があったと思われるが，その点について教えてほしい。もしかしたら，この女児は言葉の表現こそつたないが，聴き言葉の意味理解は発達しており，取り入れはある程度できるのではないかと想像した。その後は事例とシェーマをつなげる理解が困難である部分が多くなる。最後はダビンスキー Dubinsky を参照し，感覚過敏は a 機能を邪魔する要素として説明されているが，本症例では，「ものそれ自体」を情動と感覚印象で治療者に伝えたことに展開が始まり，保護者からの情報も入れながら，治療者のアルファ機能を駆使した結果，情緒的理解につながったと思われる。このような症例では，現実の情報も大きな役割を為し，そこでもまたエッセンスを抽出するという治療者の機能が求められている。その理解で良いか，を教えていただきたい。

〈自閉症の感覚過敏と象徴機能障害との関係について〉

　感覚処理障害を持つ子は，感覚過敏のため無様式知覚が発達せず，対象イメージや自己イメージの発達や形成が制限される。そのため，後の分離不安や不登校などで表面化するとしている。この新しい見解はとても興味深く聴かせていただいた。

3．平井に対する討論

　平井の論考は，「アプローチの仕方を誤らなければ」という条件のもとで分析的治療をすることの有効性を伝えるものであり，私たちに勇気を与えてくれるものだと思われた。

〈治療や技法論について〉
　・『対人相互作用フィールド・モデル』について
　乳幼児観察モデルにヒントを得て提唱した，患者と治療者を「外側」の視点から観察して吟味し，患者の象徴化能力を育むために必要な介入を行う治療モデルであり，直接コミュニケーションができない自閉スペクトラムの子への新しいモデルとしてとても興味深い。
　・『間主観性／相互主体性ゲーム』について
　従来の「解釈モデル」の伝統的な介入法を修正し，自閉症の子どもの主観性を分かち合い，相互性に基づきながら，間主観的／相互主体的なやり取りの遊びに導くという視点を強調する介入モデルである。ここでゲームとは，この営みがスポーツのように，一定のルールに基づいてプレイされる運動を意味する。そして自閉スペクトラムはこのゲームにおける運動音痴と捉えることが有益であると述べている。またこの運動音痴をみる視点として，思考の性質として『極化思考』と『複線思考の困難性』，自己と対象関係の性質として『主観性や主体性から構成される自己の脆弱さ』と『分離性（他者性）を受け入れることの困難さ』を挙げている。具体的には，患者と治療者のキャッチボールを例にとり，運動音痴の患者に治療者が投げ方を教えることから始め，十分行った後，ときに治療者が患者にボールを投げると，ときにちゃんとボールを受け取れるかもしれないと説明している。

〈事例について〉
　・平井は「軽度あるいは「薄い」自閉スペクトラムを持つ患者には，アプローチの仕方を誤らなければ，精神分析的心理療法が大いに役立つことが多い」と述べている。その軽度や「薄い」の意味？　治療の手ごたえを患者のどこで，治療者はどうつかむか？　Ａ君治療決断の理由〈良い対象関係を

持っている，治療者の心を動かす力を持っている，転移を形成する力あり〉，Bさん治療決断の理由〈通じ合えるという感触，道筋の通ったことは受け入れられる〉とある．もう少し一般的な指標がもしあれば教えてほしい．

・A君

A君にとって，YouTuberとはなんだろうかと考えると，治療関係から見ると，平井が指摘するように，YouTuber A君と観客平井ということであろう．そこで，平井が言う患者と治療者を「外側」の視点から観察して吟味し，患者の象徴化能力を育むために必要な介入を行う治療モデル『対人相互作用フィールド・モデル』において，相互作用の空間を広げる介入とは，具体的にどのようなものなのかと興味を抱いた．『タクマと仲間外れたち』や『邪悪な幽霊列車ティモシー』の遊びはとても興味深く拝聴した．勝つか負けるか，天国が地獄か，生きるか死ぬか…という関係性の中でずっと戦いながら生きて来たA君の生きざまがよく理解できる．この間の遊びの展開の中で，平井は介入していないのか？　つまり，コミュニケーション音痴のA君に対し，遊びという場の中でコミュニケーションの取り方をどう伝えたのか，という点を教えてほしい．その中に平井が提唱する『間主観性／相互主体性ゲーム』の実態が見えて来ると思うからである．討論者は，A君はこの遊びの中で，自己や対象の投影をし始めているが，この展開の経緯には，その他にも『対人相互作用フィールド・モデル』でいう，遊びをつなげながら興味を持ってしっかりとこの経緯を見守ったということも大きいのではないかと推察する．この理解で良いかを伺いたい．

・Bさん

Bさんにとって，周りが全部敵ばかりの世界において，平井は愚痴を聴いてくれる，バトルを演じてくれる対象，つまり自己価値や自己効力感が地に墜ちたBさんにとって，大切な対象だったと思われる．そして自分の思いを母に伝えることを頼まれた平井が断ることで，Bさんは分離性に直面し，怒りを露わにして反応する．その後，現れたBさんは，しょぼくれて，自信なげな，依存的な様子を示す．そして家にひきこもり，母に甘えるようになっている．このときにBさんにとってどんな体験だったのか，それはどの心的レベルで生じたことだったのか？　を聞きたい．また後半では，彼がゲームに飽きたと話し始めたころ，ゲームの自信と実際の生活の自信を結び付けよ

うとした平井と両者の違いを強調するPtとの間でバトルが生じる。お互い退かない，硬い衝突感を伴うこのやりとりの後日，Bさんからその関係を冷静に振り返ることができ，その後，率直な自分の気持ちを平井に語っている。この流れの中で，いったい何が生じていたのか？　そしてBさんにとってどんな体験だったのか？

　3人の論考を読み通してあらためて感じることとして，タスティンTustin, F.が指摘したように，分化した人間としての感覚を持つ私たちが，自閉スペクトラムの患者たちが持つ未分化な心の動きを理解することは難しい，という厳然たる事実がある。そのためわれわれ臨床家が彼らと心を通わせながら臨床実践することは簡単ではない。しかし一方で，各事例を通して生き生きと描かれた臨床記述にふれると，理解や治療について興味をそそられる。その意味でこれからのディスカッションが精神分析を彼らに役立てたいと思う臨床家の自己効力感を回復する一助になることを期待したい。

討論 自閉スペクトラムの臨床に精神分析がなぜ／どう必要なのか

松本　拓真

　3人の論考を読んで，私は自閉スペクトラムの臨床になぜ精神分析が必要なのか，どう必要なのかということを改めて考えてみたくなった。脇谷は技法の発展の歴史について解説し，平井は「従来の精神分析的心理療法に関する理論や技法に関して大幅に考えを変えていく必要がある」と述べていた。木部の論考も，彼らの感覚と記憶の独自性から通常の転移・逆転移関係の探求と体験の再構成が困難であり，断片化したピースを補うために親面接から情報を得ることを強調するといった技法の修正が含まれていた。ここで生じる疑問は，それならば，自閉スペクトラムへの心理療法は精神分析的心理療法とは別物とした方が良いのではないかということである。精神分析の範疇の中にあるからこそ，クライエントの無意識，意識していない領域について説明的な水準の解釈を行おうとして，クライエントの自分という感覚を脅かす危険性があるわけだから，精神分析は邪魔物にすらなっているのではないか。私はこの指定討論の中で，自閉スペクトラムを抱える人に治療的にかかわるためになぜ精神分析なのかという点と，精神分析が必要だとしてどのような知識・技術が必要だと考えられるかを3人に問うてみたいと思う。

1．脇谷の論考への討論

　クライン Klein, M.[2] が自閉症と考えられるディックに対して行った精神分析が助けになった要因として，象徴的意味を考え，言葉にして伝えるクラインの行為の持つ「熱量」「熱い関心」を指摘していた。これは「熱さ」や「熱意」さえあれば，彼らと出会っていくことはできるのだという誤解を生じさせる可能性があるため，脇谷がこの「熱い関心」にどのような意味を含

ませていたのか知りたいと思う。

　クラインはディックが環境との情緒的な交流が困難になった理由を，自身の攻撃性に対する防衛により外界の対象から注意をそらした結果であると説明した。私はクラインによる精神分析の特色は，ディックを困った子ども，何を考えているかわからない子どもでは済すのではなく，自分なりの心をもち，能動的に主体的に世界と関わろうとする動機のある存在と見なしているところにあるのだと思う。親がディックを愛さなかったからディックは周囲に関心を持たなかったなどと親の不適切養育の結果と説明することも可能だが，それは水をあげなかったから花が枯れてしまったというような「物」に対する説明と変わりがない。クラインはディックを「何かをしようとしている存在」であり，「何かを感じる存在」であり，その自発性を尊重していることが決定的に重要だったと私は考える。思い返すと胸が痛むが，私たちはつい彼らにどうしたらこちらの期待した通りに動いてくれるかといった動物を調教するようなモデルで考えてしまうことがある。彼らが何をしようとしているのかわからず，言葉を言っても反応しないかもしれないとしても，諦めずに彼らの意志を粘り強く探そうとすることが「熱い関心」という表現になっていたとすると私も同感である。

　その熱い関心を支え，「彼らであるということはどういうことか」を知るために，脇谷が当事者研究を紹介したことは意義深い。しかし，ここで生じる疑問は，当事者研究を読むことと，彼らに精神分析的心理療法を行うことの違いは一体何なのかである。私たちは彼らが自伝を書けるためのインタビューアーや代筆者に過ぎないのだろうか。そうだとすると，多くの自伝などを読むことが役に立つことはあっても，精神分析の訓練など必要ないように思える。当事者研究の代筆者と精神分析的セラピストの違いについて聞いてみたい。

2．木部の論考への討論

　記憶というテーマが精神分析的心理療法にとって不可欠であることを再確認できる論考であるように思う。精神分析が発見した無意識は，通常の記憶ではない類の記憶であるし，体験が記憶として処理されず行動として反復さ

れてしまうことにヒステリーなどの病理が想定されてきた。一般的に私たちが「自分についての記憶」としてイメージするような形では記憶を有していない自閉スペクトラムを抱える人に精神分析がどのように関わるかという問いを提起する論考だといえるだろう。セッションが積み重なっていかない，ザルに水を入れているような感覚がすることも多いが，この記憶の問題を反映していると理解することもできる。

　私が今の職場に移り，自閉スペクトラムを抱える子どもに日本型プレイセラピーを適用している事例を見ることが多くなり，様々な限界を痛感するようになった。記憶という点では致命的だと思うのが，セッションの終了時に片付けをさせずにそのまま外に出し，次のセッションでは部屋が全く元通りになっているということである。子どもからすれば自分の痕跡が全く消されてしまうわけなので，その恐怖から身を守るために同じ遊びを繰り返して，自分の存在を確認するしかなくなるだろう。そのやり方がセラピーの反復や展開のしなさに一役買っているのだと思う。目の前の他者であるセラピストとその関係の体験は，セッションが終わることで確かに失われるわけだが，そこを否認させないようにしながらも，別の形で残る可能性があることを示す点で，片付けと本人専用の箱の存在は重要である。

　感覚過敏がばらばらの感覚の洪水を生じさせ，通常の形で自分についての記憶を持つことを難しくすることに関して，私は脳科学の知見が有用だと感じている。最近の脳科学は，「自己」が生じることの謎に迫っており，私たちは最初から統括的な自己が存在すると信じて疑わないが，それが当たり前のことでないと注意を喚起している。例えば，ダマシオ Damasio, A.[1]は身体とそこから生じる感覚こそが自己を生じさせると論じている。その例として，私たちは自己としての指揮者が先にいて，身体の各部分によるオーケストラが奏でられていると思いがちだが，実はそれぞれの楽器が音を奏で始めているうちに指揮者がいつの間にか登場してくるのだと述べている。自閉スペクトラムを抱える人の感覚の断片化と洪水は私たちもかつては経験していたというわけである。何かに注目する「意識」の存在が，様々な感覚の洪水から取捨選択することを可能にしてくれたのだと思うが，ダマシオはそこで自分の様々な感覚の中で「これ知ってる」「何度もあったな」といった照合が自己の基盤になると述べている。この一緒だと感じることを，スターン

Stern, D.[5] も指摘する無様式知覚が補助するのだと思うが，自閉スペクトラムを抱える人はその助けを借りることが難しいため，自分の感覚が自分のものだと感じることに大きな困難を抱えているといえるだろう。走る電車をずっと眺めている彼らを見たとき，私たちは「そんな長く見てられるのはよほど好きなのだなあ」と思ってしまうわけだが，彼らは自分がそれほど長く見ていたという実感がないかもしれない。

　自分に生じる感覚が自分のものであると意識するためには，やはり他者の存在が不可欠と考えられる。ここでロード Rhode, M.[4] の指摘は臨床的に重要である。自閉スペクトラム症を抱える人の記憶は言葉にできるような顕在的記憶（特に自伝的な記憶）ではなく，ほとんどが身体に染み付いた手続き記憶だと示されている。だからこそ自分の記憶を持とうとする際に他者が助けてくれると，他者を身体ごと奪う（これを彼女は「annexation 併合」という用語をあてている）と感じられてしまうことを指摘したことに注目したい。彼らの心理療法における陰性治療反応はそのための強い恐怖からである可能性が示されたのである。彼らの自分の存在が消え去ってしまう恐怖を和らげるために，自分についての記憶を持てるようにすることが必要だが，それをさせようとするとセラピストが子どもの一部にされてしまうか，子どもがセラピストに自分を奪われると感じてしまう点が困難を生む。彼らが自分の意見や考えを持つと謎の罪悪感のようなものを感じていることは，彼らとのセッションを見返すと結構あるように思う。

　木部のAちゃんの事例は，出産から始まり，他者との分離が暴力的に蹴り飛ばされるものとして体験されていたことが，セラピストとの関係の中で手続き記憶的に実演されたことが感動的に示されている（木部がAちゃんの身体接触を拒否した場面）。そして，セラピストの理解によって，エピソード記憶的なものが変形させられることによって，動物園のウサギがライオンに蹴飛ばされる遊びとして表現されたと考えられる。ただ，ここでロードの指摘の通り，どっちの身体か，どっちの記憶かという問題が生じているようだ。Aちゃんが泣いているのか，ママが泣いているのかがわからなくなるといった素材がその典型だろう。セラピストが同じ顔なのかを彼女が不安に思っているとき，母親は「同じ顔だから心配しなくていい」と安心させるが，このような優しい対応が，自分の記憶の照合をしようとしているのに，他人に決

定権を奪われるといった経験になる側面もある。Aちゃんが運動会の写真を持ってくること，一人で引きこもること，セラピストにわからないことを言うことなどは自分だけの記憶を得ようともがいていると考えることはできないだろうか。

　ここで持ち込みについて考えてみたい。木部はAちゃんにおもちゃの持ち込みを許容しているようだ。ここにどのような考えがあったのだろうか。思い返すと木部の今回の発表は，親面接の情報をセッションの中に持ち込むこと，解釈に持ち込むことの重要性を強調していると見ることができるわけで，セッションの外のものを持ち込ませることで一貫している。持ち込みがなければ，私たちにとって唐突で理解しがたい身体感覚的な記憶を，エピソード記憶などの顕在的記憶に変換する手助けは不可能だったのかもしれない。私たちは心理療法のルールに厳格であろうとすることが，現実を認識しない在り方に一役買ってしまうなど問題の一部になることを肝に銘じておく必要があるのだろう。どうすれば私たちはこのように従来のルールに縛られすぎず，自分なりの考えを持てるのだろうか。

　一方で持ち込みアプローチは，自分しか知らない記憶，自伝的な記憶をつくることが妨げられてしまう側面があるのではないか。他者が知らなくても私は知っているということが「かけがえのない自分」を構成するのに不可欠だろうが，親面接の情報を持ち込めば，「セラピストは知っている」になってしまう。Aちゃんは，人から記憶を再構成されるのではなく，「こういうことってあったよね」などと自分で自分の記憶を構成しようとする姿勢を持つことに課題があるのかもしれない。

3．平井の論考への討論

　私は平井の論考を呼んで，どこか自閉スペクトラムを抱える人への心理療法に対して楽観的な見通し，さらにいえば軽い印象を受けた。おそらく前提が自閉スペクトラムを抱える人に精神分析的心理療法は無意味ということであり，それに対して可能性を持てることを狙った発表だったからなのだろう。実際に，「なるほど技法を修正すれば彼らに心理療法ができるんだ」と私たちが思えたら成功なのだろうが，そこにある困難を正確に見定めないと，こ

の本から離れた後に何も残らなくなってしまうだろう。

　平井はAくんのヨシヒロの話も，Bさんの東方Projectの話も，すぐに転移解釈をせずに，十分に彼らがその話をできたという感覚を持ててから行うように心がけているようだ。また，解釈も「〇〇と思っているのではないか」「〇〇をしたいのではないか」といったような実際の行動とは異なる心の中の内容に向ける解釈ではなく，「あなたはこういうことをしているように思う」という実際に行った行動を確証するような解釈になっている。ティモシーの物語も「自分が捨てられそうになったことへの恨み」が含まれているが，Aくんの暴力の理由を性急にその線で解釈せずに，自分が乗っ取られてしまうと感じるAくんの存在を十分に認めようとしている（そういうあなたがここにいるという意味になる）。これが彼らが自分を簡単に消え去らないものとして他者の目の前にいることができるという感覚を強めたと思うが，そのような見立てはどのようにしたら可能になるのだろうか。また，Aくんの初期のセッションの話を平井は自分を作り上げるための重要な作業だとして尊重していた。しかし，私たちは強度行動障害ともいえる緊急性の高いAくんの事例に，半年以上同じ話を聞くというのは居心地が悪くなりそうである。ここでもセラピスト自身を支える見立てが重要なわけだが，それが可能になった理由を知りたいと思う。

　このような時間をかけた対応は，Aくんの家族からもたらされる早く改善させて欲しいという圧力だけでなく，すぐに目に見える効果を求められる現代の社会情勢も逆風となるのではないか。Bさんの自己否定も超自我というよりも，ふわっとして社会全体に蔓延している非言語的な「空気」によって否定されているかのようである。平井と彼の言い合いは，彼の代わりに社会の要請に反発する姿を見せる意味もあったように思える。自閉スペクトラムのセラピーでセラピストが立ち向かうものは，社会全体の漠然とした要求とか，何世代も続く世代間伝達の亡霊であり，明確な対象に限定されにくいものなのかもしれない。だからこそ，取り組むことが大変になるのだと思う。平井は周囲の思惑に敏感すぎる人たちと指摘していたが，私はこのような敏感さを受身性の問題として定式化し，自分を取り戻していく心理療法のプロセスについて自著で触れている[3]。

このような特性を抱えた人との心理療法を，自分なりに精神分析を修正してできるようになるためには何が必要なのか。付着同一化や物まねと言われても，3人の話をモデルにすることはある程度は必要なのだろう。しかし，3人の著者はオリジナルの体系，自分なりの工夫を作り出しているようだし，私たちも自分と自分が会う人たちに合わせた枠組みを持つことが求められているようだ。先人の吟味を重ねてきた工夫の結晶と，自分自身の心がオリジナルのものとして治療的に扱われた個人分析の経験とをすり合わせていくことが精神分析の意義なのだと私は思う。それが新しいクライエントへのオリジナルな技法の修正を可能にするのだろう。しかし，それは結局は自閉スペクトラムを抱える人だけに限らず，私たちが精神分析的心理療法と共にどのように生きていくかを考えていくことが求められているのかもしれない。

文　献

1) Damasio, A. (2010)：Self comes to the mind: Constructing the conscious brain. Pantheon book, New York
2) Klein, M. (1930)：The importance of symbol-formation in the development of the ego. In Love, Guilt, and Reparation. Virago, London.　村田豊久訳（1983）：自我の発達における象徴形成の重要性．西園昌久，牛島定信責任編訳：メラニー・クライン著作集1．誠信書房，東京
3) 松本拓真（2017）：自閉スペクトラム症を抱える子どもたち：受身性研究と心理療法が拓く新たな理解．金剛出版，東京．
4) Rhode, M. (2012)：Whose memories are they and where do they go?: Problems surrounding internalization in children on the autistic spectrum. International Journal of Psycho-Analysis 93, 355376
5) Stern, D. (1985)：The interpersonal world of the infant: A view from psycho-analysis and developmental psychology. Basic books, New York

討論への応答1

脇谷　順子

　自閉スペクトラム症の子どもたちは，多くの場合，自分のことを言葉で表現するのが得意ではなかったり，自分の情動をモニターする力が未熟であったり，人と対話することや人と一緒に居ることが苦手だったりするように思われる。精神分析的心理療法が，子どもがセラピストとのやりとりを通して，自分の気持ちや自分のことを知っていくことを試みるアプローチだとするならば，心や気持ちへの関心が薄いように思われる子どもたちにとって，精神分析的心理療法は助けになるのだろうかという問いが生じる。精神分析的心理療法に含まれる志向性を子どもたちに押し付けることになっていないのだろうかという懸念も生じたりする。

　自閉スペクトラム症をもつ子どもとの心理療法において，セッションや関係の積み重ならなさ，無力感，虚しさ，退屈さといったことを，往々にして私は経験する。時間の流れも，自分の心の動きも止まったかのように感じる中，子どもがやっていることに「心理的な意味」を何とか見出そうとしながらも，心に何も浮かばないままだったりする。そして，自分の心が何とか息をし続けるように，自助のために言葉を発したりしている。

　本章の論考において，私は当事者が執筆した文章や，ヤーコプ・ヨハン・バロン・フォン・ユクスキュル Jakob Johann Baron von Uexküll の「環世界」の話，トマス・ネーゲル Thomas Nagel の「コウモリであるとはどのようなことか」といった話を引用した。それは，自閉スペクトラム症をもつ子どもとの心理療法で私が感じる，私の限界や心理療法の限界ゆえでもあったように思う。子どもたちの心の世界の一端を知っていくための何らかの手がかりやとっかかりをそれらから見出そうとしていたからでもある。本章の論考では触れていないが，國分功一郎氏の講義を聴く機会があり，そこで話された中動態 Mediopassive voice に関心が引かれた。能動態でもなく受動

態でもなく，「主語」があいまいな世界や関係性もあることや，その意義をあらためて考える機会になった。

　さまざまな発達水準の子どもたちとの心理療法に長年取り組んできたアン・アルヴァレズ Anne Alvarez は，映画，小説，詩，寓話などを紹介したり，哲学者，音楽家，芸術家などの仕事や言葉を引用しながら，子どもたちの心の世界にアプローチしようとしている。それは，子どもたちの心に触れて，子どもたちのことを知ろうとする試みであると同時に，セラピストの認識愛を活性化し，生きた心で子どもの心に触れようとするための方法であり，努力でもあるように思う。

　自閉スペクトラム症をもつ子どもとの心理療法においてセラピストができることの一つは，セラピストが自分の心の生命力を維持しながら，セラピストとは異なる心の特徴や側面をもつと思われる子どもと一緒に居ることなのではないだろうか。これは，自閉スペクトラム症をもつかどうかに関わらず，子どもとの心理療法に共通していることなのかもしれない。子どもたちが心理療法を必要としているのかどうかや，心理療法をどのように体験しているのかはわからない。そうした「わからなさ」を抱えながら，子どもの心が育まれていくことに精神分析的心理療法が寄与できるよう，その発達にもセラピストは取り組み続けていくのだろう。

討論への応答 2

木部　則雄

　自閉スペクトラム症（ASD）への精神分析的アプローチは現代の重要なテーマである。それは現代人のメンタリティにも強く関連しているからである。つまり，我慢を美徳とする抑圧の時代から，自己アピールが価値あるとされる投影同一化の時代を経て，タブレットなどのタッチパネルや二次創作などの付着同一化が現代人のメンタリティとなったからである。精神分析はフロイト Freud, S. の抑圧，クライン Klein, M. の投影同一化の理解を基盤とした臨床実践の蓄積により，その治療的意義は立証されていると言えるだろう。しかし，ASD への精神分析的アプローチは，おそらく多くの精神科医にとって，これはまったく意味のない治療行為とみなされ，鼻で笑われるかもしれない。こうした意味で，このテーマは精神分析にとっては，存在の危機に関わる事象であるに違いない。だからと言って，中核的な ASD にとって，他に有効な治療手段がある訳でなく，これは不沈空母のようなものである。精神分析の有用性は，こころの構造に関する多くの知見があり，すでに現代の視点からすれば ASD と診断できる症例があることからも明らかである。ドイッチェ Deutsch, H. のアズ・イフパーソナリティや，クラインのディック，スキゾイドパーソナリティの精神分析などその最たるものである。現代の ASD は診断範囲の大幅な拡大によって，過剰診断の傾向にある。その為に適切な表現ではないが，軽症の ASD が臨床現場に溢れている。これは過去であればスキゾイドパーソナリティと診断された一群である。こうした軽症の ASD にとって，精神分析はかなり有効な治療手段となるはずである。

　さて，本論文の討論に関する回答をまとめて記載する。本児の両親の夫婦仲は円満であり，時々，父親が送迎することもあった。また，近所に母方の祖父母が住み，特に祖父は陽気な人であり，本児の養育にも大きく関わった。

症例で描写されている出産外傷後の動物園,「夕焼け小焼け」などの母親との分離のエピソードに祖父は大きな役割を担った。本児の養育環境は良好であり,信頼の置けるものであった。また,こうした良好な家庭環境はASDの精神分析的心理療法の適応の重要な条件である。本児だけでなく,この両親に対するアセスメントとして,この治療の前に一年間の養育相談を行った。両親は特別な事情がない限り,きちんと8年間,本児を相談室に連れてきた。ASDの治療は長期間に及び,その展開は遅々としたものであり,両親はそれに耐えるだけの忍耐や治療者への信頼などが必須である。

　本論文は感覚過敏に焦点を当てたが,これはASDの精神分析的心理療法が直面する難攻不落の抵抗であると思っている。更に,この10年ほど感覚過敏以外に発達の問題はなく,不登校を主訴とする子どもに頻回に出会うようになり,感覚過敏に注目するようになった。この子どもたちは安全基地的な対象が脆弱であり,これは無様式知覚が阻害された結果ではないだろうかと考えるようになった。また,この感覚過敏は多くの化学物質に晒された結果として激増しているアレルギーのようなものであり,現代社会ではネットを中心に多くの情報が溢れて,その中には不適切なものも散見される。情報の取捨選択が必須であるが,感覚過敏はその情報過多への防衛ではないかと考えられる。さて,本児の感覚過敏によるトラウマは熾烈なものであり,次々と襲い掛かる難題となった。この際,治療者はこの訳の分からないプレイに耐えることが必要であるが,プレイの意味を理解するために,現実の情報を利用した。母親面接は8年間に一度も行ったことはなく,時々メールがくる程度であったが,こうした機会に現実の情報を得ていた。これはAのプレイの背後にある恐怖や悲哀を理解することに役立った。この治療者の情緒を含んだ歴史的再構成は,Aに大きな影響を与えたと思う。タスティンが語るように,治療者の考える機能やその産物をASDの子どもに摂取させるためには,保護者からの情報は必須である。

　技法的な問題として,おもちゃの持込に関して述べる。これは責任転嫁になるが,子どもの精神分析的心理療法の初めてのSVの影響かもしれない。スーパーヴァイザーはタスティン Tustin F. の同僚であり,『Autistic States in Children』に彼女のケースが記載されている。SVを受けたケースは,母親からの叱責に怯える少女であり,この子はぬいぐるみにしがみ付き,これ

を離すことができなかった。ヴァイザーからは，英国の標準的なクライン派の精神分析では認められないけれど，その意味を吟味できれば許容すべきと教えられた。そのケースは幾つかのぬいぐるみを持込みながら，大きく展開し，成功裏に終結した。Aのケースでのおもちゃの持込は，こうした個人的な経験に裏打ちされたものである。面接に来る前に一人で黙々と持込むものを選んでいるAの姿を，母親は語っていた。Aの持込むものは興味深く，その意味を吟味することはAのその時のこころの状態を知ることに大いに役立った。ただ，これは推奨すべき技法ではない。付記として，面接に飲物やお菓子を持込む子どももまったく自由に許容している。これも英国では当たり前だったということもあり，私の初期研修の影響でもあるが，それぞれに適した治療構造を作る柔軟性も必要かもしれない。

討論への応答 3

平井　正三

　脇谷が好奇心の話をしているが，知っていくという場合にその中身が問題になる。そして精神分析で知っていくというのは，関わりを通じて相手を知っていくということを意味する。それが精神分析実践をしていく重要な駆動力になる。この知ることと関わることと言うことは，私たち治療者として，あるいは臨床研究者として，非常に重要な動機だと思う。やはり分析臨床家の学会やコミュニティで経験したことや発見したことを共有することが，私たちの実践の基盤になるところはあると思う。

　関わりを通じて知っていくということを別の視点で取り扱っているのが，アルヴァレズの目盛定めの仕事であろう (Alvarez, 2012)。彼女の目盛定めは，基本的に意味を扱っている。そこで示唆されている，関係性を通じた意味の生成というのは，精神分析の実践の根本であろう。それは私たちセラピストからすると，対話を通じて知っていくことである。その場合に，対話という概念を非言語的な交流も含めた，拡大した意味で理解される必要があろう。そこでは，言葉を話さない赤ん坊を観察し続ける乳児観察によって培われたスキルが非常に大事になってくる。それは鵜飼が指摘しているように，既成の図式や理論で考えるわけではなくて，まずは起こっていることを見ていける力でもある。しかしながら，私たちは偏見でいっぱいなので，見えなくなっているものはいっぱいある。その意味で，セッションで起こったことを記述するプロセスノートに何を書くかが決定的に重要になる。

　例えば，「子どもがずっとあることをしている」と記述するかもしれない。しかし，その子どもを主語にして記述できる事態なのかが怪しい場合がある。その子が意図的にそれをしているというよりも，むしろ，それが起こっている，そうなっているとしか言いようがないような事態かもしれない。臨床においては，まずこうした点をしっかりと捉えて記述することが大事であろう。

私たちの思考は，使用している言語の文法であるとか，既成の考えの枠組みであるとかに縛られてしまっている。同じように私たちは精神分析のよくわからない文法に縛られている。そこを見直す必要があるというのは，アルヴァレズの仕事であると私は理解している。もっと違った文法というものが，精神分析臨床の中にありうるのではないかと考える。そうすることで，私たちが目の前にありながらも，現在のところ，十分つかみ取れないようなことを知っていけるのかもしれない。

　そこで具体的なところで思うのは，黒崎の問いに移るが，私の理解では，アルヴァレズの目盛定めの一番下の，意味があることを示すというところが分析実践の基礎になるのではないかと思う。再生とも述べているところであるが，それがここまで私が述べていることの核心にある。会い続けることで何か発見があるのではないかという感覚，関わり続ける中で何かが起こりうるという感覚が生じていくこと，それが分析的な探索の基底になり得るものではないかと考える。

　紙幅の関係で，討論で提起されたすべての問いに応えられないが，最後に一つだけ取り上げたい。黒崎の問いで，Bさんの体験はどうだったのかということであるが，このぶつかる経験との関係で，この人はその都度その都度，変わっていったと私は思う。私の感じたところでは，ぶつかるという感覚が分離性の気づきそのものであった。これが，子どもの場合，けがをしたりとか物が本当に壊れて大変なことになったりとか，いわば出来事水準で生じがちである。その人やその子が主体的に気づいていったというよりも，それが生じたみたいな感じかもしれない。このような事態が，私の理解する限り，タスティン（Tustin, 1972）が「身体的分離性の気づき」がトラウマティックであると述べていることだと思う。つまりある種の衝撃として現れて，それが生じることで，もう少し受動態と能動態に分節化された，より定型発達的な世界に入れるみたいなところがあるのかもしれないと私は考える。

文　献

Alvarez, A. (2012)：The Thinking Heart: Three levels of psychoanalytic therapy with disturbed children. Routledge.　脇谷順子監訳（2017）：子どものこころの生きた理解に向けて．金剛出版，東京

平井正三（2020）：意識性の臨床科学としての精神分析——ポスト・クライン派の視座．

金剛出版,東京
Tustin, F.（1972）：Autism and Childhood Psychosis. Karnac Books. 齋藤久美子監修,平井正三監訳（2005）：自閉症と小児精神病. 創元社,大阪

文献案内

セミナーIII●自閉スペクトラム症

　自閉スペクトラム症と精神分析との出会いから私たちが何を学べるのかを考えるとすれば，精神分析が自閉スペクトラム症の理解をどのように広げたかという側面と，自閉スペクトラム症の実践によって精神分析にどのような変化がもたらされたのかという側面に整理することができる。ここでも本文中に挙げられた原著とされる論文を理解するガイドとなりそうな日本語の書籍をいくつか紹介したい。

　まず精神分析が自閉スペクトラム症の理解にもたらしたものは，外から記述できる症状ではなく，その子どもの主観的な体験への着目である。タスティン，ビック，メルツァーらの理解が代表的であるが，それを理解するためには「象徴形成」「象徴化」についての理解が求められる。クラインのディックの事例が象徴形成のテーマで考えられてきたからという歴史的な理由もあるが，言葉にならないということがどんな体験であるかを理解しなければ，自閉スペクトラム症と神経症などとの本質的な違いを理解しにくいからである。そのためには平井正三著『精神分析的心理療法と象徴化』（岩崎学術出版社）が有益だろう。もう少し平易なところから始めたいならば松本拓真著『自閉スペクトラム症を抱える子どもたち』（金剛出版）が良い。自閉スペクトラム症を抱える子どもの中で受身的な子どもがいることに対する調査研究を含み，自分と他者が共存するということの問題への解説を試みている。

　自閉スペクトラム症が精神分析にもたらした影響としては，神経症や精神病と考えられていたクライエントの中に自閉的な心が見られるといった心の理解の拡張と，それに対応した技法の修正であろう。自閉スペクトラム症が拡張した理解を総まとめにしたような書籍が平井正三・世良洋監訳『自閉症スペクトラムの臨床』（岩崎学術出版社）である。この本は子どもと大人のどちらも対象にした論文が所収されており，神経症に見えるクライエントの中のカプセル的な自閉状態や，ナルシシズム・病理的組織化といった従来の理論と自閉の理解との関係について考えされられる。診断基準が自閉症から自閉スペクトラム症と変更したこととは少し異なる理由で，精神分析の中では自閉をスペクトラムとして考えることが余儀なくされたといえる。成人を対象にしたものではあるが，そのような事情と日本での実践が福本修・

平井正三編著『精神分析から見た成人の自閉スペクトラム』(誠信書房)にまとめられている。これらの書籍の中でも技法の修正については取り上げられているが,その修正を網羅的に把握するためには脇谷順子監訳『子どものこころの生きた理解に向けて』(金剛出版)が最適だろう。自閉スペクトラム症の理解は,そのような診断をされた子との関わりに活きるだけではなく,すべての子どもとの関わりを再考するために不可欠であり,セラピストが仕事において何を大切にする必要があるのかを考える機会を提供してくれる。これらの理論に触れ始めたら,自身の実践でスーパーヴィジョンを受け,腑に落ちる体験をしてみて欲しい。 (松本拓真)

セミナーⅣ
虐待をめぐるトラウマとその影響

はじめに

平井 正三

　子どもの虐待によるトラウマとその影響の問題は，私たちの想定を超えた拡がりを持つ深刻な臨床課題であることが，近年ますます明らかになっている。こうした問題を持つ子どもや青年への精神分析的心理療法による援助は，しばしば困難であると考えられてきた。無意識の葛藤を意識化するという，洞察志向の治療モデルは不適切なことが明らかな中で，ビオンのコンテインメント・モデルが治療モデルとして有用であることがわかってきた。そうしたコンテインメント・モデルに依拠したものとして，タヴィストック・クリニックでの取り組みをまとめた，1983年出版のボストンとスザー共編『被虐待児の精神分析的心理療法』（金剛出版）がパイオニア的な仕事として挙げられよう。これに，アルヴァレズの『こころの再生を求めて』（岩崎学術出版社），ラスティン・ロード・ダビンスキー＆ダビンスキー共編『発達障害・被虐待児のこころの世界』（岩崎学術出版社）が続く。本邦では2018年に，平井と西村共編『児童養護施設の子どもへの精神分析的心理療法』（誠信書房）が刊行されている。

　こうした流れを踏まえて，セミナーⅣでは，虐待をめぐるトラウマとその影響について，児童と青年期の臨床領域での精神分析的心理療法の実践を積み重ねている3人の臨床家にそれぞれの経験とその考察を提示する。それらに対する2人の臨床家による討論が続く。

　木部則雄は，「被虐待児のこころの世界――子どもの倒錯・病理的組織化」と題する論考で，乳児院で育てられたのち，情緒不安定な母親のもとで養育された小学校低学年の男児との精神分析的心理療法過程について記述する。万引きや虚言などの問題行動を呈していたこの男児とのプレイセッションでは，ドラえもんの家という避難場所が現れる。木部は，これを，困難な養育環境を生きる術としての倒錯と病理的組織化という観点で論じる。

　飛谷渉は，「鬼のいない隠れん坊――母親の躁うつ状態を生き延びた少女が自分自身になる過程」において，激しい行動化をする青年期女性との精神分析的心理療法過程を通じて現れてきた，躁うつ状態という問題を持つ母親からのトラウマとその影響の問題について考察する。それは「鬼のいない隠れん坊」と飛谷が名付けた「ともにいながら出会えない」という転移状況であった。その後，激しい行動化が生じ入院治療を経る中で，次第に「仮死状態にあり続けた自分」を発

見し「自分になる」プロセスが起こってきた様子を，心的皮膚，憑依性同一化などの視点で論じている。

　黒崎充勇は，「家族からのトラウマ体験をもつ学童期女児例——世代間で伝達された家族病理の視点から」において，性的虐待を受けた学童期の女児との精神分析的心理療法による回復過程を記述し，世代間伝達という視点で考察する。このプレイ・セッションを通じて，女児は「徐々にトラウマ体験に意味やストーリーを付け加える作業に取り組んで」いけるようになった。それは「コンテインできない・理解できない・受け止めることも難しい脅威を潜伏期の自我の中で処理するプロセス」であったと黒崎は論じている。また黒崎は，母親面接も実施し，このケースの世代間伝達的な面も浮き彫りにしている。

　これら3人の論者による臨床論文について，吉沢伸一と平井正三がそれぞれ討論を提示する。

　吉沢は，木部，飛谷，黒崎の論考に共通する部分として，「虐待をめぐるトラウマとその影響」は，「生身の生きた自分自身であることを放棄せざるを得ない」ことであり，「彼ら自身がそれに気づいていない」ことであること，そして心理療法の目的は，「失われた自分自身の心」を回復し「体験主体を取り戻すこと」であるという飛谷の議論ではないかと指摘する。そのうえで，木部のケースを論じ，この心理療法プロセスの中で躁的防衛で否認しコンテインされずに来た自己部分と治療者は僅かながらでも接触したと考えられるが，その後に内的空想が顕在化しなくなったのは「陰性治療反応」として理解できないかと指摘する。さらに，子どものこうした自己愛的な病理的組織と大人のそれとの違いは何だろうと問う。飛谷のケースに関しては，こうした困難な治療過程においてわからなさに圧倒されがちであることが推測され，相当な訓練を経ていない治療者ならば麻痺状態に陥るのではないかと指摘する。そして，黒崎のケースについては，子どもの防衛過程を保護し，直接的な転移解釈を行わないやり方をとっていること，そして家族全体をコンテインし，そのバウンダリーを設けたり，情緒交流の調整を行う，良性の父機能を発揮していたのではないかと指摘する。

　平井は，彼が「間主観性／相互主体性ゲーム」と呼ぶ視点から，発達性トラウマは，その基盤となる接触‐障壁の健全な発達を阻害するとする。そして精神分析的心理療法は，心と体でクライエントからの投影を受け止め，応答していくことが肝要であると論じる。そして木部のケースでは，この子どもがまだ母性的対象を求める部分が潜んでいるのではないかと指摘する。飛谷ケースについては，入院環境が「対人関係フィールドの基層」を提供したかもしれないこと，退院後の沈黙のセッションの耐えられなさは乳幼児期の母親の抑うつ状態と関わっ

ているのではないかと指摘する。そして，飛谷の論じる「皮膚」は「接触‐障壁」と同じものであるとする。最後に，黒崎のケースについては，「潜伏期的な接触‐障壁の形成がこのような子どものトラウマ経験の克服と健全な情緒発達にとって肝要であること」が示されているとする。そして母親面接も行った治療者は，「子どもが育つことに敵対的な男性」という世代間伝達される主題を克服する，良性の男性との繋がりを提供したと思われると論じる。

被虐待児のこころの世界
―― 子どもの倒錯・病理的組織化

木部　則雄

1．はじめに

　幼少期から虐待体験を受け続けた子どもたちのこころの世界については，多くの知見や臨床報告が為されている。本論では，クライン派の知見に基づきその複雑なこころの世界を特徴づける精神病状態について論じる。精神病状態とは，自我が心的苦痛に耐えることのできない反応として起こるものである。これは情緒的経験の性質，あるいはパーソナリティの未熟さ，さらにはコンテイナーとして機能する対象の不在などが原因である。心的苦痛への反応として精神病状態が定常化された場合，パーソナリティの成長は深刻に侵襲され，精神疾患を発症するとされている。

　ダビンスキー Dubinsky は『Psychotic States in Children』（『発達障害・被虐待児のこころの世界』）において，子どもの精神病状態の対象関係を，①情緒的体験の包容能力（The Capacity to Comprehend Emotional Experience），②具象的思考と恐怖（Concrete Thinking and Terror），③心的苦痛，依存対象の不在と万能感（Mental Pain, Helplessness and Omnipotence），④スプリッティング（Splitting），⑤自己の理想化された部分に引き戻ること：万能感と自己愛（Turning to Idealized Parts of the Self: omnipotent and narcissism），⑥自己愛的ひきこもり（Narcissistic Withdrawal），⑦投影と投影同一化（Projection and Projective Identification），⑧母親の内部に留まること：閉所での生活（Being Inside the Mother: life in the claustrum），⑨精神病的パーソナリティと非精神病的パーソナリティ（The Psychotic and the Non-psychotic Personality）に整理した。

ダビンスキーは精神病状態として総括しているが，発達障害児と被虐待児では心的苦痛からの回避の基本的戦略は異なっている。両者ともにコンテイナーとしての対象を適切に内在化することに失敗しているが，その防衛のあり様に違いがある。発達障害児では，自らの情緒的体験の包容能力がなくこころを平板化させる必要があり，このため具象的思考に留まり，主体感が育まれず，他者性は許容されずに現実見当識にも大きな支障を来す。その一方，被虐待児では，依存対象の不在による無力感や迫害感に圧倒されており，それに対して万能感に基づき多彩な防衛手段が使用される。

本論では，生後数カ月時より乳児院に収容された経験のある子どものセッションの一部を紹介し，こうした防衛手段は複雑に絡み合いながら組織体を構成していることを提示する。また，この組織体は自己愛構造を持ち，成人での病理的組織化に相当するものであり，すでに幼少期からこうした病理的組織化が存在することを実証していると考えられた。さらに，これは総じて，心的苦痛を否認するための快感的な興奮を伴う倒錯という枠組みで考えると理解の手助けになることを論じる。

2．症　例

1）症例の受診経緯と生育歴

本児（以下A）は小学校低学年時に精神科クリニックを両親とともに初診した。主訴は度重なるコンビニでの万引きや虚言，無賃乗車などの問題行動であり，継父が耐え兼ねて，児童相談所に預けた。その後，自宅復帰後に大学病院を経て，紹介された。

本児は現在小学生低学年の男児，家族は母親，かなり年上の継父とその間に生まれた5歳年下の弟である。母親は教育など厳しい家庭に育ったが，思春期の頃より，解離，自傷，援助交際など問題行動が頻発し，不登校に陥った。高校卒業後，大学に進学したが，自傷などの問題行動は変わりなく，パニック障害も発症し，ひきこもり状態に陥った。Aの出産後，母親は一切の育児ができずに，生後数カ月時に乳児院に預けた。Aは2歳過ぎまで乳児院で養育された。この間，両親は定期的に乳児院を訪問し，面会を続けていた。発達発育に問題なく，乳幼児期に問題はない。家庭引き取り後，Aは気管支

喘息，消化器症状など常に身体不調であった。母親はそれにも関わらず，母親としての自信を取り戻すために，Aが年中時よりお受験に精を出した。その当時，弟を妊娠し，両親は正式に結婚した。受験はAの体調不良のために失敗した。また，Aは不眠を呈し，過食と拒食を交互に繰り返し，気分の変動などもあった。母親はその後，Aへの養育に関心がなくなった。Aは幼稚園の時には過剰適応気味で，問題行動は表面化していなかった。小学校入学後に，Aはコンビニで常習的に万引きを繰り返し，常習的な無賃乗車を行っていた。学校では弱い者いじめ，警察を欺くほどの嘘など多くの問題行動があった。母親の精神症状は不安定であり，継父がAの養育を行っていた。継父はAとの関係について，実子ではないことを伝えている。小学校入学後，無賃乗車，常習的な万引きが発覚した。これに激怒した父親は自宅にあった包丁で本人を切りつけようとしたために，児童相談所が介入し，一時保護所に3カ月間保護された。ここを退所後，大学病院の小児科を受診したが，不充分な対応に対して父親の不満が強く，紹介されて私の初診となった。

2）アセスメント

初回面接：初診には両親とAがやってきた。名前を呼ぶと，両親とAは入室してソファに座った。紹介状は予め郵送されていたが，この時に初めて読むことになった。紹介状の内容はあまりに悲惨すぎて，最後まで読むことは断念したが，ある意味，先入観なしにこの家族と関わることにした。

父親はまず継父であることを語り，現在の問題行動を語りだした。本児は現在，公立小学校の低学年であるが，万引き，無賃乗車など繰り返しているために，とても困っているということであった。万引きは幼稚園の時から小学校入学後に警察に逮捕されるまで続いた。盗品はお菓子など食べ物であり，すぐに食べるが，空き袋は自宅に隠しておいたようであった。無賃乗車は登校時に改札口の下を潜り抜けていた。父親は一方的に勢いよく語り，苦渋に満ちた表情でさらに一連のことを語りたさそうであった。Aは目をぱちぱちさせながら，私の方を見ていた。他人事といった感じではないが，そこには罪悪感とか，恐怖心とかも感じていないようであった。

私はAと一緒に両親から生育歴などを聞き，次に両親には退室してもらいAとの面接を行った。Aはやや当惑して，はにかみながら手にあった画用紙

を渡した．それを受け取り，バウムテスト，自由描画を見ると，いかにも倒れそうな木が描かれていた．私はAの自己の脆弱な基盤を感じた．私はAに，〈この木倒れそうじゃない〉と尋ねると，Aはニコニコ笑いながら，何も答えることはなかった．この絵への質問には全て「分かんないな」と答えるばかりであった．もう一枚の絵は，「公園で弟と一緒に遊んで，僕は縄跳びをしている」と答えた．私は〈二人で遊ぶことが多いのかな〉と尋ねると，本人は肯定した．私はちょっと襟を正して，〈どんなことでパパとママは困っているんだろうか〉と尋ねると，Aは小声ながらしっかりとした口調で，「弟への暴力かな，止めれない時がある」と答えた．私は理由を尋ねるが，Aには分からないようだった．また，「欲しくなっちゃって，練消とか」と言うので，私は〈どうしてかな？〉と尋ねるが，本児は分からないと繰り返した．コミュニケーションに難しさはなく，ASD等の発達的な問題はなさそうであった．一見，良好なコミュニケーションであったが，私は騙されているのだろうかなど疑義が脳裏に浮かんだ．私はAに〈一緒に，どうしてこうなるのか考えてみる必要があるんじゃないかな？〉と伝えると，Aは私を見て肯いた．

　私は再度，両親を入室させて，Aの行動について一緒に考えて欲しいことを要望して，今後，いくつかの心理検査などの後に，方針を決めたいと伝えて終了した．

　2回目より，一般診療を含めたアセスメントを2カ月行った．当初は両親一緒に受診していたが，その後，父親のみの受診となっている．Aの問題行動の背景には，生活習慣が一切，積みあがらないことがあった．朝食を食べることが遅く，1時間以上も要し，学校に遅刻することも頻回であった．食行動の異常に関して，本児は生後2カ月時にRSウィルスに感染して，生死を彷徨ったことがあり，この時は絶食であったことなどが語られた．誕生日が近づくと体調を崩したり，落ち着きがなくなったりする．尿漏れが時に連日あることも語られ，突然の尿意で漏らしてしまうことがある．また，Aは自分の要望を一切，伝えることができず，これが大きな問題行動に至っていることも判明した．私は数回のアセスメントの結果から，Aが未だに乳児期，特に「乳児院の世界」を生きているのではないかと伝えた．父親はこれが腑に落ちたようであり，随分と大変な環境であったことは知っているので，そ

うかも知れないと納得した。母親はAが小学校の入学試験に失敗した時点で，全く関心を失っていた。おそらく，小学校受験の失敗で母親からの関心を失ったことはAが乳児院に収容された時の再体験のように思われた。さらに，母親は今は弟の受験に一心不乱になっているということが語られた。私はAにはサイコセラピーが必要であることを伝えて，一先ず隔週で交互にAの面接と両親の外来面接を開始することにした。Aには知的能力に裏付けられた適応的な自己と欲求不満にあえぐ乳幼児的な自己部分が存在していることが示唆された。

3）精神分析的心理療法

1回目，Aは緊張気味に入室した。私は挨拶をすると，Aは俯きながら，挨拶を小声でした。おそらく10分近く，何もしない時間が流れた。緊張感というより，何もできない途方に暮れた空気がお互いに流れていたようであった。私はAに〈昔々の赤ちゃんとか，ちっちゃい子どもの時のことを覚えているかな〉と質問した。Aはしばらく考えた挙句，小声で，「覚えていない」と答えた。再び，沈黙の時間が流れた。その後，Aはゆっくりと立ち上げて，玩具の入っている引き出しから，動物のフィギュアを取り出し，家族となっている牛，ライオン，キリン，豚をそれぞれにひとまとめにして，一匹のワニもテーブルの上に置いた。その後，積み木で柵を作って，それぞれの動物を柵の中に入れた。ワニも柵に入れられ，本児は折り紙を器用に千切りにし，それぞれの柵の中に入れた。私が尋ねると，Aはそれが餌であると答えた。Aはそれを眺めた後に，今度はその動物家族を一頭一頭別々の柵の中に入れるために，柵の改造を始めた。10数頭分の小さな部屋を作り，そこに動物を別々に入れた。折り紙で餌を作り，チョロQが周囲を走り回ってそれを配った。餌の配布は機械的であり，私は，〈寂しいご飯だね〉と呟くが，Aはこれに反応することなく，夜だから皆寝るんだと言って，動物を横にした。さらに朝になり，同じように餌を与えられ，寝かされてというプレイが繰り返された。Aは淡々とこれを行った。

こうしたプレイはAの乳児院の生活を表現しているかのようであったが，確信は持つことができずに，このプレイの展開を私は待つことにした。しかし，Aはこのプレイを展開させることなく，その後の面接ではAは日常生活

について語ったり，欲しいものを工作によって表現するとか，ほとんど核心に触れるようなテーマがないまま面接時間は費やされた。

4）問題行動発覚後の面接

35回目の前週の父親面接：父親は顔を紅潮させて入室し，「また，やりましたよ」とやや甲高い声で呟きながら着席した。こうした継父の態度は以前にもAが問題を起こした時と同じで，怒りだけでなく，やっぱりといった予想が的中したかのような勝ち誇りとも感じられた。私は当然，何が起きたのか尋ね，父親は説明を始めたが，私には全く事態が分からなかった。私は度々，尋ねなおして，以下のような概略が判明した。Aは上級生3名と公園で一緒に遊んでいたが，そのうちの一人の肩掛け鞄を盗んで，公園のトイレに隠したらしかった。その晩，Aが外出したいと言ったので，変だと思っていた。翌日，学校から連絡があり，その上級生の鞄が紛失していて，Aに心当たりがないかということであった。継父はAを詰問し，数時間後にAに自白させた。Aはその上級生たちから嫌がらせをされたので，その腹いせに鞄をトイレに隠したということのようだった。私にはともかく，事実確認をする気力もなく，ただ無思考状態に陥っていた。例えば，Aが自白したのちにそこにその鞄が発見されたかとか，どうでもいいように感じていた。継父はこれ以上の世話はできないと顔を紅潮させて，Aを警察に連れて行くと執拗に語った。継父は，「Aには全く悪いことをしたという意識がないんですよ。どれだけ話してもダメです」と諦めたかのように語り，これにはとても共感ができた。これは私も感じていたことであった。私はAが怒りを感じて，それを不適切であっても発散できたことはAにとって進歩であろうと伝えたが，継父への説得力はなく，継父なりの絶望感がその場に漂っていた。

35回目：予定時間5分後に，受付担当者がドアを開けて，父親からのメモを差し出し，「これを最初に読んで下さい」と言った。私はすぐにAを呼んで欲しいと伝え，待つ間の1，2分でこれに目を通した。メモは警察に行ったこと，Aの行為は犯罪であり，それが処罰されること，Aが誓約書を書いたことを告げるものであった。私はこの件をAに尋ねることだけはしないことを意識化した。Aは受付担当者の陰に隠れてドアのところに現れた。や

や伏目気味で入室し，心持ち元気なく，深刻な目つきであった．いつもは，「こんにちわ」と先に挨拶するものが，この時は全く挨拶もなく，おもちゃの入っている引き出しを開けた．そこには，この件とは関係なく動物の柵を入れていたことを，私は思い出した．Aはさっそくその柵を取り出した．柵は大きめのもので，これをあれこれ組み合わせながら，いくつかの図形を作成した．三角，四角，六角形など巧みに操った．Aの表情はやや和らぎ，正方形を作成した．そして，引き出しから折り紙を取り出し，柵の真ん中の部分に折り紙を貼ろうとして，「スティックのり」と小声で尋ねた．これが初めての発言であった．私は引き出しの中にあると伝えた．Aは折り紙にのりを付けて，この正方形の柵の中に折り紙を貼り，床を作ろうとしているようだった．そして，折り紙でダイニングテーブル，いすなどを器用に作成した．Aの表情はさらに和み，生き生きとしてきたように思われた．私は自分が今までよりずっと寡黙であり，ほとんど質問をしていなかったことに気づいた．これこそが継父からのプレッシャーであった．私はいつもの雰囲気で〈ここにはだれが住んでいるのか？〉と尋ねた．Aは冷静な口調で，「ドラえもんが住んでいる」と答えた．そして，折り紙で棒を作りながら，これを部屋の中に設置しようとした．私はこれについて質問をしたが，Aは「折れにくい棒」とのみ答えた．私は〈ドラえもんは誰と一緒に住んでいるのか〉と尋ねると，Aは「ドラえもんはふるさとに帰ったから，一人で住んでいる」と答えた．私は〈寂しくないのか〉と尋ねると，Aは「ドラミちゃんが時々来るから」と答えた．そして，Aは折り紙でどら焼きを作り，それを床に置いた．Aは床をとんとんと指で調べながら，まだきちんと貼りついていないことを確認すると，どら焼きをテーブルの隅に移した．Aは「これが乾くまで，ここに置いておく」としっかりと語り，ドラえもんの映画「のび太の宝島」が上映されていることを語ったが，父親は仕事があるので見ることができないことを語った．Aはこの家への関心がまったくなくなったようだった．私は映画に行きたいと父親に伝えたのかと尋ねたが，Aはそれに答えなかった．Aは折り紙を数枚組み合わせて，サイコロ状の立体を作成して，「欲しいものボックス」と言った．私は〈ドラえもんのなんでもポケットがAにあるようだね〉と伝えると，Aは「ラジコンが欲しい」と答えた．私は〈なんでもかんでも自分の欲しいものは自分で手に入れなければならないんだね〉と伝

えたが，Aはこれを無視した。現実生活ではAは自分の要望を一切，両親に伝えることはできなかった。Aはこれについて，「どうせ買ってもらえない」と諦めを何度か語っていた。

　その後，Aは画用紙で作成してあった鉄砲を持ち，ドアの方向に打つ真似をした。これも一人芝居であり，私は関われなさをひしひしと感じた。Aは元気になり，「これは自分のアイディアなんだけど」と前置きして，普通ではない折り方で紙飛行機を作成した。奇妙にゆがんだ飛行機であり，Aは「これはまっすぐ飛ばない飛行機」と誇らしげに語った。

　ここで終了3分前となり，Aは片づけを始めて，私はドラえもんの家は他の収納場所に収めた。

　36回目前週の父親面接：相変わらず父親の口調には怒りが込められていたが，「乳児院にいた時の方がよかったのではないか。乳児院が自分の王国だったのにそこから連れ去った恨みがあるのではないかとも思うんですよ。だから，私に対して愛情が全くないのではないでしょうか」と語った。父親は自分たちは限界であり，どう対応したらいいのか，分からないと途方に暮れていた。私は前回の面接の内容を勘案しながら，どれだけ叱責しても，たとえ施設に預けても，Aは自分の世界にひきこもるだけで，事態は悪化するだけであり，全く再犯を防ぐことにはならないことを伝えた。また，父親の愛情についての発言からは，今後もAの養育を行っていくということであろうことが判断できた。

　36回目：Aは時間通りに到着した。その表情はやや不安に満ちていたが，前回よりも落ち着いた様子であった。私は作成途中のドラえもんの家をテーブルの上に置いておいた。Aは床に座り，引き出しから折り紙を取り出し，柵の周りに折り紙を貼りつけ始め，「壁を貼る」と淡々と語った。私はドラえもんがどうして一人で暮らしているのかを尋ねた。Aは「のび太が宿題をしなかったから，ドラえもんの言うことを聞かなかったから。のび太は百点を3回しか取ったことがないんだ。ダメな奴なんだ」と語った。私は〈Aの中にも，のび太君のようなダメなところがあるのかな〉と伝えた。Aは暫し沈黙し，手を止めた。この質問に答えることなく，手を再度動かしながら，

「この家には秘密兵器の落とし穴がある。ドラえもんの家には『悪い奴』が時々，入ってくる。仲間は大丈夫」と抑揚のない声で語った。私は〈ドラえもんはのび太が来るかもしれないと思うと，安心していられないね〉と伝えた。

　解釈をする私はAにとっては明らかに「悪い奴」であったが，私はAのスプリットされている自我部分に関して直面化することを選んだ。Aはすぐに二階の天井を折り紙で作り，そしてその上に折り紙で骨組みを作り，それをセロテープで貼り，屋根を作りだした。屋根といっても骨組みのみであった。Aはその中を示して，「屋根裏部屋で，ここには博士が住んでいて，機械をいっぱい作っている」と語った。さらに，「博士というのは実はのび太の孫で，おじいちゃんののび太を心配して，ドラえもんを作ったんだ」と解説を加えた。「のび太はジャイアンの妹と結婚させられようとしていたんだけれど，ドラえもんのおかげでしずかちゃんと結婚できたんだ」と語った。私はここでドラえもんとのび太を関連付けたこと，さらに万能的ではあるが，望ましい結婚というテーマに一先ず安堵した。これは後に考察すると，餌付けのようなものであると気付いた。Aは生き生きとしたかのように，「そうだ，仕掛けを作ろう」と言い，折り紙で作った屋根の梁として使用した巻いた紙を，ストローのように使って，外部から中に入る太い管を設置した。この管はあたかも腸管のようでもあり，ある意味，ドラえもんの家は秘密の小部屋「閉所」を想起させた。Aは「ドラえもんの家は欲しいものが次々と落ちてくる」と語り，私の方を見た。私は〈ドラえもんにはもう心配することはなくなったのかな〉と尋ねた。Aは万能感を満開にさせたかのような，自信に満ちた態度であった。これは度重なる万引きという行為にも直結する空想であることも確認できた。Aはこれを肯定し，「そうだ，遊ぶ道具を作ろう」と，ドラえもんの家の屋根と二階部分を取って，一階建てにした。正方形の家の中に折り紙を丸めたボールを入れて，ストローで息を吹き込み，そのボールを家から吹き出すというものであった。Aは「ビー玉みたいな球が欲しいな」と言いながら，この遊びを繰り返した。私は〈どうしてボールは吹き飛ばされるのかな？　さっきは欲しいものが何でも落ちてくる家だったのにね。〉と伝えた。Aは「これはゲームだから」と素っ気なく答えて，「ドラえもんはゲームセンターにいるんだ」と語った。Aというドラえもんは享楽的

な世界に埋没し，一人で満足しているようであった。これは倒錯に伴う快感のようであり，のび太との連結は無に帰した。Aはテーブルの上に柵で外枠を作り，その中に積み木を障害物として置いて，最後に折り紙で的を作った。折り紙のボールにストローで息を吹きかけ，的に当てるというゲームであった。Aは「これは射的だ」と言いながら，これを数回行った。Aはその柵を使い，正三角形が二つ並んだものを作った。そこにボールを入れて，そこに息を吹きかけ，それを外に飛ばすという同じ内容の遊びを行った。それはあたかも中心が何処かに飛び去ってしまうような遊びであり，私は〈そのボールはどういう意味があるのかな〉と尋ねた。Aは頭を傾けて，如何にも分からないという態度を取った。

　その後，Aは「ゼルダ無双ってゲームが流行っている」と呟き，その柵を分解しながら，引き出しの中の人形を初めて取り出した。お母さん人形をゼルダ姫，子どもの人形を勇者，そしてもう一体の子ども人形を仲間とした。そして，ワニを取り出し，「これが怪獣だ」と語った。このプレイにはAにとって母親は精神疾患に苛まれる非力な存在であり，自分が母親を救出しなければならないという，親子の逆転のテーマが明確にあらわれているようであった。勇者は裁く中で敵に取り囲まれ，身動きができないままであった。Aはこの遊びから集中力がなくなったかのように，引き出しのチョロQを取り出し，それをテーブルから走り出させて，床に飛び出していかせた。私は〈勇者はゼルダ姫を救い出せないんだね〉と伝えると，Aは「もう時間だから」と浮かない声で答えて，片づけを急いで行って終了となった。

3．考　察

　継父からの厳しい叱責や警察で反省文を書くなど過酷な現実に対して，Aがどのように対処したのかということが34回目と35回目に表現されている。Aはドラえもんになり，ひとりの家に住んでいた。ドラえもんという万能的な対象となり，自己愛的ひきこもり状態にあった。そこには好物のどら焼きもあり，時々ドラミちゃんも訪れてくる。全く完璧な自己愛的な世界にいることが明らかだった。今回の事件による叱責によって，Aが反省や罪悪感を抱くことはなく，叱責という現実的な対応はAにとっては意味のない行為で

あった。次に，ドラえもんはのび太に呆れ果てたということであった。のび太はダメな本児の部分であり，スプリットされている部分でもあった。また，このドラえもんの家は前回のように安全でなく，侵入者を防がなければならなかった。これはおそらく私自身のことでもあったが，「悪い奴」としてのび太とドラえもんのスプリットを私は解釈した。Aはのび太の孫をこの家に住まわせて，ダメなのび太をサポートし，「豚もおだてりゃ木に登る」かのような理想の結婚に導いた。さらに，Aは次に勝手に食べ物が落ちてくる装置を設置し，ますます万能感が謳歌されているようであった。さらに，ゲームセンターでの興奮状態によって，このプレイは終結した。その後，ゼルダ姫を救出できないということで面接は終了した。ここでは抑うつ感を僅かに感じたのかもしれない。

　Aに発達障害の傾向はなく，象徴形成などに支障はなかったが，両親，治療者を含め他者との感情的な接触を避けることによって，迫害感を喚起させ得る抑うつ感や無力感から逃避していた。そこでは，万能感，スプリッティング，自己愛的ひきこもり，閉所など多彩な防衛を駆使して，心的疼痛を避けていた。また，ここでの大きな問題は不在の母親である。のび太の孫の画策によるのび太の結婚は母親との理想的な関係を示しているが，最終的には理想の母親であるゼルダ姫には決して出会うことなく，終了している。これは愛情を与えることのできない母親であり，さらに母性のない女性であり，Aの心的世界には，病理の源泉として，内的な母親対象の倒錯的な使用があると思われた。

　ヒンシェルウッド Hinshelwood, R. D.[1] は『クライン派用語辞典』の中で，病理的組織化についてまとめている。倒錯は当初，フロイトが乳幼児期の多型倒錯的な性愛性の未発達に基づくものとして捉えた。その後，ジョセフ Joseph, B.[2] はパーソナリティの倒錯として患者たちが分析者に部分的にしか関わらず，パーソナリティのより生き生きとした部分や心的疼痛を伴う抑うつ的部分を分析者の手の届かないところに遠ざけて否認することで大いに楽しむやり方を示した。Aのドラえもんの家への自己愛的ひきこもりはこれに相当する。ローゼンフェルド Rosenfeld, H.[4] らは，分析者に向かう理不尽な破壊性とサディズムの表出，およびこのことがパーソナリティの一部として組織化される方法，すなわちパーソナリティの倒錯に繰り返し注意を促し

てきた。死の本能を内側に組織化すると,「よい」対象を脅かす自己の「悪い」部分が強固となり,内的にも外的にも「よい」ものとの接触に攻撃がもたらされるかもしれない。あるいは,自己の倒錯的部分が「よい」部分を唆すかもしれない。この面接で,私はのび太でもあり,抑うつ的なのび太部分は脱価値化され,完全に唆されたようであった。

Aのパーソナリティ構造を考えると,今回の事件でAの恐怖は死の本能を活性化し,万能的防衛を中心にして組織化された。メルツァー Meltzer, D.[3] は,依存を経験できる自己部分と,対象から得られる有益さに対し侮蔑する態度をとり,絶えず自己を不毛で,絶望的で,自己破壊的な方へ捻じ曲げようとする別の自己部分との間で生じる内的な葛藤を記述した。このようにAの破壊性は,丹念に作り上げたドラえもんの家を躊躇なく壊し,ゲームセンターに変化させたことに表れているかもしれない。Aは決して面接において私に依存的な態度を表現することができなかった。ゾーン Sone, L.[6]は,病理的組織化の中核的な特徴を,ある特別な対象への同一化であるとしたが,それはとりわけ,万能的な投影による同一化であると述べた。

ゾーンは,いかにして対象が万能感をもたらしてくれるようになるのか,またはそれを増幅するようになるのか,そして自己が新しい対象であることを享受するようになるのかについて述べている。ドラえもんはこうした対象であり,Aはドラえもんと同一化していた。また,病理的組織は興奮するような倒錯的な満足を提供し,そこでは,対象は万能的でサドマゾヒスティックなあり方で支配され,興奮はパーソナリティの中の協力的な部分を誘惑して,正常な発達と「よい」癒される対象関係を引き離す。

ジョセフは技法上の重要なことは,実際のところ患者が理解してもらい援助して欲しいと思っているのかどうか,そして本当の絶望や抑うつ,恐れ,迫害などを伝えようとしているのかどうかを明らかにすることだと論じている。これは,提示した症例報告のように至極到達が困難な道程であるが,私たちが精神分析的理解による万能性に陥ることなく,情緒的理解によって地道な臨床実践を積み重ねるべきであることも示唆しているかのようである。

4. さいごに

　乳幼児期から虐待体験に苛まれた小学生男児のプレイセラピーの詳細に関して論じた。ここには自宅でのネグレクトなどの虐待だけでなく，乳児院での生活の困難さも示唆され，Aは未だに乳児院の中を生きていると思われた。そして，その生きる術は病理的組織化という難攻不落の避難所として厳然としてAの無意識に存在し，あたかもそれは緊急時に発動するアタッチメントの母親のように，Aのこころに作動するのかもしれない。こうした精神病理を理解することが，被虐待児の理解に重要であると考える。

文　献

1) Hinshelwood, R. D. (1989)：A Dictionary of Kleinian Thought. Free Association Books, London. 衣笠隆幸総監訳（2014）：クライン派用語辞典．誠信書房，東京
2) Joseph, B. (1975)：The patient who is difficult to reach, in Peter Giovacchini, ed. Tactis and Techniques in Psycho-Analytic Therapy, vol.2 Jason Aronson, New York. 小川豊昭訳（2006）：到達困難な患者．心的平衡と心的変化．岩崎学術出版社，東京
3) Meltzer, D. (1968)：Terror, persecution, dread. International Journal of Psycho-Analysis 49, 396400; republished (1973) in Donald Meltzer Sexual States of Mind. Clunie. 世良洋訳：恐怖，迫害，恐れ——妄想不安の解析．松木邦裕監訳（1993）：メラニー・クライン トゥディ②．岩崎学術出版社，東京
4) Rosenfeld, H. (1971)：A clinical approach to the psycho-analytical theory of the life and death instincts: an investigation into the aggressive aspects of nercissisim. International Journal of Psycho-Analysis 52, 16978. 松木邦裕訳：生と死の本能についての精神分析理論への臨床からの接近．松木邦裕監訳（1993）：メラニー・クライン トゥディ②．岩崎学術出版社，東京
5) Rustin, M., Rhode, M., Dubinsky, H., Dubinsky, A. eds. (1997)：Psychotic States in Children. Gerald Duckworth Ltd, London. 木部則雄監訳（2017）：発達障害・被虐待児のこころの世界——精神分析による包括的理解．岩崎学術出版社，東京
6) Sone, L. (1985)：Narcissistic organization,projective identification and the formation of the identificate. International Journal of Psycho-Analysis 66, 201213. 東中園聡訳：自己愛構造，投影同一化とアイデンティフィケート形成．松木邦裕監訳（1993）：メラニー・クライン トゥデイ②．岩崎学術出版社，東京

鬼のいない隠れん坊──母親の躁うつ状態を生き延びた少女が自分自身になる思春期治療過程から

飛谷　渉

1．はじめに

　精神病を患う親は，子どもを養育する際にも，様々なハンディキャップをもっている。パートナーや医療あるいは福祉の援助のもとで，懸命に良い養育の努力がなされるだろう。ところが，それでもこうした親の元で，子どもたちが心の発達において，様々な形でダメージを受けることが多いのもまた事実である。それは様々な程度で養育の欠如，すなわちネグレクトのようであったり，種々の形態での不適切な暴力的扱い，つまり虐待のようであったりするが，精神病という特殊な状態により，多くの場合それらが通常の愛情のある養育と複雑に絡み合いつつ混在する[10]。

　そうした養育により子どもの受けるダメージは，親の精神病の性質や重症度，暴露されはじめる時期，罹病期間，状態像などにより，特有の性質を持つことになる。親の精神病には，うつ病，躁うつ病，統合失調症，アルコール症，薬物依存，パーソナリティ症などがあり，それぞれ特有の病態を示す。親の精神病が子どもにもたらす影響はいかなるものなのだろうか。個々の症例によって，その影響は様々に異なるものだが，そのような症例を複数経験すると，子どもの心の発達におけるダメージに共通して認められる内的状況があることに気づく。

　それは，親からの過剰で病理的な投影によって，子どもがその受け手になってしまうことで生じる事態であり，それにより子どもは親に自らの心の状態を受け入れてもらえない状態に陥る。しかも，子どもたちは，親の精神病破綻を生き延びつつ育たねばならない。そうした中で彼らは，様々な防衛的内的対象関係を発展させるが，そこで生き残ったかに見えて実際には，様々

な形と程度において，生身の生きた自分自身であることを放棄せざるを得ない。言い換えれば，子どもたちは様々な形と程度において「自分自身の心をもつこと」ができなくなっているのである[10]。しかも，多くの場合，彼ら自身それに気づいていないか，気づく能力自体を様々な程度で破壊されている。

したがって，そうした子どもの心理療法の目標は，「失われた自分自身の心」を回復することに他ならない。それは，「自分自身になること」をともなって，体験主体を取り戻すことである。今回，出生直後からの母親の激しい躁うつ状態という過酷な養育環境を生き延びるなか，思春期をむかえて摂食障害と解離性障害を呈した症例の精神分析的治療過程において露呈してきた「自分自身になることの困難」に取り組むプロセスを示し，親の精神病によって生じるトラウマの本質とその思春期プロセスに与える影響，さらにその治療のあり方について考えてみたい。

2．臨床素材

Aは，摂食障害の診断で前医から私に紹介された。彼女は16歳になったばかりだった。Aの来歴で特に目を惹いたのは，彼女の出生直後から母親が重度のうつ病を患い，授乳もままならない状態に陥ったことだった。母親はAにほんの2，3日母乳を与えたあと，臥床したままほとんど話もできない状態になった。虚ろな母親は，赤ん坊のAが泣いていても関心を示さず放置した。さらに，生後半年頃に母親は躁転し，激しい精神運動興奮状態のために入院治療を要した。その間，父方祖母がAを養育した。放置されたためか，Aの言語発達は極端に遅れていた。とはいえAは，3歳頃になると急に堰を切ったように話し始め，その後の言語発達はむしろ異常に早かった。特にその表現力には大人を驚かせるものがあったという。一方，躁状態になると母親は，まだ幼かったAを伴ってしばしば外国旅行に出かけるなど一方的に連れ回した。躁状態の母親は，しばしば些細なことでAを罵倒し，暴力に発展することもまれではなかった。

父親は職を転々としつつも一家の家計を支える静かな人物だった。だが，父は病気の母親の言いなりだったため，躁状態で手に負えない母親に入院を説得するのは，小学生の頃からAの仕事となっていた。彼女にとってそれは

ずいぶん荷の重いものだった。入院の瀬戸際でしばしば母親は敵意をむき出しにして激しく暴れた。それでも母親は結局Aのいうことだけは聞くのだった。そうした修羅場を幾度も経験しつつAは，母親を病院に押し込むことに罪悪感を持ち続けていた。母親の病状コントロールは困難で，躁うつ状態はめまぐるしく交代した。いつ母親が別人のようになって家を出て行ってしまうのかと不安で仕方がなかったAは次第に不登校となった。

　Aが思春期になっても，母親の病状は不安定なままで，彼女自身の登校も不規則だった。中学生になった彼女は，摂食障害を患う友人の影響で食事制限をし，下剤を乱用しはじめた。水以外ほとんど何も口にしない日もあった。そうした絶食や下剤乱用には，自分を飢えさせ，空っぽにするすることで安堵する意味があった。そうした中，彼女のやせを心配した母親が，自分の主治医に相談したことで，Aは私の勤める病院に紹介されたのである。

　彼女は非常にやせていたが，そのわりには通常の摂食障害女性のもつ一種独特の頑なさや硬さがないことが私の注意を引いた。話すと愛想も良く好感が持てた。一般外来での診療をしばらく続けた後，本人の希望により週一回のセラピーを始めることになった。しばらくしてセラピーのリズムが安定してくると，私への強い愛着と不安を伴った転移プロセスが解き放たれ始めた。彼女は夢を報告した。

　　夢ⅰ：部屋の前の階段に自分が立っている。ドアが開いていて，部屋の中のベッドにも自分がいる。階段に立つ自分に対してベッドにいる自分が「こっちに来て」と懇願する。階段に立つ自分は悲しそうでいて，しかも軽蔑するような眼差しをベッドの自分に向けた後，突如消えてしまう。自分が消えてしまったことに驚いて目が覚める。

　この夢からは，母親との早期体験に根ざした転移的物語と，彼女の陥っているナルシシズム，さらには思春期的自立の葛藤が見て取れた。うつ病でベッドに伏せる母親に同一化した彼女，母親に見捨てられてしまう自分，母親を見捨てられない自分，病気の母親を無惨にも見捨てて行こうとする自分，分離自立して行く思春期的な自分，そうした様々な自己と対象とが混乱した同一化により区別のつかない状態にあることがうかがわれた。言い換えれば，

病理的な対象関係，つまり肥大化した超自我と病理的組織化，そしてそうでない対象関係，すなわち依存による取り入れが可能な対象関係とが複雑に絡み合っていることがうかがわれた。さらに，階段を上ろうとするなど可動性のある自分が消えてしまうことからは，自分自身でいることの本来的困難性が見て取れた。

　早期体験に根ざしたこうした転移状況は，唐突な物語として展開しはじめ，治療は上演の舞台となった。面接で彼女は，母親の発病時にそうであったように，自分よりも私の機嫌や心の状態に極端に敏感になり，有事に備えるかのように身構えた。彼女が私と話したいと思えば思うほど，彼女の前から私が消えてしまうという不安が膨らんだ。その不安が次第に高まると彼女は「もっと話したい」と言ったきり黙り込んでさめざめと泣き，結局何も話さずに帰って行くこともあった。彼女はしばしば，詩的な手紙を持ち込んだ。彼女の文章は，沈黙がちで言葉少ない面接での彼女からは想像できないくらい雄弁だった。それらは独りよがりなものではなく，言葉になるギリギリの表現のようであり，言葉以上の心境をコミュニケートしたい願望が伝わってくるものだった。

　彼女はあるとき，自分はここに来るけれど，来たら先生が見えなくなると訴えた。面接のない日には，空想の中で理想化された私と会うことができるが，実際に私を前にしたとたん彼女にとって私は「いない対象」になるようだった。一方，彼女が面接の中で突如黙り込み，長い沈黙が続いたとき，あたかも彼女を見失っているかの感覚にしばしば私自身も陥った。ともにいるときにこそ，相手が見えなくなってしまうのは不思議なことだった。だが，深刻なすれ違いがあるものの，そこには不思議と同じゲームのフィールドにいる感覚があった。そのゲームは，いわば「鬼のいない隠れん坊」だった。

　このような，「ともにいながら出会えない」という転移状況の舞台は，より大規模に拡張された。彼女は母親の強力な睡眠薬を持って家出し，行方不明になってしまったのである。3日後に遠方の島で発見された彼女は別人を名乗っていた。帰り着いた彼女は，私の勤める病院に入院することになった。前髪を切り刻み，変わり果てた姿で私の前に現れた彼女から，私はフランス映画「ベティ・ブルー」を思い浮かべた。私は，Aにヒロイン・ベティのような狂気を感じたのかもしれない。

彼女は母親を模した鬼になって，私の中に飛び込んでくることによって，どうにもゲームとして成立しない鬼のいなかった隠れん坊を，大規模な鬼ごっこへと変形して戻ってきたように思われた。つまり，出会えない隠れん坊では，そこに彼女はいなかったが，彼女が鬼として帰ってくると，彼女は私の前にいることになるようだった。入院後は，概ね週三回50分の対面法による面接を行うこととした。

入院してからしばらくすると，彼女は母親が頻繁に繰り返したように，院内で大量服薬し，昏睡状態で発見されるなどした。そうした行動化によって，母親が頻繁に繰り返した自殺企図の際にAが体験した不安や恐怖，あるいは強烈な心の痛みと同質と思われる心的状況が私の中に喚起された。このような理解に基づく解釈は彼女に良く響き，「先生は私になってくれていたんですね」と応答した。さらにここで彼女は，遁走する直前に見た夢を思い出し，予知夢のような性質の夢を報告した。

　　　夢ⅱ：行ってはいけないところに入り込んで隠れている。人が通りかかり見つかってしまう。その人が私（治療者）を連れてくる。彼女を見ると私は逃げてしまい，彼女は取り残される。

この夢の報告に続けて彼女は私に「逃げないでほしい」と懇願したが，先生に逃げられるのが怖くて自分の方が逃げたこともわかっていると言った。さらに，今回の入院治療で，彼女のこの行動化された予知夢を二人で修正しているのだろうという考えを共有したことで，彼女は行動化優位の状態から，いくらか考えるスタンスを取り戻した。

自分には所々ぽっかり穴が空いていて，その穴に怪物のような母親がいると彼女はいった。さらにその怪物のような母親が先生と関わるなと禁止し，そんなことより死んでしまえばいいと誘惑するのだと訴えた。そして彼女はこれまで話したことのなかった，外傷的瞬間について話した。それは母親が躁状態になり，あまりにも辛くAに当たったので，自分も死んでしまいたいと母親に訴えたときのことだった。母親はそんなに死にたかったら死ねばいい，そこにある薬を飲めばすぐに死ねるよ，とせせら笑った。彼女はこの体験を決定的な外傷体験として面接の中で何度も反芻した。自分は母親の自殺

企図に立ち会い，それをなだめすかして止めてきた。自分が止めなければ母親は死んでいたに違いない。だが母親は，お前が邪魔をするから死ねないなどと彼女を責めた。その頃から，Aの心の中には，「死ねばいい」と彼女を突き放すと同時に誘惑する母親が棲み着き始めた。そのパワーには抗いがたいものがあった。それには，彼女自身の持つ母親への殺意の投影が含まれてもいるようだった。

　病棟内での行動化を通じて彼女は様々な母親を演じていった。「旅行に出かける母親」「自分のことばかり話し続け，彼女に目を向けない盲目の母親」「自殺を勧める母親」「生きることを軽蔑する母親」などなど様々な顔を持った「悪い母親たち」だった。このような同一化には，演じるなどという余裕はなく，むしろ乗っ取られる感覚を伴っており，憑依的ニュアンスのある同一化のようだった。とはいえ「迫害的母親に乗っ取られる」同一化によって，もともと心的皮膚にほころびのあったAは，断片化することから自らを守っているようでもあった。同時に，依存的で成長可能性を持った正気の彼女は，私の中に投影されていると感じられた。

　これらの憑依性同一化による行動が収まると，彼女は失声症状を呈した。ここで濃厚な筆談が始まった。これは治療関係を安定化させ，平穏だがひどく理想化された二人だけの世界を構築することを助けた。しかしながら，それも長くは続かなかった。治療関係への安心感が彼女の中で育まれると，それらは様々な形で無残にも破壊された。転移関係はふたたび錯綜しはじめた。ある日彼女は，病棟を抜け出して性的行動化をしたことを私に報告した。この行動化をきっかけに，彼女は退院することになり，外来治療での面接へと移行した。このような退院へと導く行動化は，濃密な二者関係に耐えられなくなった彼女が，性的行動化によって，再び破壊的な母親に同一化し，私を遠ざけるとともに早期エディプス的迫害感と疎外感とを私に投影した，という理解が妥当かと思われた。

　退院後，設定は週3回から週1回となった。そうしたなか，治療開始から3年目のなかばに転機が訪れた。この頃，重く凍り付いたような沈黙の支配するセッションが数カ月にわたって続いており，私の書くプロセスノートは毎回半ページにも満たない空虚な状態になっていた。ほとんど話さない彼女を前にし続ける苦痛は，諦めに変わり，さらに私はこうした面接には意味が

ないのではないかと，本気で撤退を考えるまでに追い詰められていた。

　だが，そのようななか，全く様子の違った彼女が現れ，私を驚かせた。面接に現れた彼女は，それまでのように重い沈黙からセッションを始めることなく，かぼそく小さな声で意味不明の発語をしはじめたのである。彼女が何を言っているのか全く飲み込めなかった私は当惑した。彼女が母親のように精神病状態になってしまったのか。あるいは，母親の病的状態への同一化状態が戻ってきたのか。これまでの凍り付いた沈黙を，うつ病相にある母親への同一化だとすれば，この状態が躁状態になる前兆なのだろうか，などとその場で私は当惑しつつ考えていた。だが，どれも違っているようだった。

　よく聞くと，彼女の発声はそれぞれ意味をなしていることが分かってきた。そこにはいささかも演技的な同一化は感じられず，ただ困惑し，しかも何かを伝えようとする彼女がいるように感じられた。生の彼女に直に触れている感触を持っている自らの体験に気づくと，私の中の動揺は次第に静まっていった。私が落ち着くと，彼女は一言二言私に返すことができるようになった。それらをつなぎ合わせると，彼女は自分が自分でないように感じて怖いと言っているようだった。そして，その発語の意味以上に，彼女の発する断片をつなぎ合わせる作業自体が重要だと感じられた。「私，自分が自分でなくなっていくようで怖い。先生がここにいないと感じると私もいなくなってしまう」。それに呼応するかのように私は，このまま帰してしまうと，彼女は死んでしまうのではないかという強烈な恐れを感じている自分に気づいた。同時に私は，彼女の母親が躁病相やうつ病相の激しいときに，Ａが自分自身を失ってしまうと体験してきたことを思った。しかも，自分が自分でなくなるという感覚は，実際には自分であるということが可能だから生じるのであって，ここで彼女が主体体験を回復しはじめたのだということも見逃してはならないと私は考え，生きはじめているがゆえ，強烈な死の恐怖を体験している彼女を思い描いた。ここで，彼女が脆弱ながらも自分自身の心の皮膚の体験が可能となっており，自分自身でありはじめているがゆえに，その無防備さに戸惑っていることが理解できた。これまで入退院の中，面接を重ね治療を維持してきたことで，彼女の中にある「悪い母親同一化による病理的組織化への依存」という，強力な代理皮膚としても働く悪性の同一化要素から，一時的にではあれ自らを解放することができるようになったために，私

の存在と解釈を取り入れることができたように思われた。そうして彼女の継ぎ接ぎだらけだった脆弱な心的皮膚が，より柔軟で包み込むことのできる皮膚組織となり，バウンダリーの体験が可能になったようだった。私は彼女がいま遅ればせながら，それまで困難だった思春期における脱皮の体験[11)][12)]をしているのだと感じた。面接場面が，サナギのように無防備な彼女の心を包む繭になり，彼女の羽化を助ける場になっていた。私はこのとき，彼女が小学生の頃にサナギになることも，思春期に脱皮することもできなかった人なのだと実感していた。

　実際この面接以後，しばらくバラバラの彼女を包み繋いで行く作業が続いた。彼女は次第に絶望とみじめさを訴えるようになった。しかしそれは紛れもなく彼女自身の気持ちとして語られた。彼女は私とのセラピーが破綻し，もともと決まっていた破局が訪れるのだという確信を，決定づけられた運命であるかのように超自我的立ち位置から語る態度と，惨めで小さく無防備な自分自身として，いわば羽化したばかりの自我の位置から話す態度とを行き来した。とはいえ，それらは精神病的母親への憑依性同一化ではなかった。彼女は脆弱ながら自分自身になった。

　だが，彼女にとって，この絶望感にとどまりワークスルーすることは，あまりにも耐え難い苦痛をもたらすようだった。面接回数を増やす提案は退けられた。彼女がサナギの状態にいることができたのはほんの短期間でしかなかった。彼女は母親の精神病状態における病的で暴力的な投影に晒されてきた経験をセラピーにおける転移状況においてなぞり，振り返り，修正して行くよりも，社会化するアドレッセント過程を現実のものとして進むことの方を選んだ。

　彼女はある堅実な社会活動に参加しはじめた。そして，そこで出会った献身的なボーイフレンドと恋に落ちた。これはアクティング・アウトではあったが，排泄的なものではなかった。ここで彼女なりに社会集団に参加できたことの意義も大きかった。また，対象選択はかなり健康に復したようでもあった。

3．考 察

1）心的皮膚と夢見：投影同一化と排泄行動化される夢

　ビック Bick, E.[1)2)] は，乳児観察素材から，投影同一化が生じる前提条件として，内的対象関係空想の体験を可能にする心的スペースが必要であること，その心的スペースは身体的な皮膚に相当する心的皮膚の形成によって生じることを発見した。さらに，そうした心的皮膚が，不安定な養育のもとでは，乳児側の生来性要因と母親の心的な応答性と包容性の欠如という両面から皮膚欠損に至る機能不全が生じうるとし，その欠損した皮膚機能は，筋肉運動や多動，あるいは無意味な言語活動や沈黙といった様々な人間的活性によって代償されることを発見した。彼女はそれをセカンド・スキン（代理皮膚）と名づけたことはよく知られている。

　セカンド・スキンは，心的皮膚が形成されず欠損するといういわば丸裸でむき身の極端なパーソナリティ様態を自前の心的身体的活性によって包む「仮・偽の皮膚」である。それによって仮にはひとまとまりのパーソナリティとして存在できることになるが，その代償として，相互性が欠如するために対象と接触できなくなる。対象と接触できなければ，相互交流を伴う依存が不可能となり，内的には空虚な栄養失調状態になるのである。これをビック[1)] は偽りの自立状態（pseudo-independence）と呼んだ。

　臨床経験に照合するなら，そうした心的皮膚とそのダメージには，全面的欠損から，部分的欠損や皮膚の硬化状態など，様々な形態と程度があるものと考えることが現実的で有用であることがわかる。こうした心的皮膚対象の内在化の失敗によって，パーソナリティの外皮としての心的皮膚の形成不全（自閉スペクトラム）が生じるが，他方それは心的皮膚の形成後にも様々な形でダメージ（トラウマ）を生じうる。このように心的皮膚の不全状態の在り方，損傷の程度，代償（防衛）の様態などの点において様々なバリエーションが生じる。そうした心的皮膚形成不全の様子を知ることが，思春期心理療法臨床のアセスメントにおいて肝要であることはすでに，以前のセミナーでも述べた[11)]（本書 p.118 参照）。

　では，心的皮膚の状態は何によって知ることができるだろうか。それは，投影同一化が可能になるための前提条件としての心的皮膚，それによって可

能になる心的空間という，そもそもの心的皮膚概念の定義から容易に導き出すことができる。それは，まず同一化のあり方（投影同一化，付着同一化）により知ることができるのであり，その詳細は同一性の様子（対象関係の基盤）に現れるだろう。さらに同一化の様態は，夢見能力と転移能力に代表される象徴形成能力として現れる。したがって，それらを評価するには，治療において転移の可能性とその様態を捉えるとともに，報告される夢の機能を吟味すること，そして治療者の逆転移から生じる接触体験の詳細を吟味することが必要となる。

2）外傷的侵入による心的皮膚の亀裂と投影同一化の様相

さて，今回提示したAの治療プロセスを振り返ると，人生の最早期において生じた母親のうつ病体験のために，彼女には心的皮膚対象の体験が乏しく，彼女が最初のコンテイナー機能を持つ対象の内在化に失敗している様子が生々しく再現されていることに印象づけられる。また，心的皮膚のダメージは相当深刻なものであるとはいえ，Aの場合，それは部分的なものに留まることもまた印象的である。つまり，投影同一化を可能にする心的皮膚の空間形成基盤は，ある程度までは形成され保持されていたことがうかがわれるのである。その根拠は，彼女が治療において，早期状況を物語的転移として展開させることができたこと，行動化される夢（遁走へと行動化された夢ⅱ）であるとはいえ，不十分ながら夢見が可能であることなどである。つまり，投影同一化が可能であることから心的皮膚の形成は為されていることがうかがわれ，とはいえその排泄的行動化傾向（転移の行動化，排泄行動化夢[7]）からは，内的空想と外的現実とのバウンダリーが相当脆弱であることが見て取れるのである。

では，来歴からAの同一化の様相を跡づけ，パーソナリティにおける心的皮膚の性状についてさらに詳細に吟味してみよう。

誕生程なくして生じた母親のうつ病の発症からは，彼女が応答性と包容性のない皮膚対象を内在化することとなったことがうかがわれる。さらに，打って変わって母親が躁転して過剰投影状態になると，Aの心的皮膚は外からの侵入と貫通によって穴とほころびだらけのものとなる。そうした母親からの投影同一化による侵入から身を守るために発動された心的防衛が，偽りの

同一化，すなわち「かのごとき同一化（as-if identification）」もしくは「憑依性同一化」傾向である。これは，母親のように振る舞うこととして，そして母親の庇護者として振る舞うこととして表面化した。これらは，付着同一化に似るが，自閉性パーソナリティのそれとは異なり，むしろヒステリー機制の一つとしての憑依性同一化（possessive identification）もしくは模倣性同一化（mimetic identification）と捉えた方が理解しやすいだろう。また，母親の躁転による唐突で激しい精神病破綻は，Aの唐突に生じる解離状態に相応しているものと考えられる。

　病気の母親との濃密で密着した関係が続くなか，彼女は様々な形で外傷を負い続けることとなったが，そうした過酷な心的状況を，先述したように時期尚早に大人として，世話役として振る舞うことで生き残ろうとした。しかしながら，こうした模倣的な「かのごとき同一化」により生き残れたのは見かけの上でのことであり，トラウマは彼女の心の中に死んだ部分を残すこととなった。その結果，彼女は自分自身の心を放棄することで，「生きてもいないし，死んでもいない仮死状態」という「同一化カプセル」に留まり続けるというパーソナリティの様態が形成された。ところが，この仮死状態は，心的皮膚の脱皮が生じるはずの思春期に来て破綻し，維持できなくなったのである。それが治療にやってきた無意識的動機である。

3）仮死状態にあり続けた自己の発見と「自分になる」プロセスとしての治療

　彼女の治療過程について振り返るなら，まず最初の転移状況は，彼女が愛着し，依存するととたんに，目の前の対象は豹変して去ってしまうか，彼女を拒絶するか，あるいは怪物のように破壊的な対象になってしまうか，などある種の確信めいた「豹変恐怖」が突出することで始まったといってよい。ここでは，母親の状態が，長く続くうつ病相から，躁状態へと急変する際の彼女の体験が生々しく，現在の対象へと移し替えられている。うつ状態の母親は，乳児としてのAに全く応答できず，授乳すらままならなかった。これは乳児のAにとっての最初のトラウマ，もしくはそもそものパーソナリティ基盤の脆弱さを生んだ経験であったと思われる。心を空間的に捉えるとすれば，心的空間を支える軸も心的空間を包む皮膚にも，それぞれ脆弱性とほこ

ろびが生じることとなったといえるだろう。そして母親が，抑うつ状態から何とか浮上して，乳児の世話ができるようになり，Ａが繋がる経験，包まれる経験ができたのも束の間，母親は躁転してしまう。対象の豹変という外傷的体験により喚起される強烈な恐怖と不安はそうしたところから理解できるだろう。加えて，治療開始からほどなくして生じた解離性遁走は，躁状態になって急に外国に行ってしまう母親との同一化のようにも見える。

　入院後の彼女の様々な行動化は，私という転移対象への投影同一化として捉えることができる。彼女は母親の自殺企図を何度も経験してきた。その時の「お母さんが死ぬ」という不安は，Ａ自身の過量服薬の際に私が体験した「Ａは死ぬかも知れない」という同質の心の状態として，私の中に喚起されている。この不安状態は，彼女が母親を失うのではないかという不安の投影に応答した形で私の中に喚起されたものと考えられ，トラウマの内実を私にコミュニケートできている。とはいえ，ここではこの不安は，彼女が出生直後からコンテインされずに体験不能の皮膚欠損として生じたはずの「解体消滅の恐怖」とは別物であることに注意が必要だろう。

　入院に至るまでのプロセスでは，母親の躁うつ状態において被った外傷的体験は，実演されたとしても，投影の受け手がいなかったために，憑依性の多重同一化という形にしかならず，いわば一人芝居にしかならなかった（前述の「鬼のいない隠れん坊」）。だが入院後には，彼女のこの多重同一化傾向が私という転移対象を得て，活発な投影同一化として機能しはじめることとなった。それまで彼女の母親同一化により押しつぶされ続けてきた「仮死状態」の彼女の体験自我はここで，私の中で再び心的生命活性を回復しはじめた。

　退院してからの面接プロセスは，打って変わって，色のない沈黙の支配する場となった。入院時における派手な行動化から生じた一連の混乱や不安状態よりもむしろ，ここでの沈黙における不毛さの体験の方が，より耐え難く絶望的な状態なのであり，ここでの私は撤退を考えるなど，治療者として壁際まで追い詰められていたといえる[6]。

　ところが，ここからＡは変化する。すなわち，無防備で断片化された自己体験を何とか言葉にしようとするのである。この状態はあまりに無防備で脆弱であるために，急激な悪化のように感じられたが，実際にはそうではなく，

彼女がいわば「自分になる」という孵化であり，同時に思春期における羽化ともいえるプロセスであったことは臨床素材の部分でも述べたとおりである。

その後の変化は，面接内に止まるよりはむしろ，彼女の社会性の回復，もしくは遅ればせながらの社会化として展開した。このように，トラウマをもつ思春期や青年期の症例の治療では，まずトラウマ状況の投影同一化が可能になるプロセスが必要であり，治療者がその自己体験を一時的に引き受けることができるなら，コンテインメント[3]により，患者は「自分になる」ことが可能となりはじめるようである。そして，自分になった彼らは，集団フィールドにおける投影同一化が可能になるために，様々な形で社会集団に参加するようになる[5]。そうした社会化へと向かう変化が生じることが，こうした症例の回復の指標のうちの一つであるといえるだろう[8]。

４）「鬼のいない隠れん坊」と心的空間における虚空，もしくはブラックホール：親の精神病により形成される多孔性パーソナリティと転移状況

Aのように親の精神病の影響を強く受けた人たちは総じて，親の様々な狂気による暴力的投影に晒され，その侵入によって心的皮膚に穴やほころびが慢性的に生じてしまう。したがって，こうした人たちの発展させるパーソナリティの様態を多孔性パーソナリティ（porous personality）と呼ぶことができるだろう。こうしたダメージを持った人たちは，親の精神病による過剰で暴力的な投影によって貫通されて生じた皮膚の欠損部分のダメージを充填し，代償するためのパッチとして，前述したセカンド・スキン活性を様々な水準で必要とする。これはフロイト Freud, S.[4] の，パラノイアにおいて自我の亀裂を補填するパッチとして機能する妄想システムという構造論的発想に類似している。

こうした皮膚が部分的に欠損した人たちは，原初的コンテイナーとしての外的対象に包容されておらず，コンテイナー対象を取り入れられないため，通常は内的世界おいて内的に働くはずの引力が微弱であり，自らを一つのまとまりとして保持することができない。したがって，自前で代理皮膚機能を発展させるか，もしくは皮膚の代わりになる外的対象を死にものぐるいで探し求めることとなる。こうした「切迫したコンテイナー対象希求」は悲劇的であり，多くの心的外傷患者，特に性的外傷患者における切迫した反復外傷

において，しばしば認められるものである．

Aの治療において展開した，遁走から入院生活における強力な反復的性質と，「鬼のいない隠れん坊」から鬼ごっこへと展開した治療関係の様相もまた，このコンテイナー希求の現れであった．さらに，「鬼のいない隠れん坊」はAの心的空間が転移状況へと顕現したものと考えることができ，ただ隠れているだけで探してくれる鬼がいない内的状況はコンテイナーを失った情動体験にあたる．この心的状況は，Aが自分の心には穴があり，そこに怪物のような母親が住んでいると表現したことに呼応する．すなわち，心的皮膚の欠損部分とは，死ですらなく心を失った「名づけようのない恐怖」[3]の場であり，虚空へと陥る心的ブラックホール[13]である．その底なしの虚空を封じるにはパッチを必要とし，そのパッチとして機能するのが「怪物母親（破壊的超自我）」である．こうして心的ブラックホールは怪物・超自我を棲まわせなくてはならない場となる．こうして内的世界は「開かずの扉」によって，部分的全体的に閉じられて，その閉鎖状況に応じて夢見がブロックされてしまう．したがって，Aが遁走し，狂気の母親（鬼）に同一化して私の前に戻って来ることで持ち込まれた「鬼ごっこ」は，彼女の大規模な投影同一化として理解することができる．つまりそれは，彼女の内的状況を行動化によって治療状況へと劇化して，彼女に代わって夢見できるはずの私が体験するように持ち込まれたものであった．ここでは，「隠れん坊（内的対象関係・エディプス状況）」が可能となるよう，つまり心が息を吹き返すよう，持ち込まれた切迫した再生の試みであることを理解する必要があるだろう．

4．おわりに

巨視的に見れば，Aの病理は思春期において増悪したヒステリーであるといえるが，本稿ではむしろ，親の精神病を生き残るために形成された心的皮膚の性状と同一化傾向との関係をより微視的な視野から論じた．症例を提示することで，心的皮膚の機能が，夢見能力や転移形成能力をはじめとした象徴形成能力として評価できることを示した．心的皮膚は単に外的現実と心的世界とを隔てる壁であるに止まらず，外部との交流を通じた心的呼吸と心的解毒，そして栄養摂取といった重要な自我機能を担っている．精神病を患う

親を持つ子どもたちは，親からの過剰投影とコンテインメント不全によって，心的皮膚に欠損，鈍麻，硬化あるいは過敏性など様々なダメージを持つこととなり，そうした心的皮膚機能が不全状態に陥る。心的脱皮が一つのタスクとなる思春期にいたると，そうした子どもたちの心的皮膚の多孔性などの問題が露呈し，特有の混乱状態に陥る。

　そうした混乱によって明らかになるのは，彼らが，「自分自身の心」を様々な形で放棄せざるを得ない状況にいたことであり，いわば心的仮死状態にいたことである。思春期は彼らにとって，脱皮によって仮死が明らかになるという混乱の時期となるが，そのために切迫した皮膚対象希求が生じることとなり，自分自身の心を回復する機会にもなりうる。このことを，症例の治療過程を示すことで，「鬼のいない隠れん坊」から切迫した「鬼ごっこ」を経て，隠れん坊の可能な心的空間の成立へと至るプロセスとして描写した。精神病の親を持つ思春期児童を治療する際には，このことを治療実践の経験から理解することが助けになるだろう。

文　献

1) Bick, E. (1968)：The experience of the skin in early object-relations. In: Melanie Klein Today. Vol.1. (1988) Routledge, London. 松木邦裕監訳，古賀靖彦訳 (1993)：メラニー・クライン トゥデイ②──早期対象関係における皮膚の体験. 岩崎学術出版社，東京
2) Bick, E. (1986)：Further considerations on the function of the skin in early object-relations: Findings from infant observation integrated into child and adult analysis. British Journal of Psychotherapy 2, 292299
3) Bion, W. R. (1962)：Learning from experience. William Heineman Medical Books. London. Reprinted 1984 by Karnac, London. 福本修訳 (1999)：経験から学ぶこと　精神分析の方法Ⅰ──セブン・サーヴァンツ. 法政大学出版局，東京
4) Freud, S. (1924)：Neurosis and psychosis. SE19, 147153
5) Meltzer & Harris (2011)：Adolescence: talks and papers by Donald Meltzer and Martha Harris. (Ed) Meg Harris. Karnac
6) Rustin, M. (2001)：The therapist with her back against the wall. Journal of Child Psychotherapy 27(3), 273284
7) Segal, H. (1981)：The function of dreams. In: The work of Hanna Segal: A

Kleinian approach to clinical practice. Jason Aronson, New York
8) 飛谷渉（2014）：思春期の混乱と夢を見る力――メルツァーの精神分析的思春期概念. 谷町子どもセンター・関西心理センター開設20周年記念誌 pp.615, 大阪
9) 飛谷渉（2018）：崖っぷちを生き残る力とその支え――被虐待児のセラピーとセラピストの養育環境としてのトレーニングについて. In: 平井正三，西村理晃編：児童養護施設の子どもへの精神分析的心理療法, pp.6270. 誠信書房，東京
10) 飛谷渉（2018）：親の精神病破綻を生き残る子どもたち――ヒステリー的解決の場合. In: 平井正三，西村理晃編：児童養護施設の子どもへの精神分析的心理療法, pp.322329. 誠信書房，東京
11) 飛谷渉（2019）：思春期のためのアセスメント――心的脱皮と思春期グループの体験をめぐって. 精神分析研究 63(1), 1927
12) 飛谷渉（2019）：デジタル・ネイティヴ時代の思春期を理解する――思春期臨床への精神分析からの寄与. 児童青年精神医学とその周辺領域 60(4), 476482
13) Tustin, F.（1990）：The protective shell in the children and adults. Karnac, London

トラウマ体験を抱える学童期女児
―― 世代間伝達された家族病理の視点から

黒崎　充勇

1．はじめに

　本稿では幼児期に家族から受けたトラウマ体験が身体症状として発現した学童期女児例の約4年の治療過程を振り返りながら，世代間伝達された家族病理の理解と介入に関する精神分析的アプローチがもたらした女児と家族関係の変化について考察したい。

2．臨床素材

〈主題の理解を妨げない範囲で省略・改変した〉

[プロフィール]
　[症例]　小学低学年　女児
　[主訴]　耳痛・耳閉感，大量鼻出血，下肢痛，熱発
　[生育歴]　発育発達歴に特記なし。大きな音が苦手。年少にて幼稚園入園後，地元公立小学校入学。
　[現病歴]　患児は学校でいじめられても「ママに伝えると相手を怒るから」との理由で，先生や母に伝えず。家では祖母や母の言うことを良く聞き，ダダをこねることがない子だった。年長の冬，耳痛・耳閉感を訴える。母は，困ったことを言わない患児に対し，小学生になったら何でも言うよう約束。入学後，患児は集団登校時迷子になったことを母に言わなかったことから，約束を破ったと叱られる。「他にもある？」と問い詰められた際，同居家族から受けた性的いたずらを告白。母・祖母が当該家族に確認したところ認め

たため，加害家族は逮捕・拘留される。患児は症状悪化し，食欲低下をきたす。「学校行きたくない」と訴え，母や担任の送り迎えにて登校。母は，加害家族と患児との接触を怖れ，祖母・母・患児の3人家族で緊急転居した後，症状は軽減傾向。事件発覚後約1カ月時点で，診察した小児科医から，心のケアを目的に当科を紹介される。

[家族関係] 家族・親族内に離婚・再婚・内縁関係が多く，複雑な家庭環境あり

[治療導入]

患児のファンタジー能力，母の協力の意思は確認でき，セラピーの適応と判断した。治療者は1/Wの精神分析的プレイセラピーの治療者と1/Mの親面談者を兼ねる治療構造を組んだ。患児はこれまでの母からの投影が強いこと，その上に男性から性的トラウマを受けていることから，男性治療者が母から投影されるものや患児の転移のあり方について注意を要すると思われた。

[経　過]

（1）治療者を誘惑するトラウマの影と家族病理の存在

患児は治療者に足を向けてソファに仰向けになり，治療者を見ながら腰をくねらせ，足を開き，スカートを捲り上げ下着を露わにすることがあった。また父人形のズボンを下ろしじっと見たり，男女二人がデート会で出会うプレイを行った。治療者は性的に誘われていると受け止めながらも，それを取り上げにくい状況あり。対応に困る治療者に「先生は何人くらいの子どもと会ってるの？」「先生はママとどんな話をしてるの」などとストレートな物言いをした。『ママがいなくなる』夢を見て夜間うなされたと言う患児に対して，治療者は一人の寂しさとペアを求める気持ちを聞いたが否定された。年齢不相応のセクシャルな表現の中に，見捨てられ，一人になる不安を抱えながらも，患児はそれを抑圧し，母由来の大人びた女性としての関係性を求めていた。これは性的トラウマ体験の影響と思いながらも，どう対処したらいいか，治療者は戸惑っていた。

父母の旅行のため不在の回，治療者は同伴した祖母と面談した。祖母から，母も患児も内縁関係で生まれた一人娘であることを聞き，性的トラウマ体験

以前から，家族の背景にある世代間で伝達された関係性について，治療者は改めて考えさせられた。家庭内では，患児は祖母に対しては怒りを出し駄々こねする一方で，母に対しては加害家族との辛い体験を思い出し「いたずらされて嫌だった」と涙をためて語り始め，身体の痛みやかゆみを訴え見て欲しい，と要求した。

（2）トラウマ体験の具象的表現と体験の仕分け

母不在の留守番中に「何か怖い人が来るような気がした」と言い，最近よく見る怖い夢『山火事の夢』〈描画①〉を描画。…燃える木を描き，「木に火が点いて，空からの風にあおられ，火の竜巻が起きる，それが横風にあおられドンドン広がっていき，大火事になる」と，火が燃え広がる様を順に説明した…「一人になると，大変なことになる，そんな怖い気持ちになる」と介入すると，「そう，だから寝る前に神様にお願いするの」と言い，…画面下半分に１．いつもいつもすみません，２．火事とか地震が起きないようにしてください，３．火事で炎の竜巻が起きないようにしてください，と書き足した…自分にいたずらした加害家族に対する怒りと性的接触の興奮を混同している可能性が示唆された。これは，トラウマはいつ起こるか分からないこと，性的トラウマ体験は恐怖と興奮をあわせ持つことを表し，患児はトラウマに対していかに無力であるかについて治療者に伝えてもいた。また加害家族に対する怒りの背景には，母への怒りもあると思われた。

描画①　『山火事の夢』

事件が発覚して１年が経過したころ，母面談では，家庭内で患児は母に対し，加害家族について「とても仲良しだったのに，ママに話したら，ママが加害家族を追い出し，急に自分の前からいなくなった」と語った。患児は待っていても母は甘えさせてくれないから，自分から加害家族に近づいた可能性が示唆された。そのころ母は交通事故に遭い負傷した。患児の苦悩は性的トラウマのみならず，その背景の母子関係

の問題の存在をはっきり示していた。

患児は『嫌いなもの』と『好きなもの』を分けて描画し，「嫌いなものを好きにならないと夢に出る，だから好きなものが嫌いなものより多いことが大切なの」と語った。学校の帰り道たくさんのアリが気持ち悪いゴキブリを攻撃していたのを見た患児は，そのアリに噛まれて痛いと語った。良いものと悪いものに分けようとするが，良い悪いが区別できないようだった。母と一緒に寝ていたときに見た『平和学習の日に見た夢』について…原爆が自分の家に落ちて家族全員が死んだ，と語った…そして「バイクの音が戦争の音に聞こえる」「頭と耳が痛い」音過敏や痛み過敏を訴えた。また患児は『好きなもの図鑑』『嫌いなもの図鑑』としてそれぞれ列記した。治療者は，患児の周りにはいろんなものが現れているから，それを好きなもの，嫌いなものにちゃんと分けて乗り越えようとしている，と介入すると頷いた。この時点で患児は，嫌な体験について自我違和感を抱き，忌まわしい体験と認識し，嫌と表現できるようになったが，それは言葉や情緒のレベルではなく，行動や身体感覚レベルであった。

母面談によると，家庭内では，母に対してある程度，甘えられるようになったものの，やはりまだ安心感を伴うものではなかった。そのころ長年の祖母と母の間のいさかいが表面化し，一時期母子は祖母と別居した。

(3) トラウマ体験の意味付けのはじまり

一年半経過したころより，患児はゆっくりと動き，ゆっくりとしゃべり，「あのー，テーブルを近づけて欲しいんですけど」と治療者にねだるようになった。セッションの内容も一見何気ない，マンネリ化した遊びが増えた。その特徴の一つは，順番に整理して並べる，好き嫌い・良い悪いを仕分ける強迫的遊びと，万能的スティックを使い，切り刻む，消毒する，隠し味を付けて料理をする躁的遊びであった。そのころ連続3回にわたり，患児はあんまり好きじゃないと言う『マツタケ料理』〈粘土①〉を粘土で作った。患児は，粘土を練る・切る・焼くしていたが，動作もしゃべりもゆっくりだった。治療者は，患児はやる気なくけだるそうに，ただ暇をつぶしているような印象を持ち，傍にいて出来上がるのを待たされるような退屈感を抱いた。そしてマツタケが焼ける間，『二つの怖い夢の話』を報告した。…まず，家族と一緒に焼肉を食べた後の帰り道で大砲がドーンと鳴り，友だちが死ぬ夢，

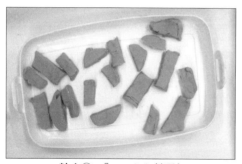

粘土① 『マツタケ料理』

続いて患児と祖母が家に居たら、狂暴な人が入って来て…これ以上言えないくらい怖い夢、であった。途中、ソファに横になり上目遣いで治療者を見たり、床に落ちた粘土を拾う際下着をちらつかせたりした。治療者は、やる気のないけだるそうなマツタケ料理のプレイと下着を見せ性愛化の誘惑を感じつつ、迫害的な夢の報告を受けた。マツタケ料理や態度・振る舞いは治療者への攻撃と誘惑、そして大砲は報復の怖れを連想させ、加害家族との体験との関連を想起したが、直接言葉にすることは躊躇われた。治療者が、マツタケ料理を作り食べたいけど、やり過ぎてしまうとひどい目に遭う心配がある、と介入すると「ふーん」と反応した。そのころ休み明けの回、患児は、治療者の質問に対し無視したり、「秘密よ」と連発し答えないことがあった。休み中放ったらかしにされた患児は、親への恨みと同様の気持ちを治療者に移し替え、伝えないことで関心を引き、自分の気持ちを伝えようとしたと思われた。

(4) 母に対するアンビバレンス

休み明けの2回目、患児は3つの夢を報告した。まず『戦争の夢』…「今から戦争をします」という手紙が来る、ママから「原爆ドームにまた原爆が落とされる」と聞かされる。怖ろしくなって目が覚めた、と語った。次に『メダカさんの夢』…自分がお世話しているパパメダカがママに「死ねばいい」と言われ、みんなに嫌われて自殺した、ママは「死んでよかった」と言っている。寂しくなって目が覚めた、と語った。さらに『楊貴妃のメダカの夢』…楊貴妃という種類のきれいだけど弱いメダカがたくさん泳いでいた。それが美味しそうに見えたんで、ママが取り包丁で切りお腹の卵を捨て、みんなで食べた。悲しくなって目が覚めた、と語った。涙を溜めている患児に対し、治療者が「メダカをお世話したのに死んでしまった。その失った気持ちは加害家族がいなくなったことに通じる」と介入すると、「加害家族は寂しいとき、お話したり優しく相手をしてくれた。でも私がしゃべったから加

害家族はいなくなった」としんみりつぶやいた。このように患児の語る夢は，その中でストーリーが展開しており，治療者には情緒とともに意味がよく伝わるようになってきた。また患児は，「おばあちゃんは何でもできる，ママは何もしてくれない，私を育ててくれたのはおばあちゃんよ」と明言した。患児は母にいかにネグレクトされてきたかについて語る一方で，その直後母が頭痛で病院受診したことを話した。

治療開始後2年半経過したころの休み明けの回，患児は久しぶりに一緒に住んでいた加害家族について語った。患児は「私にいたずらした人」とジェスチャーを入れて初めて語り，治療者は驚いた。また母方曾祖父に「人は10歳になるまでは人間じゃない」と言われたことを想起し，「人間じゃないって悲しいよ」と涙声で語った。治療者は患児の自己価値の低さに関連する環境要因について考えさせられた。

母面談では，母は「最近私への甘えがひどい，私にだけ，ギュッとして！と言う，外出しても手を繋いでくる，でも筋肉痛があるため娘を抱くことが辛い」と語った。その一方で，「私のやることに文句を言い，カチンとくることがある」とも語った。事件が発覚したとき，「娘のことを受け入れられず，私の中で娘は一度死んだ，そして心中しようと思った。でも先生やたくさんの人に支えられて，何とかここまで来ることができた」と涙をぬぐいながら語った。また母は「娘を病院に連れて来ることがメンタル的につらい」と語り，そのころ家で大量飲酒していた。自分の親に抱えられてない母は，患児を抱えることが難しいため患児の愛情欲求に十分応えられず，その帰結として事件が起こってしまったという認識を持っており，その2重の罪悪感を重く受けとめていた。

（5）自己主張の始まり

『水族館にいる魚』〈描画②〉を描き，そこで泳いでいるトンカチザメを大水槽に隔離した。加害家族イメージの具象性が薄まり，母に対する恐怖心もある程度コントロールでき始めたと考えられた。しかし次の回，患児は熱発しキャンセルした。そのころ患児は，母から「一人で寝れるようにしなさい」と言われ一人で寝ていた。その後，母が大酒を飲み，帰宅後睡眠薬を飲んで転倒し後頭部から大出血し入院となった。母は患児の甘えと自己主張に耐えられず，自己処罰的に行動化したとも考えられた。患児は治療者に対し，

描画② 『水族館にいる夢』

「私はママと一緒に寝たい。でもママのベッドは寝心地悪い，背中が痛い。このソファは気持ち良い。私のベッドも気持ち良い」と母へのアンビバレンスと治療者への信頼感を語った。

その後，数回にわたり「私の話を聞いて欲しい」「まだまだ言いたいことはたくさんある」と訴え，家庭状況を語った。宿題と習い事で毎日忙しい，友だちと遊べない，就眠は8時，起床は6時半，門限5時，公園に一人で行ってはいけない，自転車は禁止，着るものも自分では決めてはいけない…と患児の自由・自発性は制限されていた。そして患児は「寝る時間，起きる時間くらい自分に決めさせてほしい」「ずっと私には自由がなかった」「ママもおばあちゃんも何でも勝手にやっているのに，自分には頑張って勉強しなさい，と言う。でもそれはおかしいと思う！」と涙を溜め，鼻をすすりながら，母や祖母に対する不満を吐露した。これまで表面を取り繕っていた患児が，祖母・母の身勝手・理不尽・不合理さに対し自己主張するというポジティブな変化であった。

母面談では，ママ友に赤ちゃんができたことを患児に話した際，患児は「赤ちゃんは要らない」「赤ちゃんがママにくっつくのを見たくない」「そんな話は聞きたくない」と取り乱すことあったことを語った。母はこれに大きな衝撃を受け，「実は，自分は今妊娠しているが，娘の気持ちを最優先にするのが償いだと思う」と，堕胎を決意した。その後父母は揉め，父は別居することになった。

（6）母への攻撃性の実現と自己処罰としての行動化

母面談では，堕胎以来，父が同居していない事実，また実は父母が入籍していなかった事実が語られた。治療者は，母の実祖父母も未入籍であったことを思い出し，複雑な家族関係，母子関係は伝達されていることを再認識した。母は「母子の時間が増えた。元の二人に戻った。あの事件が起こる前の

描画③ 『前髪の短い女の子』

3歳の頃に戻った感じ」「この子には私しかいない，私にもこの子しかいない」と語った。患児は『前髪の短い女の子』〈描画③〉を描画した。患児は「自分は鉄棒が下手」と言い，頑張っているけど『残念な動物』について語った。治療者が「自分と残念な動物，何か似たところがあると感じている？」と介入すると，フフフと笑った。ニッコリしているが，手と足がなく，画面の隅にやや委縮して立っている女児は，この家庭における患児の自己イメージと思われた。

そしてあるとき患児は腕にギブスを巻き，三角巾をつりさげて登場した。雨の登校日転倒し，母にもらった折り畳み傘が壊れないように手を付いたため上肢を骨折した，とのことだった。粘土にくっついた乾燥防止用のラップを必死に剝がそうとするが，手が思うように動かないためなかなか剝がれなかった。治療者が「ラップはくっ付いていたいのかも。怪我をして気持ちが沈んでいるときは，お母さんにべったりくっついて離れたくないよね」と介入すると，患児はしんみりして，母と別々に寝ている現状を涙とともに語った。それでもセッションが終わると，患児は洗面台を見て，泣き顔を母に感づかれないように気にしていた。

母面談では，患児はママ友に「自分の家は普通じゃない」「自分を生んだお父さんを見てみたい」と話していた。患児は，母には「これからママと一緒に寝る，中，高，大学生になってもずっとママと寝る」と言う一方で，日記には『死にたい』と記していた。それを見つけた母は，患児の求めに応じて加害家族，実父，いなくなった父について話し合った。

(7) 超自我の緩和と現実検討力，そして怒りの炸裂！

　患児は母に促されて，その日記をセッションに持ち込み，「今日はお話する」と言い，家庭内のいざこざを詳細に語った。「私は頑張っているのに，おばあちゃんに信じてもらえず，嫌味を言われて泣く。泣くとおばあちゃんやママは，何で泣くの？，と自分を責める。自分は気持ちを伝えるのが苦手，自信がない」このように患児は家庭内で生じた嫌なこと，自分のダメなところを情緒を込めてしみじみと語った。患児の自己価値の不安定さや自尊感情の低さは，母に同一化したものと思われた。その後患児は『残念な動物図鑑』『切ない動物図鑑』『泣ける動物図鑑』について語るため，「そんな自分のことが気になっていてつらい」と介入すると「絶対にない！」と否定したものの，その後カーテンの紐のほころびが気になり直し始めた。

　母面談では，母の20代からの男性遍歴，未婚の母としての苦労話，祖母の男性遍歴，などについてはじめて治療者に語った。また芸能人のセクハラ事件の報道を観た患児が，「これっていけないことなんでしょ。私もこれだわ，でもあのとき分からなかった」と語り，患児はトラウマを冷静に振り返り，まさに真実を受け止めようとしていた。

　セッションで患児は，「家で母や祖母に怒られて泣くと，そんなことで泣きなさんな！，と言われるから，トイレに行き一人で，あのババア，バカじゃないの！　死ねや！，と言う。『この家に生まれてきて損した，こんな家に生まれるんじゃなかった！』と思ったことがある。ママは大分良くなったけど，おばあちゃんは全く変化していない」と強い不満を示した。治療者がその情緒を受け止めると〈粘土を叩きつけ，ポールを突き刺しながら〉「あの野郎死ね！」「家に帰りたくない，あんな家面白くない，家出をしたいといつも思う」「私は大きくなったら，復讐したいと思っている」「本当に大変，言いたいことは身体全身にいくらでもある」と患児の怒りは炸裂した。

3．考　察

　治療開始後から患児は，セッションでは行動や態度（治療者に対し腰をくねらせる・下着を見せる，治療者は対応に戸惑う）を示し，母には身体的違和感（身体の痛み・痒み，「いたずらされて嫌だった」など）を訴えていた。

それは加害家族から受けたトラウマ体験が背景にあるためと考えられた。また家庭内においては，患児による祖母への不満の吐き出しや母への甘え行動，母と祖母のいさかいや祖母の別居，母の交通事故受傷や泥酔・負傷・病気などの行動化や身体化が頻発していた。患児の性的トラウマ体験がきっかけで家族関係は大きく揺れ亀裂が生じ，これまでパワーバランスによって抑えられていた家族内に鬱積した矛盾がマグマ（祖母と母の怒り・不満のぶつかり合い，患児の祖母への攻撃・母への甘え）となり噴出したようだった。

　治療者が，セッションでの態度や夢の報告について解釈などを行うにつれ，患児は抑圧されていた憤懣を描画や粘土作品の中で表現した。それは母に見捨てられた怒りと性的な興奮が結びついた具象的レベルの攻撃性（『山火事の夢』）であり，治療者にインパクトを与えた。その後潜伏期の患児は，順番を付け，好き嫌い・良い悪いを仕分ける強迫的遊びと，万能的パワーを使って切り刻む，消毒する，隠し味を付けて処理できるものに変える躁的遊びを，何気なくゆっくりと繰り返した。そのプロセスは性的なものが関与しない形で，潜伏期の不安を凌ぎ，来るべく思春期の性的な混乱を乗り切る準備をしているものと考えられた。後で考えると，患児は強迫的な，あるいは躁的な防衛を駆使しながら，安心・安全な見通しの付く関係性を確認しているのではないかと思われた。自分のペースで繰り返すこの一見防衛的な遊びは長期間にわたり続き，治療者は退屈さを感じることもあった。それでも患児は，ときに治療者や加害家族に対する攻撃衝動とも理解できる表現（『マツタケ料理』）をし，その報復恐怖を思わせる夢を報告しており，防衛と不安を行きつ戻りつしながら，徐々にトラウマ体験に意味やストーリーを付け加える作業に取り組んでいるようだった。

　それは患児にとって，コンテインできない・理解できない・受け止めることも難しい脅威を潜伏期の自我の中で処理するプロセスだったと思われる。そこで治療者は，患児のペースを認め，母との関係の不安定な部分や母に対するネガティブな情緒を受け止め，ときに転移として扱いながらコンテインした。その後患児は，治療関係の安定のもと，治療者に対しても自己主張し始め，徐々に家族内の不満・怒り・嘆き・悲しみ・絶望として言語的に表現した。そして患児は傷つきや怒りの整理をしながら，トラウマを表現し処理することで無害化（『水族館にいる魚，トンカチザメの隔離』）していた。一

方家庭内では，母の堕胎，母と父の離別，そして患児の骨折という行動化が吹き荒れた。その後ついに患児は，本丸と考えられる家族の問題（ネグレクトした母への怒り，自分のルーツの不確かさに伴う自己価値の低さ（『前髪の短い女の子』），そして世代間伝達された家族病理への絶望感と激しい怒り）について情緒を込めて語り始めた。そのプロセスを経ることで，トラウマは具象的レベルから，象徴的レベルに変化し，思い出に消化する方向に向かうものと考えられた。そしてそれは思春期を乗り越えるために潜伏期の自我の成長を目指すものであったと思われた。

4．結　語

　トラウマ体験を被った子どもたちは，それに伴う問題行動や症状を持つにとどまらず，多くの体験の苦悩は心の奥深くに刻まれる。その後ケアに恵まれなければトラウマとなって思春期や成人になり表面化し，大きな困難に直面することがある。精神分析的アプローチは，このような子どもたちのトラウマを含めた対象関係を詳細に吟味し，自らが遭遇した圧倒される体験を整理するために有効な手法だと考えられる。

討論 「虐待をめぐるトラウマとその影響」について——その影響は誰に向けられているのか？

吉沢　伸一

1．はじめに

セミナーⅣのテーマは「虐待を巡るトラウマとその影響」である。3人の事例は様々な点で異なるものの，中核的な部分では共通している。それは飛谷が言及しているように，「生身の生きた自分自身であることを放棄せざるを得ない」ことであり，そして「彼ら自身がそれに気づいていない」ことである。心理療法の目的は，「失われた自分自身の心」を回復し「体験主体を取り戻すこと」であり，3人はまさにこの過程について異なる観点から問題を提起している。以下，検討を加えてみたい。

2．指定討論

1）木部の論考への討論

木部が提示する事例は，早期に母の養育が困難で，乳児院で生後4カ月～2歳6カ月まで過ごし，その後も母，継父の不適切な養育を受けた，小学校低学年の男児である。木部の論文の目的は，幼少期の事例においても，成人のパーソナリティ病理において論じられる自己愛構造をもつ防衛の組織体が存在することを示すことであることから，この点に焦点化して討論を行いたい。

治療者は父の洗脳（35回）や怒り（36回）の影響を受けるが，ここで治療者はその動きに屈せず，男児の自発性を保護しようとする。ただ，治療者が懲罰的で迫害的な対象を投影され兼ねない状況でもある。35回では，一人で住んでいるドラえもんが登場する。ドラえもんは貪欲さを満たす彼の万能的

自己部分である。治療者が一人で暮らす理由を尋ねると,「ダメな奴」としてののび太が登場し,さらに彼は「この家には秘密兵器の落とし穴がある。ドラえもんの家には悪い奴が時々,入ってくる」と返答する。治療者は,自らの介入が「悪い奴」と体験されていることを前提に,彼の万能的なドラえもん部分と,「ダメな奴」と表現されるのび太部分のスプリッティングを直面化する。その後,男児は家に二階部分を作成し,さらに屋根裏にのび太の孫である博士がいて,のび太を心配しドラえもんを生みだしたこと,ジャイ子ではなく,しずかちゃんと結婚できたという,望ましい結婚という万能的ストーリーを展開させる。治療者はここで安堵するが,それは介入が破壊的に作用しなかったからであろう。さらに彼は,治療者に秘密の小部屋「閉所」を想起させる家を改造し,この「家は欲しいものが次々と落ちてくる」万能的な退避所になる。その後は,ボールを家から吹き出すプレイ等々が展開し,これを治療者は「倒錯に伴う快感であり,のび太との連結は無に帰した」と理解した。ただ,最後に,そのボールの意味を治療者が問うと「ゼルダ無双」のゲームの話を持ち出し,母であるゼルダ姫を助けることができない子ども,つまり彼である勇者を表現した。彼は,母の精神疾患に苛まれる非力な存在であり,母を救出しなければいけない,逆転した親子の関係性が明らかになった。

　この非力な自己部分は,まさに「ダメなのび太」部分であり,躁的でありながらも歪な自己感を持つ彼とも関連していると考えられる。また,35回で彼は映画『のび太の宝島』を見に行きたいけれど,父の仕事で見ることができないと言及している。皆が知るように,通常ののび太はダメな奴だが,映画になるとその自分を克服し,自立的になり,仲間と協働する。特に,この『のび太の宝島』では,海賊にさらわれたしずかちゃんを,いつもの仲間と助けに行く物語である。また,この宝島は,海賊に乗っ取られようとしているが,その船長は,まさに病理的組織化を統括する超自我であろう。一方,その船長の息子フロックは,勇敢にも父の思惑と闘っており,のび太たちと出会い共に闘い,最終的にしずかちゃんは救出される。そして,この物語が伝えようとしているのは,「本物の宝は何か？」ということである。それは物質的なものではない,家族や人との絆である。彼が,この映画を見に行けないこと自体が,このような物語が彼の心の中に紡ぎだせないことを示して

いるように思われる。一方で，この映画を見たいと思う彼には，その希求性が宿されているようにも思われる。つまり，「ダメなのび太」部分は，精神疾患を持つ母の前で傷ついている非力な彼であり，一方では，真のつながりや接触を求めているものの絶望している彼の自己部分でもあるのだろう。

　治療過程の中では，海賊の船長部分としての父に「洗脳」されずに，セラピー，つまり宝島を守り，彼のそのままの心の在り様を見ようとした治療者は，部分的には悪い奴でもあり，部分的には海賊の船長の息子フロック部分でもあったように思われる。つまり，同じ躁的な動きでも，問題行動を反復する動きではなく，たとえそれが防衛的であったとしても，その背後にある内的世界を治療者に伝達し接触しようとする動きもあったのではないだろうか。この局面でのみ顕在化したこの内的空想は，彼の自己愛的な病理的組織化の表現でありつつも，セッションに持ち込まれるその無意識的動機の中には，その部分を何とかしたいと，治療者へのコミットメントの要素もあると考えることもできるだろう。確かに，「ドラえもんはゲームセンターにいる」ことになり，彼の享楽的な世界に没頭する側面が前面には出ているが，最終的には，ゼルダ姫である母を助けられないことになる。そこには彼の無力さが伝わってくるようにも感じられ，彼が躁的防衛で否認しコンテインされずにきた自己部分と治療者は僅かながらでも接触したと考えられる。その後のこの内的空想が顕在化しないことを考えると，そのこと自体がひきこもりの防衛過程が展開している「陰性治療反応」として理解できるかもしれない。また，隔週の治療という設定が関係しているのかもしれない。成人のパーソナリティ病理を持つ患者との治療で遭遇する自己愛的な病理的組織化と，子どもの場合のそれとでは，どのような部分が同じで，どのような部分が違うのだろうか？　特に，陰性治療反応については，子どもの場合はどのようなかたちで表現されるのだろうか？　この点について木部に聞きたいと思う。

2）飛谷の論考への討論

　飛谷が提示するのは，精神病を患う母をもつ思春期女性で，早期の剥奪や，母の鬱・躁状態の影響に晒されながらも何とか生き抜き，下剤の乱用と絶食により，「自分を飢えさせ，空っぽにすることで安堵」を見いだした摂食障害の事例である。治療過程は，病理的組織化に支配される世界からいかに抜

け出し,「継接ぎだらけだった脆弱な心的皮膚が,より柔軟で包みこむことのできる皮膚組織となり,バウンダリーの体験が可能」となり,「それまで困難だった思春期における脱皮の体験」が促されるというものであった。

　初期の週1回のセラピーの時期に転移過程が解き放たれ,彼女が夢を報告している。それは,部屋のベッドに自分がいて,その部屋の前の階段にも自分が立っている状況での描写であった。治療者は,この夢に内包されている彼女の心の多層的な部分を理解している。一方では,彼女にそう促されたと言えるかもしれない。まず,私が感じたのは,ひとつの理解に押し込めるのではない,多様な側面を汲み取ることが,その後の展開を可能にしたということである。その後のいわば「鬼のいない隠れん坊」,つまり「ともにいながら出会えない」関係性は,むしろその多層的な自己部分がまとまらず中核的な自己の存在が空っぽであったことを示しているかのようだ。そして,行方不明になるという通常にはない行動化を起こし,映画『ベティ・ブルー』のヒロインのような狂気を醸し出す彼女は,「母という鬼」として治療の中に舞い戻り,入院における週三回の設定に至る。この期間では,彼女は,心の中の穴に住まう怪物のような母について言及し,治療者と関わることを禁止し,死への誘惑に苦しむ。まさに,病理的組織化の展開である。一方で,その怪物の母に苦しんでいる彼女の自己部分,とりわけ「死ねばいい」と言われた外傷的自己部分が表現される。また,脆弱な外傷的自己は,悪い母群に乗っ取られるかのような憑依的な行動化を通して,断片化することを保護する。そして,「依存的で成長可能性を持った正気の彼女」は,治療者に投影されることになる。その母への憑依性同一化が収束すると,失声症状を呈し,濃厚な筆談により,理想化された2人だけの世界が構築され,その中で彼女の安心感は育まれるが,やはり様々な形で無残にも破壊されてしまう。

　飛谷の論考からは,かなり困難な治療過程であったことが伝わってくる。私が実際に治療者であったと想像すれば,分らなさにもちこたえることが非常に困難な状況に陥ってしまうのは明白である。この当時の飛谷の体験はどのようなものだったのだろうか? 行動化することでしか伝えられない彼女が伝達してくるもの意味をひとつひとつ理解したのだろうか? そうであるならば,彼女の継接ぎだった断片化しそうな自己は,ある一定のまとまりを持ちはじめることになる。彼女が,性的な行動化で退院を余儀なくされ,治

療構造が結果的には破壊されることになるが，それは彼女の体験自我がまとまりかけるそのこと自体を脅威と感じたからなのではないだろうか？　一方で逆の可能性も考えられる。彼女が様々な行動化で伝達してくるのは，これまでコンテインされないできた原始的情動であり，次から次へと起こる行動化により，治療空間は氾濫しそうな情動の渦となり，より断片化することに彼女は耐えることができなかったのだろうか？

　いずれにせよ，これまでにない接触が起きつつあるのは確かである。さらに，私が自らの臨床経験と重ね合わせて想定したことは，これらの可能性のどちらであれ，相当な訓練を経ていない治療者ならば麻痺状態に陥るのではないかということだ。麻痺状態は治療者の機能不全ではあるが，「仮死状態」という彼女の根源的体験を，治療者を限界まで追い込むことで，ようやく伝達できる側面があるのだと私は思う。事実，退院し外来設定になると，「重く凍て付いたような沈黙の支配するセッション」が数カ月続いたが，それは彼女がこれまでの体験とは異なる水準でコンテイメントを求めているように見える。つまり断片化した自己をつなぎ合わせる作業であり，その後は「自分が自分でなくなるという感覚」を訴えることができる，彼女の体験主体が回復の兆しを見せはじめる。ここまで到達するには，やはり入院時の週三回の濃密な体験が基盤にあったと考えられる。とりわけ治療者の逆転移体験ともちこたえる経験は，彼女が治療者の心の中で再び生命活性を回復するに至る重要な側面である。この当時の飛谷の逆転移の経験を聞きたいと思う。また，理論的なことではあるが，「病理的組織化」と「心的皮膚」の関連についても教えてほしいと思う。

3）黒崎の論考への討論

　黒崎が提示するのは，世代間伝達されている家族病理を背景にもつ，同居家族から性的虐待を受けた6歳女児との約4年3カ月にわたる治療過程である。女児と治療者がセラピーの中でいかに家族病理とトラウマが絡み合った問題に取り組み，彼女の心が成長していったのか，そしてそれに伴い母自身も抱えている問題にいかに直面することになったのかが詳細に描き出されている。

　治療過程は，女児からの性的誘惑，性的トラウマの恐怖と興奮が内包され

ている「山火事の夢」の報告から動きだす。加害家族は，唯一彼女の心の拠り所であり，それが故に性的虐待が起きてしまったのだが，ケアするよい対象であり，虐待する悪い対象でもあり，彼女はそれらを混同せざるを得なかった。治療者は，それらを仕分けすることを見守る「考える対象」として存在し続けていた。

　私は，前半の流れで，トラウマを抱える子どもの治療に関する重要な要素がふたつあるように感じた。ひとつ目は，防衛過程である。彼女のその特徴は，「順番を付け，好き嫌い・良い悪いを仕分ける強迫遊び，万能的パワーを使って切り刻む，消毒する，隠し味を付けて処理できるものに変える躁的な遊び」であった。防衛過程は，脆弱な自己を保護する過程であり，またトラウマの脅威に一方的に圧倒された受身的な体験を，躁的ではあるもののより主体的・能動的に自己コントロール下に何とか転換させようとする，子どもたちが死に物狂いで生き残ろうとする切なくも必死な努力である。まずはこの過程を治療者が保護することが絶対的に重要であり，治療者はそれを当然のこととして受け入れている。

　ふたつ目は，転移解釈についてである。治療者は，「マツタケ料理」のプレイの局面で，虐待をした家族の転移状況を想定し，躊躇して解釈していないが，この「躊躇する」ということが非常に重要な治療者の感性だと私は思う。もし直接的に転移解釈を行ったならば，それは外傷的に作用し，被侵入体験の再演を招いてしまう。実際には，彼女の心に届くレベル，つまりプレイの中で展開する言葉を使用することを選択している。おそらく，このような局面が多々あったのだと思う。ここには，強烈な迫害者としての投影を一定期間治療者が心の中に保持しておくコンテインメントの機能があると考えられる。事実その後は，ネグレクト的な環境で唯一彼女をケアした家族のよい側面が賦活し，追い出した母への怒りが，「母が弱いメダカのお腹の卵を包丁で切り捨て食べる」という夢と伴に報告される。それからしばらくして，彼女は家族が「私にいたずらした人」と治療者に報告し，さらに悲しみを伝えてくる。ここまで，転移空想の中では治療者は迫害者でありつつも，そこに治療者自身が同一化せずに，あくまでも彼女の内的混乱を仕分けしようとする，彼女の苦痛をコンテインするよい対象として存在している。一方で実際の母は，彼女の甘えに耐えかねて，大量飲酒し，性的虐待を招いた自分へ

の罪悪感に苦しむ。その後，転倒し入院したり，赤ちゃんを堕胎したりと母の様々な自己処罰的行動化が展開する。それを母面談でケアしコンテインするのも治療者の役割であった。その後は，女児自身の自己処罰的行動化，そして家族の中で感じ続けてきた理不尽さへの怒りが表現された。最終的には，性的虐待体験を対象化し，考えることができるようになり，彼女が置かれている境遇を嘆くことに至った。

さて，この治療過程において，性的虐待をする家族の像，あるいは拒絶しネグレクトする母の像，といった投影される迫害者としての転移をどのように治療者は体験し，内的な作業の中で仕分けていたのだろうか？　発表の中では，この転移や投影同一化がかなり強烈なものであったのかどうか，私には判断し難く感じた。また，防衛過程を保護すること，直接的な転移解釈による再演を引き起こさないこと，これらの重要な関与が自然に行われている印象を私は受けた。防衛過程に対する陰性感情と格闘し，転移解釈する誘惑に駆られ侵入的な迫害者を再演しかけることは少なからず避け難いように思う。黒崎はどのように内的な格闘を生き残ったのだろうか？　あるいは，このような観点ではなく，世代間伝達の家族病理を抱える母子の両方をケアする立場にあったことから，自ずとして迫害者の位置に引きずり込まれることなく，家族全体をコンテイメントした上で，そのバウンダリーを設けたり，情緒交流の調整を行う，良性の父機能を発揮する側面が強く求められていたのだろうか？　黒崎には，この点を教えてほしいと思う。

3．治療者にとっての「虐待を巡るトラウマとその影響」

私は討論を終え，ある友人のことを思い出した。彼女は虐待やトラウマの問題に関わる臨床家で，若くして自らの命を絶った。複雑な事情があった。駆け出しの頃の私と彼女は「二次受傷」についてしばしば議論していた。

この教育研修セミナーにおける「虐待を巡るトラウマとその影響」とは，もちろん患者を前提としている。しかし，精神分析的心理療法の営みが転移‐逆転移関係を基盤にしているならば，その影響は治療者に及ぶことは疑いの余地がない。患者の病理性の毒性が強いほど，治療過程は過酷なものとなり，治療者への影響は大きなものとなる。今回発表された治療過程は，一定

水準の精神分析的心理療法の訓練を長期に渡り積み重ねてきた経験をもつ治療者の報告である。病理を理解すること，転移‐逆転移を生き残り患者の体験主体を回復させること，世代間伝達の連鎖から脱却させること，これらはいずれも治療者の体験主体を通した相互交流から可能となる。ここで私が注目したいのは，治療者自身の分析的な体験主体の破壊と生成についてである。

　私自身もそうだが，多くの臨床家が現場に出て困難に遭遇し，その中で悪戦苦闘しながら成長する。その過程で分析的な訓練は私たちを支えることに寄与する。精神分析心理療法フィールドにおいては，外傷性の転移‐逆転移の枠組みは用いられるものの，「二次受傷」という言葉は聞き慣れない。訓練途上あるい訓練を十分に受ける機会のない治療者にとって，かつての私もそうだったように，毒性の強い患者との交流は明らかに我々の体験主体を脅かし破壊的に作用する。知的な学習とスーパーヴィジョンはある程度の理解の枠組みを提供するが，この破壊されつつある体験主体を支えることには不十分である。とりわけ昨今の状況を考慮すれば，病理性の重篤なケースと出会うことも多いだろうし，児童養護施設で心理療法を実践する若手の臨床家も増加している。治療者が成長する上で，ある程度この破壊的作用に身を晒すことは避け難いが，それがさらなる生成の過程に必ず結実する保証はない。やはりこの体験主体の破壊的作用を生成に変換していく基盤には，私たち自身がパーソナルに心理療法を受ける経験が必要であろう。それは患者に寄与するためだけではなく，私たち治療者自身を守るためにも必要なのだ。訓練システムが不十分な我が国の精神分析的心理療法の実践においては，至極危険なことを行っているという自覚が共有され根付いているとは言い難い。例えるならば，僅かな訓練しかせず戦闘服だけ着て，戦地に赴き，負傷するようなものである。私は，これ以上犠牲者が出て欲しくはない。また，心理療法の実践で傷つき疲弊し，自らの体験主体を置き去りにし続ける実践家に留まって欲しくはない。このことは私自身も肝に銘じておく必要がある。

　精神分析的心理療法のコミュニティにおいて，治療者の成長と二次受傷についてもっと議論される必要があると私は考えている。現在のところ戦地に赴いたのは，戦士の自己責任である。では，戦士を募り戦地に送り込んでいる母体はどこなのだろうか？　様々な乗り越えるべき課題はあるが，分析的な体験主体の破壊と生成を支え得る訓練の機会が整備され，それを利用し成

長していく分析的治療者たちが多く輩出され，我が国における子どもの精神分析的心理療法の実践者の層が厚くなることを，私は心から願っている。私たちは臨床の中での「虐待を巡るトラウマとその影響」を受けつつも，体験主体を回復し，生き残る必要がある。

4．おわりに

本稿では，患者にとっての「虐待を巡るトラウマとその影響」について，3人が提示した事例について私なりの理解を示し疑問点を明確化した。また，治療者にとっての「虐待を巡るトラウマとその影響」について私の考えを補足した。

討論 「虐待をめぐるトラウマとその影響」への応答

平井　正三

　木部，飛谷，そして黒崎の事例論文に対する私のコメントを述べる前に，まず私自身がトラウマの問題をどのように捉えるのか述べていきたい。

私の見方

　精神分析は，人の心を外的社会的関係と内的社会的関係（対象関係・パーソナリティ構造）との不可分な関係の展開ととらえる。精神分析のもう一つ重要な側面は，心を身体との繋がりで見ていく点であり，トラウマを考える際に非常に重要な側面であるが今回はこの点については論じない。

　トラウマについては，EMDRや認知行動療法など様々なアプローチが用いられており，どちらかというと精神分析がトラウマ治療において主要な方法であると一般的にはみなされてはいないかもしれない。しかし，私は，精神分析はこのトラウマの問題に固有の意義深い貢献ができると考える。それは，トラウマの外的社会的関係と内的社会的関係への破壊的影響への取り組みである。人は人との繋がりを作っていくことで自己実現できる動物であるが，虐待などによる発達性のトラウマは，そのような社会との繋がりを作っていく力そのものを根底から破壊してしまう危険性がある。精神分析は，トラウマのそのような側面に取り組むことができる可能性があると私は考える。

　私は，別のところで[3]で社会的関係は，間主観性／相互主体性ゲームという視点で見ていけることを示した。社会的関係の基礎は，分かち合うことと（互いの主観性を尊重しあうこと）と相互的であること（互いの主体性を尊重しあうこと）を基軸とした，「ゲーム」（規則性があること）を「プレイ」（運動状況であること）することができる力が培われることである。トラウ

マ経験は，主観性と主体性の破綻経験を意味し，幼少期の持続的なトラウマ経験を意味する発達性トラウマは，こうした社会的関係の基盤である間主観性／相互主体性ゲームをプレイする力を歪曲していく。

　ここでトラウマ経験がどのようにしてそのような力の健全な発達を阻害するのか見ていこう。主観性と主体性の発達の基盤は，ビオン Bion, W. R. が「接触 - 障壁（contact-barrier）」[2] と呼ぶものである。接触 - 障壁は，コンテイナー・コンテインド関係，そしてα機能を通じて生成され，社会的に当面必要なものを意識し，必要でないものを無意識に分けるなどの働きを内的には持つ。外的には，繋がり分かち合うことと繋がりを断つことの区別に役立つ。トラウマ経験は，まさしくこの接触 - 障壁を破壊するわけであるが，発達性のトラウマにおいては，そもそも接触 - 障壁そのものが適切に形成されず，しばしばそれは解離という形での障壁性の肥大した形態に取って代わられている。したがって，精神分析的心理療法における焦点は，セラピストが，クライエントからの投影同一化を受け止め，それを保持し，感じ，考え続けることということになる。実際は，クライエントにとって耐え難いことはセラピストにとっても簡単に受け止め考えることはできない。それでも，セラピストが，クライエントとの間に「障壁」を設けるのではなく，それを受け止め，応えていこうと努める姿勢そのものがこのようなクライエントに役立つ。すなわち，トラウマ経験において応答することが肝要なのである。

　こうしてみていくと，このような臨床実践はいわば頭でやっていくというよりも，身体で投影を受け止めそれについて応答できるかという「運動」的な側面が強い。また投影同一化と関係のないところで，接触 - 障壁は生成されないのであり，臨床場面を離れて，このような事例に対するコメントを書いたり読んだりすることは文字通り机上の空論的なところがあると言えるかもしれない。しかし，これからそれぞれの事例素材に対して筆者とは異なる視点を述べていくが，それは，読者がこうした臨床を行う上で役立つ，前概念作用／期待のレパートリーを豊かにするのに寄与できるかもしれない。つまり，このような臨床をこれから行う読者が障壁ではなく，接触 - 障壁を生成することに役立つ予備運動としての意義はあるかもしれない。

木部論文について

　木部論文は，非常に混乱したパーソナリティ障害水準の女性を母親とし，とても自己愛的な男性を継父とする男の子の事例を記述している。この子は，乳児院に入れられたのち，家庭で引き取られたが，母親はほぼ育児放棄をしているようであり，情緒的ネグレクトの状態にあった。そしてこの子には，虚言，盗みなどの問題行動が見られた。木部は，この小学校低学年の子どもとのプレイセラピーの素材から，この子にはすでに病理的組織化[5]として概念化される面を発達させていると論じている。

　さて，この子どもとのセラピーのセッションを詳しく見てみよう。まず，最初のセッションは，予想に反して，全体として攻撃的な内容はあまりない。動物をそれぞれ区切られた柵の中に入れ，餌を与えている。それぞれ柵の中に入れられた動物は孤独ではあるが，一人一人のためのスペースと食べ物が保障されるというのは赤ちゃんの基本的なニーズが表現されてはいないだろうか？　つまり，この子どもは，セラピーという個室を与えられたことに，喜んでいることを示しており，それはこの子のまっとうな欲求かもしれない。

　次に詳細に報告された35回のセッションを見ていこう。この回もやはり柵で家のようなものを作る。「床」を作ったのが印象的である。「折れにくい棒」や「ラジコン」を求める部分は，この子の無力さとの対比で理解される必要はないだろうか？　そして自分の思うように人を動かそうとする継父との関連も考えられる。

　続いて，36回では，やはり「家」作りをする。これは，コンテイナー，特に母性的コンテイナーの必要性を示しているのではなかろうか？　そして，「床」「壁」の必要性は，この子どもが接触 - 障壁，もしくは障壁を必要としていることを表しているように思われる。床や落とし穴のテーマは，落ちること，すなわち抑うつ状態を示唆しているように思われる。またこのセッションでは，関係性は，垂直から水平へと向かう，もしくは転倒されるというテーマが見られる。上方にいた，「屋根裏部屋の博士」すなわちセラピストは孫の立場におかれ，建物は，一階建てになる。このようにして自給自足的システムが構築されており，それはメルツァーの「閉所」[4]と見てよいかもしれない。ここで，お母さん人形はゼルダ姫とされており，母親ではなく姫

という点で転倒はされてはいるが，そこにはやはり「母親を探す」というテーマが潜伏していることは見逃せないだろう。そして閉所は，母性的コンテイナーではなく，その代用物であるが，それは「ホームレス」であることを生き残る方策として理解できないだろうか？　つまり，この子どもには，この段階では，この子なりにまだどこかに母性的対象を求める部分が潜んでおり，病理的組織化やこころの退避，そして閉所の萌芽の側面が認められるとしても，それは母性的コンテイナーが欠けている状況で生き残る方策ととらえることも重要かもしれないと思われる。

飛谷論文について

　飛谷論文は，躁うつ病の母親に虐待を受けて育った思春期の女の子との心理療法について記述して論じている。こうした子どもが体験主体を失ってしまっており，それを取り戻す過程を心理療法が援助しうること，その際にセラピストがトラウマ状況の投影同一化を受け止めることが肝要であることを述べてある。これは冒頭で書いた私の考えと基本的に同じである。

　飛谷の事例について幾つか異なる視点で見ていこう。最初に述べられる夢であるが，自分が二人ということは，自分の分裂（成長する自分と母親に同一化しベッドに横になっている自分）ととれるが，自分と他者との区別を見ないあり方と関係しているとも言えるように思われる。Aのトラウマは，「死んでしまいたい」と母親に言ったら，死んだらとせせら笑われたことであり，逆に母親が死にたいというときにAはずっと止めてきたのに，とAは語る。つまり，Aと母親の対称性，相互互換性という幻想が崩れたということにそのトラウマ性の本質が潜んではいなかっただろうか？　このように考えれば，他者性の気づき，そしてそれに基づく「こっちに来て」というコミュニケーションは，融合した自己と対象状態の消失につながるというふうにも理解できる。つまり，夢は，自己と他者の違い（分離性）が際立つ対面でのコミュニケーションは危険であり，困難であることを示しているのかもしれない。

　その意味で，文章によるコミュニケーションはより安全なコミュニケーションであり，妥協形成と見ることができるかもしれない。そして，セラピー

状況を「鬼のいない隠れん坊」と受け止めることは，セラピストによる接触‐障壁の暫定的形成（外枠）であると捉えることもできる。それは，先の夢を別の形でセラピスト自身が夢見始めているともいえるかもしれない。

　そして行動化の勃発は，「鬼」の出現とみなすことができよう。そこでは，Aが母親になり，セラピストはAになるのである。こうして心理療法には主体性の基盤を再構築できる，投影が可能な状況が整い，Aはセラピストをコンテイナーとして用いるようになったように見える。そして，入院環境は，「対人関係フィールドの基層」[6]をAに提供したように思われる。

　二つ目の夢は，Aが遁走する前に見たものである。そこでは，彼女は見つかり，治療者と出会うが，治療者は逃げてしまう。実際に逃げたのは，彼女自身であるが，「逃げる」は「消失」よりも緩和されているように思われる。Aにとって主体が出現することは破局であり，維持することが難しいのであり，そこにトラウマ性の性質があることを読み取ることもできる。

　母親との同一化は，入院当初は，憑依的性質を持っていたが，次第にそれは「演じる」性質を帯びていったように思われる。そこには，先に述べた基層経験に裏打ちされた，遊びが生まれているようにみえ，Aが主体性の感覚を持っていくことに役立っていたように思われる。その後に続く，沈黙のセッションとセラピストの耐えられなさは，乳児期の母親の抑うつ状態との関連しているのではないだろうか？　そしてそれが，最初の夢における「消失」によって表現された，外傷的主題の震源かもしれないと思われる。

　飛谷は，Aのこの心理療法の過程を，「皮膚」組織の形成と「バウンダリーの体験」を通じた，体験的自己の出現と捉え，それを「羽化」の比喩を用いて論じている。私には，「皮膚」と「接触‐障壁」は同じものの別の側面であると思われ，この心理療法過程を障壁から接触‐障壁が形成される過程とも捉えられると考える。

　飛谷が述べるように，「社会性の回復」，すなわち人との意味ある繋がりへと向かうことが「回復の指標の一つ」であることに同意する。むしろ，それこそ，精神分析的アプローチの本質かもしれない。

黒崎論文について

　黒崎論文は，性的虐待を受けた女の子のプレイセラピーの過程を扱っている。この事例には，祖母，母親と受け継がれ，世代間伝達されていく病理性が認められ，性的虐待の背景に，ネグレクトや困難な家族関係がある。黒崎の記述する，この事例の過程を幾つかの主題に分けて見ていきたい。

　まず，トラウマ経験がセラピーを通じて変容していっていることが見て取れる。当初，それは，耳痛，鼻血，足の痛みなどの身体化を通じて表現されていたように見える。そこには，投影を受け止めないし，できない対象がいたことは，「いじめを母親に告げると母親が怒る」というこの子どもの言葉に端的に表現されているように思われる。しかし，セラピーが進んでいくと，破局（と興奮）場面が描画という形で表現されるようになる。それは例えば，『山火事の夢』の描画である。木はペニスであり，火は怒りや興奮を表し，竜巻と火事はペニスによって引き起こされた興奮と強い情動が心の構造を壊していく状況を表しているようように思われる。それは，性的虐待のトラウマ的側面が表現されているとみてよいだろう。その後に原爆の夢という形で同様の破局的状況が語られる。このようにセラピーの経過を通じて，当初身体化されるだけであったトラウマ性の経験は夢に見られ，絵に描かれ，そして語られるようになってきている様子が見て取れる。

　この子どもがこうしたトラウマ性の経験を克服する過程には，潜伏期の防衛と主体性の回復が多いに関与しているように見える。それは，セッションの中で目立った，強迫性（分類）と躁的傾向（万能スティック）という特徴に現れている。例えば，明らかにペニスを表すように思われる『マツタケ料理』の遊びには否認を基軸とする躁的防衛に基づきながらも，受け身的経験を能動的経験に変え，主体性の回復に寄与しているように思われる。そこには，残酷さと快が入り交じっているようにも見える。セラピストに対しても，無視したり，「秘密よ」と言って質問に答えなかったりしたりするという形でこれは表現される。男性であるセラピストはないがしろにされるという経験を投影されているとも言える。

　『戦争の夢』において，戦争や破局は「手紙」や「聞かされる」という形で，間接的に関わっている。メダカの夢では，「パパ」の死や「母に料理さ

れ食べられる子ども」が語られる。これらのいずれにおいても，性的虐待にまつわる経験のある側面が意識され，別の側面は意識されないような語り，すなわち接触-障壁が形成されているように見える。そしてこれに続いて，この子どもの自身の主観性の発達が見て取れる。セラピーでは，彼女の視点から，加害家族のことを話せるようになる。彼女は，その人を，優しい人だった，彼女がしゃべったからいなくなった，としんみり語ったのである。

　この時期，母親面接において，母親は性的虐待が判明した時は心中を考えていた，と語られ，子どもが殺される，メダカの夢はリアルなものであったことがわかる。そして，このように性的関係が子どもの死と直結するというテーマは世代間伝達の中核部分かもしれないことを考えさせられる。母親は中絶し，「男」を追い出す決断をする。しかし同時にそれは，「今育っている子ども」を生かす選択の部分もあるように見える。

　この時期，子どもは，自己主張をし始め，主観性・主体性が回復していき，さらに社会性を発達させていったように思われる。彼女は，家族への批判を口にし，不満を噴出させる。これは，この子どもが，飛谷の言葉を用いれば，潜伏期の蛹状態（比較的硬直した皮膚／接触-障壁の形成）から羽化という思春期過程の新たな段階の社会性（間主観性／相互主体性ゲームへの参加）を発達させつつあることの表れのように思われる。黒崎のセラピーは，このようにこの子どもの蛹状態を一定程度支えることでこうした展開の基礎を作っていたように見える。アルヴァレズ Alvarez, A.[1] は，性的虐待を受けた子どもとの心理療法の仕事において潜伏期的防衛を大切にする必要性を説いている。黒崎の事例は，潜伏期的な接触-障壁の形成がこのような子どものトラウマ経験の克服と健全な情緒発達にとって肝要であることを示しているように思われる。この事例では，男性であるセラピストが母親面接も行い，母親の語りの聞き手となり，治療構造を支えることで母親や家族を抱えていったことも大きかったように見える。それは，この家族に世代間で伝達されているように思われる，子どもが育つことに敵対的になる男性との繋がりとは異なる，良性の男性との繋がりを具現化していたように思われる。

文　献

1) Alvarez A. (1992): Live Company: Psychoanalytic Psychotherapy with Autistic, Borderline, Deprived and Abused Children. Routledge, London. 平井正三, 千原雅代, 中川純子訳 (2002): こころの再生を求めて. 岩崎学術出版社, 東京
2) Bion, W. (1962): Learning from Experience. Heinemann
3) 平井正三 (2019): 間主観性／相互主体性ゲームの視点からみた発達性トラウマ. 精神分析研究 63, 339349
4) Meltzer, D. (1992): The Claustrum: an Investigation of Claustrophobic Phenomena. Clunie Press
5) Steiner, J. (1993): Psychic Retreats: Pathological Organizations in Psychotic, neurotic and Borderline Patients. Routledge. 衣笠隆幸監訳 (1997): こころの退避──精神病・神経症・境界例患者. 岩崎学術出版社, 東京
6) Vermote, R. (2009): Working with and in the basic layer of the interpersonal field: opportunities and dangers, In Ferro, A. & Basile, R. (eds) The Analytic Field: a Clinical Concept. Karnac Books, London

討論への応答 1

木部　則雄

　現代の子どもを廻る大きな問題は虐待である。これは家族の変化や現代人のメンタリティに関係し，大きな社会問題になっている。しかし，こうした被虐待児のこころの世界の詳細を語ることは，現代のトレンドである操作的診断基準に準拠する精神医学や認知行動療法などの臨床心理学では困難である。精神分析にはスピッツ Spitz, R. A. から始まる伝統があり，こうした子どもたちのこころの世界に光を当て続けてきた。同じ劣悪な環境で養育されても，健全なこころの発達をさせている子どももいれば，複雑な病理を呈している子どももいる。これは環境だけでなく，こころの素因も関与していることを明示していて，臨床的には興味深いことである。こうした吟味は精神分析の十八番と言ってもいいだろう。

　さて，本論文は悲惨な生育歴だけでなく，過酷な現実に置かれている子どもの精神分析的心理療法について論じた。本児の家族は，継父であるものの，世間的には裕福な良家の子どもであった。母親は育児に関心なく，継父は必死に頑張っては，裏切られたという絶望感に苛まれて，最後には激高するという悪循環に陥っていた。本論文では，本児の自己愛的な心的世界が露わになったセッションを中心に記載した。平井の討論にある「閉所」という概念で論考することは適切であり，当初はこのアイディアで考えていた。しかし，ここで「病理的組織化」というクライン派の成人の概念を用いた。吉沢の指摘にあるように，この用語の使用が適切かどうか，議論があるはずである。しかし，敢えてこの用語を選択したのは，子どもの防衛構造は成人まで続くということを強調したいと思ったからである。ここには愛着の研究が脳裏にあった。愛着研究は周知のように幼児の行動観察からの分類であり，当初はA，B，Cの三分類，その後D型が加わり，現在では四分類となっている。これは大雑把な分類であり，愛着研究が個々の精神分析の臨床活動に役

立つとは思えない。しかし，愛着研究から学ぶことは，幼児期の愛着スタイルは，子どもが成長過程で大きな惨事に見舞われない限り，同じ愛着スタイルが継続することが多いということである。つまり，「三つ子の魂百まで」ということである。これは大きな警告であるだけでなく，このまま大人になってもこの自己愛構造は生き残ることになるだろう。Aはこの時点で過酷な叱責を受けており，この時点で愛着システムが作動していたはずであり，その内容がAの面接で露わになったと思っている。Aの愛着システムは，こうした自己愛構造の作動であり，抑うつや内省といったこころの動きは認められなかった。愛着研究によれば，これはおそらく大きな環境変化などがない限り，変化することはないはずである。本児が安定愛着を獲得することができるのかどうか，このままの環境下では困難と言わざるを得なかった。後日，本児は自らこの環境の変化を選択することになった。

　吉沢，平井の討論では，ある意味，ポジティブな視点からのコメントがあり，これには光明を感じた。おそらく，私自身は父親以上に絶望感に苛まれていた。この一因はこの治療構造にあったと思っている。Aと父親に隔週で交互に会うという治療構造によって，私は自分が父親から叱責を受けている本児であるようにも感じ，これによって私は本児と同一化し，身動きができない感覚に陥っていたようだった。

　私は本児から直接的な攻撃性を向けられることはなかったが，その一方，本児の情緒とも関わることできなかった。さらに言えば，本児は自分を裏切った現実世界に大きな不信感や絶望感を抱いていたはずであるが，これも感じさせることはなかった。敢えて言うなら，感じたのは私の存在の無視といったことであり，これは陰性治療反応だったのかもしれない。本児のようなかなりネグレクトを受けた子どもは，自らが無視されたようにセラピストを無視することになるのではないかと思っている。この無視，セラピストへのネグレクトへの介入はとても難しいと再認識した。身体的虐待を受けた子どもであれば，その痛みを直接的にセラピストへの暴力という形式で伝えるであろう。セラピストはその痛みによって，その子の痛みを体験して，その子どもの惨事を理解することができるであろう。しかし，ネグレクトを受けた子どもには，こうした積極的なコミュニケーションはなく，自己愛的な世界にひきこもるだけである。こうした経験をした思春期の人たちはネットの世

界に没入し，時にアバターを駆使してヴァーチャルな世界で自己愛を満たして，長期間のひきこもりに至るかもしれない。本児にとって幸いなことは，父親が真面目に通院させたことにあった。本児は自ら望んで面接に来ている訳でなく，父親に逆らえずに嫌々，面接に来ていたに違いない。そのことを何度か本児に直接質問したことはあるが，本児はその都度，これを否定した。私はこうした返答に納得することはなく，かえって本児の自由な意見も言えないこころの状態を可哀そうに感じていた。

　身体的虐待などに比べ，ネグレクトは虐待としては目立たないが，多くの子どもが自己愛的なこころの構造を持ち，思春期になるとひきこもりなどに陥るに違いなく，未然に防ぐことが精神分析のミッションである。

討論への応答 2

飛谷　渉

　吉沢氏から投げかけられたことはまず，分からなさにもちこたえることの困難から生じる逆転移についての疑問である。論考の中でも述べたが，被虐待によるトラウマの症例では多くの場合，親からの過剰な投影に晒され，自分として受け入れられることが困難であり続けると同時に，親からの暴力的投影の受け手になることを強いられる。したがって，逆転移状況において，治療者からの投影はできるだけ避けねばならない。まずは「見たいものを見ようとする」という態度に現れる治療者の投影同一化の発露にもちこたえることが必要となるだろう。これは過剰な「理解したい気持ち」として現れがちだが，理解することこそ我々治療者の仕事の中心にあるがゆえ，これを棚上げにするのは至難の業である。これこそ，ビオンが，「記憶なく，欲望なく，理解なく」と表現した「負の力（negative capability）」に他ならない。ここでは治療者のこうした精神分析的態度の維持が重要になるが，私が本症例においてさらに重要だったと感じていることがもう一つある。それは，彼女が自殺企図を伴うさまざまな行動化の中で投影的にコミュニケートしていた心境のなかに，「死にたい」という暴力的な自殺念慮の背後に存在していた「弱々しく消えそうな心の状態」，つまり「死んでしまうのではないかという恐怖」を，実感を伴って読み取ることであった。さらにそれは，治療者の逆転移としての「この人は死ぬのではないか」という強烈な不安と番う必要があり，治療者はその切迫した恐怖を否認することなく，それとして維持するという大変困難な応答的タスクを担う必要があった。これがいわば死の恐怖のコンテインメントとして，「死の概念化・意味化」という重大な心的ダイナミクスへと発展するのである。死が概念化されることでこそ「心の生」が拍動する。つまりそのコンテインメントのプロセスによって，心の死んだ部分あるいは仮死に陥った部分は再び息を吹き返すことができるのであ

る。

　吉沢氏のもう一つの疑問は，心的皮膚と病理的組織化との関係であるが，これらは並べるには少々次元が異なっている。病理的組織化と並べられるのは，心的皮膚の欠損に対して防衛的に生じる代理皮膚，つまり「セカンドスキン」が妥当だろう。この二つはどちらも防衛的なものであることで共通している。病理的組織化は，心の病理的平衡を維持するいわば悪性の組織である。心の生命に寄生する死の平衡へと導く内的対象関係組織である。これは破壊的な超自我対象を中心として万能的投影同一化を伴って組織化されることとなり，依存的で生命作用を持つ部分から生命性を搾取することで成り立つギャング組織のようなものとなる。だが，これは生きた心を，不安を一見万能的に消滅させる契約のもとで服従させ，その結果心の死に従属させる作用を持つ。他方，セカンドスキンは，耐え難い「消滅の恐怖（死の概念化に失敗している体験要素）」に対して，感覚の過剰刺激や筋肉運動，あるいはある種の物体使用に至るまで様々なバリエーションを持つ心的身体的機能によって，心が立ち上がらないように維持される所作を意味するが，これは心の内部の組織化ではない。あくまで境界領域から外部に位置付けられる「無心」あるいは「非精神」である。つまりこれは生きた対象ではない。

　次に平井氏からの指摘と理解は，被虐待者の主体の顕現に対して生じる抵抗反応という別の視点を提供している。被虐待者がトラウマの再演的転移状況に際して，体験自己が回復することこそ，脅かされる事態であるというこの視点は重要である。トラウマはその定義からして，「想像できる最悪の体験よりもさらに悪い体験」であり，いわば「体験できない体験」による認識できないダメージである。被虐待の場合，それが単一のトラウマにとどまらず日常化するがゆえに特有の病理的自己状態が構築される。それは「非体験化のシステム」といえるものへと至ることがある。それは平井氏が準拠するビオンのアルファ機能による心的ダイナミクス／構造としての接触 - 障壁が特有の形式で破壊され変質した状態を意味する。この変質した心的システムでは，心の意味化作用としてのアルファ機能が逆転してしまい，「非意味化」する心的作用によって取って代わられ，体験を非体験化するための機能となってしまう。これは心に生きた体験を立ち上げないシステムであり，いわば心の死を維持するシステムとなる。被虐待サバイヴァーの心に「アルファ機

能の逆転」という非体験化機能が備わってしまうならば，彼らの「心」はもはやサバイヴしていないことを意味するかもしれない。

　提示した症例では，治療の中で夢見が報告されてはいるものの，その内容が行動化されてしまう予知夢的な性質を帯びているため，上述の如く接触 - 障壁が変質していたことを意味し，それが心的皮膚にもたらされたダメージの現れであったと思われる。それは心の一部分が仮死状態になっていたことを示している。そうした心的機能のダメージが平井氏のいう「対人関係フィールドの基層」としての入院環境，つまり保護された社会的対人空間において包容され，意味化プロセスを可能にし，ダメージを受けた心的皮膚/接触 - 障壁を是正するに至ったものと考えられる。つまりここで，治療は反復（心的な死の維持）から転移（心の生命活性）への覚醒を助ける過程として理解できるだろう。これは自らの主体になること，言い換えれば「自分になること」に他ならない。これはワークスルーというよりは，破局的変化を伴う回復/成長過程である。

討論への応答 3

黒崎　充勇

　吉沢と平井の討論を受け，トラウマについての総論的理解，本症例の見立てと治療経過，そして治療者である私は本児にとってどんな対象となり，何を為しえたのか，ということについて再考する機会を得た。その作業を通して私のトラウマ治療についての考えを述べ，討論への応答としたい。

　まずトラウマの問題に関する平井の精神分析的論考について私なりに咀嚼してみたい。平井は，精神分析はトラウマの外的社会的関係と内的社会的関係に対する破壊的影響への固有の意義深い貢献ができると考えている。発達性トラウマは，社会との繋がりを作っていく力そのものを根底から破壊してしまう危険性をはらみ，トラウマ体験は，ビオン Bion, W. R. の提唱した「接触-障壁」を破壊し，そのため主観性と主体性は破綻する。ここで接触-障壁とは，主観性と主体性の発達の基盤であり，内的には社会的に必要なものを意識し必要でないものを無意識に分けること，外的には繋がりわかり合うことと繋がりを断つことを区別する心的機能である。この理解は虐待やトラウマをあつかう臨床家にとってわかりやすいオリエンテーションを与えてくれる。私もこのことを念頭におき，症例を振り返りたい。

　トラウマ体験が治療を通して変容しているという平井のコメントに沿いながら経過を見ていく。平井の指摘通り，治療開始までの患児にとって，トラウマ体験は身体化レベルのものであった。それはさながらβエレメントの垂れ流しのようで，自己は体験を受け止められず混乱状態にあり，対象が受け止められないことと関係していると考えられた。治療が始まると，徐々に具象的レベルの描画や夢や粘土でトラウマを語るようになっていく。「山火事の夢」は性的虐待のトラウマ的側面，原爆の夢は破局的状況の語りであった。そして「マツタケ料理」では，受け身的経験を能動的経験に変えることで主体性を回復しようとし，「戦争の夢」では，戦争や破局が伝聞の形式で患児

に間接的に伝わっていた。「メダカさんの夢」では，加害家族の喪失と母の残酷さのいずれも対象のある側面として意識するようになり，接触‐障壁が形成されつつあると考えられる。その後は自身の主観的世界で加害家族の喪失を寂しがり，自分のしたことをしんみりと振り返るなど，象徴的レベルの言語的語りになっていく。そして主観性・主体性が回復してくると，患児の自己主張はついに抑えきれなくなり，母や祖母への不満，自分の出自への絶望感を治療者に吐露するに至る。この治療において，患児がトラウマの影響下から脱するのに少しでも役立っていれば，治療者は内的外的な接触障壁として機能したと言えるかもしれない。

　吉沢は次の質問を投げかけている。性的虐待する加害家族像，拒絶しネグレクトする母像などの迫害者転移を治療者はどのように体験し，内的な作業の中で仕分けていたか？　防衛過程における陰性感情，侵入的な迫害者を再演するような転移解釈の誘惑，に駆られることなく，治療者として転移や投影同一化の状況下の内的格闘をどのように生き残ったのか？，という刺激的なものである。私は，吉沢が付記しているように，防衛過程の保護，直接的な転移解釈の誘惑回避にはそれほど苦労しなかった。その理由について考えてみる。吉沢は仮説として，世代間伝達された家族病理を抱える母子の両方をケアする立場にあったことから，治療者はバウンダリーを意識して情緒交流の調整を行う，良性の父機能を発揮する側面が強く求められていた可能性について触れている。これは確かにそうなのであろう。患児の母子関係におけるトラウマのケアのみならず，母も同じように幼児期からの母子関係のトラウマを被っていたため，治療者はその両方を抱えないといけない，という現実があったと思われる。また患児も傷ついた母について理解しており，母を治療者につなげようとしていた。そのため患児も治療者をずっとよい対象として保持しておく必要があったのかもしれない。実際，治療経過において治療者は1度も迫害対象にはならず，寄り添う対象であったと感じている。もしかしたら患児にとって加害家族は良い人であり，されたことより失ったことの方が大きかったのかもしれない。

　私は，基本的な考えとしてトラウマ治療は侵入的に介入するのではなく，リアルな外傷を受けた患者の防衛を保護すること，その患者の処理するスピードに沿うこと，が重要であることを肝に銘じながら治療していた。それは

外傷の奥にある，ネグレクトする母への怒りが加害者への怒りと相まって噴出し始めたら，母は耐えらず患児を連れてくることはできなくなり治療が中断してしまうことを怖れていたからである。そのためサポーティブなスタンスを保持できたと思う。ここでも治療者は，現実の患児と母の関係性における接触障壁として機能したと考えられる。

　最後に本症例の治療と討論から得られた，トラウマ治療についての私の考えを述べてみたい。トラウマの精神分析とは，治療者が破壊的な影響を受けた内的外的な社会的関係の修復に取り組むことを目指しながら，患者の主観性と主体性を育み自我の成長を促すことである。具体的にはクライエントとの間に障壁を設けずに投影を受け止め，必要と必要でないもの，繋がることと繋がりを断つことことを仕分けする健康的な機能を養う作業に取り組むことである。そこで治療者の重要な役割は，内的には意識と無意識の仕分け，外的には繋がることと繋がりを断つことの区別，加害者と被害者の間の適切な仕切りなど，多角的な意味で接触障壁機能を積極的に保持することである，と言えるかもしれない。

文献案内

セミナーⅣ●虐待をめぐるトラウマとその影響

　虐待といってもその内実は様々であり，子どもの心的状況，外傷的影響，治療プロセスは一様ではない。平井正三・鵜飼奈津子・西村富士子監訳『被虐待児の精神分析的心理療法――タビストック・クリニックのアプローチ』（金剛出版）には，幅広い事例が多く掲載されており，どのような困難なプロセスが生じるのか，治療者はいかなる課題に直面することになるかを知ることができ，治療プロセスの羅針盤となり得るだろう。

　鵜飼奈津子・藤森旭人監訳『トラウマを抱える子どものこころを育むもの――アタッチメント・神経科学・マインドフルネスとの出会い』（誠信書房）は，現在のタヴィストック・クリニックにおける訓練においても必読書であり，最新の知見を学ぶことができる。著者ミュージック氏の生き生きとした臨床描写は，過酷な治療プロセスの中での希望を与えてくれる。また，アルヴァレズ氏による脇谷順子監訳『子どものこころの生きた理解に向けて――発達障害・被虐待児との心理療法の3つのレベル』（金剛出版）と同様に，脳神経科学と発達研究の知見を踏まえつつ，治療者の関わりや介入について，より子どもの実情にあったアプローチを探求しているところは非常に参考となる。

　平井正三・西村理晃編著『児童養護施設の子どもへの精神分析的心理療法』（誠信書房）も，上述した『被虐待児の精神分析的心理療法』と同様に幅広い症例とその考察が掲載されており，児童養護施設で実践する治療者のみならず，虐待の影響を理解したいと思う治療者すべてに役立ち得る多くの議論がなされている。

　最後に，鵜飼奈津子・服部隆志編著『虐待を受けた子どものアセスメントとケア――心理・福祉領域からの支援と協働』『虐待を受けた子どものアセスメントとケア2――地域生活と社会的養護を支える心理と福祉の協働』（誠信書房）は，精神分析的心理療法に特化してはいないが，虐待に関連する様々な重要事項がかなり網羅されており，虐待臨床に携わる者にとっては必読と言えるだろう。

　　　　　　　　　　　　　　　　　　　　　　　　（吉沢伸一）

あとがき

　本書は，木部則雄と私が企画した，2015年から2018年に開催された日本精神分析学会の教育研修セミナーにおける子どもの精神分析的心理療法に関する一連のセミナーをもとに構成されている。
　当日，セミナーに登壇されたものの本書には記載されていない，司会をしていただいた方は以下のとおりである。

　セミナーⅠ（2015年）　黒崎充勇，飛谷渉
　セミナーⅡ（2016年）　木部則雄，平井正三
　セミナーⅢ（2017年）　津田真知子（大阪心理臨床研究所／NPO法人子どもの心理療法支援会），小笠原貴史（こうぬま心理相談室）
　セミナーⅣ（2018年）　鵜飼奈津子，脇谷順子

　またセミナー当日には多くの会員が参加し残念ながら本書には掲載されていないが，フロアから活発に発言していただき，本書の隠れた貢献者と言ってよいかもしれない。ここに感謝したい。

　次世代を担う子どもの心のケアは，私たち社会全体にとって非常に重要な課題であると言ってよいと思われる。そして，心理臨床や精神分析臨床において，子どものプレイセラピーや心理療法はインスピレーションの源であり続けている。そうした意味で，子どもの精神分析的心理療法は今後も重要なもののひとつであり続けるだろう。
　わが国では，まず来談者中心療法を軸にしたプレイセラピーが実践されるようになった。その後，ユング心理学の影響を受け，箱庭療法なども実践されるようになった。一方，主に米国の自我心理学の流れの影響から精神分析的な視点でのプレイセラピーも行われてきている。

本書で主に概説しているのはこれらの流れとは異なる，英国の子どもの精神分析的心理療法実践や理論である。英国では，国民健康サービス（NHS）のもとで子どもの精神分析的心理療法士が様々な形で活躍してきた伝統がある。そうした伝統で培われてきた知識と技量を踏まえながら，わが国で臨床実践するなかでの論考を本書の寄稿者たちは書いている。そうした点で，わが国で子どもとかかわる様々な臨床で格闘する多くの臨床家にとって役立つ，英国源流の子どもの精神分析的心理療法の実践的な入門書になっているのではないかと思う。是非，多くの方に手に取っていただき，それぞれの現場での子どもの臨床に役立てていただくことを願う。

　セミナーの記録を再構成するにあたって，当日の討議の録音を参考にした。録音記録のそうした使用を許可していただいた日本精神分析学会に感謝する。
　最後に，セミナーを本にまとめるという厄介な作業の大半を担っていただいた岩崎学術出版社の編集者の長谷川純氏に深謝したい。

平井 正三

索 引

あ行

愛情剥奪　iv, 4
愛着　iv, 5, 15, 252, 260, 294, 295
　──研究　5, 294, 295
　──スタイル　5, 295
愛着修正療法　5
愛着障害　68, 70
アイデンティティ　6, 34, 84
アズ・イフパーソナリティ　225
アスペルガー Asperger, H.　158, 159
アスペルガー障害　vi, 70, 159, 164
アセスメント　vi, 37, 38, 41〜43, 45〜47, 51, 55, 57〜59, 86〜98, 100〜102, 104, 105, 112〜121, 127〜131, 133〜142, 145〜148, 150, 152, 153, 155, 193, 196, 226, 239, 240, 258, 303
アブラハム Abraham, K.　9, 10
綾屋紗月　169, 170, 172
アルヴァレズ Alvarez, A.　5, 27, 28, 30, 32, 48, 67, 160, 161, 165, 166, 191, 194, 203〜207, 224, 228, 229, 234, 292, 303
アルファ機能　187, 212, 298
　──の逆転　298
アルファ要素　73, 176
安全性のリズム　31, 32, 68, 69, 80
アンナ・フロイト派　34
生きた心の皮膚　153
生きた仲間　165, 204
移行対象・移行空間　3
依存　47, 109, 111, 123, 129, 197, 214, 248, 250, 253, 255, 256, 258, 260, 280, 298
依存対象　3, 237, 238
委託性うつ病　3
1次元　29
一次性自閉症　160
偽りの自立状態 pseudo-independence
　258

意味　187
いやいや期　3
陰性感情　7, 14, 15, 283, 301
陰性治療反応　219, 235, 279, 295
インテーク　88, 105, 140
インフォームドコンセント　141
ウィニコット Winnicott, D. W.　iii, iv, vi, 3, 4, 37, 38, 47〜49, 51, 66, 69, 82, 83, 159, 160, 166, 176
ウィリアムズ Williams, D.　160, 168〜170
ウィング Wing, L.　vi, 158
受身的経験　29
うつろな砦　159
「運動」的側面　32
エインズワース Ainsworth, M.　5
エディプス葛藤　4, 10, 15, 38, 49
エディプス・コンプレックス　2, 10, 11, 14, 15
エディプス状況　10, 25, 31, 65, 76, 263
親面接　292
狼男　2
親子同席面接　87
親面接　91, 93, 95, 127, 142, 145, 146, 216, 220, 226, 235, 236, 242, 244

か行

解釈　4, 7, 14, 15, 24, 25, 30, 31, 46〜49, 60, 62, 65, 66, 73, 76, 88, 91, 107〜109, 116, 124, 138, 141〜143, 152, 153, 158〜166, 178, 179, 181, 190, 191, 198, 203, 204, 206〜208, 210, 213, 216, 220, 221, 245, 247, 254, 257, 275, 282
　──のレベル　31, 166, 203, 204
解釈的コメント　137, 138
外的現実　iv, vi, 50, 259, 263
外的対象　12, 29, 152, 153, 262
解離性遁走　261
隠れん坊　234, 250, 253, 254, 261〜264,

280, 290
仮死状態　176, 234, 260, 261, 281, 299
過剰記憶　161, 175～177, 186, 188, 211
カセッセ Cassese, S. F.　186
活性化レベル　31
カナー Kanner, L.　vi, 158, 159
かのごとき同一化 as-if identification　260
過敏性　50, 160, 161, 175, 176, 211, 264
考えること　5, 24～27, 30, 50, 60～62, 66, 73, 92, 98, 119, 143, 144, 283, 287
考える対象　119, 282
考えるための装置　24
感覚印象　176, 187, 212
感覚過敏　161, 175, 176, 186, 187, 211, 212, 218, 226
感覚的世界　160
観察　8, 15～20, 33, 54, 58, 60～62, 64, 72, 75～77, 79, 91, 113, 114, 133, 141, 146, 153, 162, 167, 191, 202, 204, 208, 213, 214, 228
　——する態度　58, 61, 62, 98
患者中心の解釈　24
間主観　30～32, 191, 213, 286, 287, 292
間主観性／相互主体性　32, 68, 191, 286, 287, 292
　——ゲーム　191, 192, 206, 213, 214, 235, 286, 287, 292
記憶　71, 161, 175, 176, 186, 212, 216～220, 297
記憶なく欲望なく　200
記述的解釈　49, 67, 91, 166, 203
記述レベル　31
機能　5, 25, 26, 48, 58, 66, 68, 73, 76, 77, 82, 86, 92～94, 97, 98, 102, 113, 119, 129, 131, 152, 153, 168, 169, 186, 203～207, 212, 226, 237, 258, 259, 261～264, 281, 282, 287, 298～302
技法論論文　23
虐待　iii～vi, 3, 4, 6, 22, 24, 27, 28, 38, 50, 98～100, 151, 208, 234, 237, 249, 250, 277, 282, 283, 285, 286, 289, 294～296, 300, 303
　——をめぐるトラウマとその影響　vi, 6, 234, 235, 286
逆転移　5, 23, 25, 33, 68, 70, 71, 92, 117,

148, 165, 202, 259, 281, 284, 297
共感的理解　25
共存不能な対象関係　200
共通感覚　186, 187
協働　93
　——関係　26, 92, 101, 104, 113, 114, 200
強迫性　291
極化思考　191, 213
去勢不安　38
具象的思考　237, 238
具象的対象　187
具象的レベル　275, 276, 300
クライン Klein, M.　iii～vi, 2～15, 18～20, 22, 23, 25～29, 31, 32, 34, 37, 64, 66, 69, 128, 158～160, 163, 164, 166, 207, 216, 217, 225, 231
　——派　iii, iv, vi, 5, 6, 20, 22, 27, 31, 33, 34, 59, 160, 161, 192, 227, 237, 294
グループプロセス　87
経験から学ぶこと　64, 71, 73
結合した両親像　10
解毒　65～67, 79, 263
原光景　2, 10, 25
言語的コミュニケーション　32
顕在的記憶　219, 220
現実的投影同一化　6
健常な分裂と理想化　28
現代クライン派　24, 25
口唇期　10, 12
好知本能　128
公的医療機関　22, 34
公的医療制度　34
公的精神保健サービス　86, 89
行動化　92, 113, 119, 134, 178, 188, 234, 254, 255, 258, 259, 261, 263, 271, 272, 275, 276, 280, 281, 283, 290, 297, 299
行動観察　88, 142, 148, 294
「公認心理師」資格　78
國分功一郎　223
こころのルーレット　70, 82, 164
『こどもの精神分析』　49, 82, 155
子どもの治療相談　iv, 4, 37, 48, 51, 82
小道モコ　160, 167, 168
コンサルテーション　51, 90, 91, 93, 137, 142, 155

コンテイナー　24, 29, 66, 118, 119, 143, 237, 238, 259, 262, 263, 287, 288, 290
　――・コンテインド・モデル　66, 118
コンテイニング　76, 77
コンテイン　24, 66, 115, 138, 143, 166, 188, 235, 261, 275, 279, 281〜283, 287
コンテインメント　5, 24, 25, 28, 33, 65, 78, 129, 262, 264, 297
　――・モデル　234

さ行

罪悪感　10, 13, 95, 125, 151, 164, 219, 239, 246, 252, 271, 283
再アセスメント　94
サイコセラピーの専門性　78
再生　28, 30, 131, 166, 196, 205, 229, 234, 263
再生法　165
錯覚・脱錯覚　iv, 3
サディズム　158, 247
サドマゾヒスティック　248
3次元　29
視覚過敏　186
次元性　29, 68, 82, 164, 203, 207
自己　11, 13, 28, 29, 31, 47, 65, 68, 73, 79, 87, 116, 119, 129, 144, 151, 172, 186, 187, 191, 194, 210, 212〜215, 218, 221, 225, 235, 237, 240, 241, 246〜248, 252, 260〜262, 271〜276, 278〜284, 286, 288〜290, 292, 294〜296, 298, 300, 301
　――の脆弱さ　191, 213
自己愛構造　238, 277, 295
思考　54, 87, 118, 119, 148, 166, 187, 191, 196, 198〜200, 204, 206, 207, 213, 229, 242
思考（考えること）の理論　5, 6
思春期　58, 82, 83, 86〜89, 94, 96, 102, 113, 114, 118, 119, 127〜129, 131, 133, 136, 139, 146, 152〜154, 190〜193, 206, 207, 238, 250〜252, 257, 258, 260, 262〜264, 275, 276, 279, 280, 289, 292, 295, 296
　――における脱皮の体験　257, 280
児童精神医学　4, 37, 49, 51, 81
児童精神科　iv, 3, 4, 37, 38, 43, 48, 49, 51, 104, 135

『児童の精神分析』　3
死の概念化・意味化　297
死の恐怖　256, 297
死の本能　iv, 248
自分でないもの　29, 30
自閉圏　82
自閉症　vi, 5, 22, 24, 27〜31, 34, 49, 50, 68, 80, 158〜161, 163〜168, 173, 202〜205, 207, 208, 210〜213, 231
自閉状態　68, 69, 70, 231
『自閉症の探求』　159
自閉スペクトラム症　v, vi, 5, 6, 45, 49, 50, 81, 82, 154, 158〜163, 165, 167〜169, 171, 175, 176, 187, 188, 190〜193, 196, 199, 200, 202, 204, 206, 207, 208, 210, 211, 213, 215, 216, 218〜226, 231, 232, 240, 258
自閉対象　30, 68, 160, 165
自閉的な世界　46, 178
社会コミュニケーション障害　45
社会的文脈　89, 90, 94
終結　51, 94, 96, 100〜102, 147, 227, 247
自由描画（法）　37, 81, 82, 104, 117, 155, 240
主観性　32, 191, 200, 213, 286, 287, 292, 300〜302
　――の記述科学としての精神分析　32
主観的対象　48, 49
主体性　28, 151, 191, 192, 200, 213, 286, 287, 290〜292, 300〜302
出産外傷　161, 175, 179, 187, 212, 226
受動態　223, 229
象徴・解釈モデル　191, 206
象徴化の能力　24, 162, 191, 192
象徴形成　48, 153, 158, 160, 231, 247, 259, 263
象徴性　160, 161
象徴的意味　30, 161, 164, 190, 204, 207, 216
象徴的思考　187, 197, 200
象徴的表現　161, 190, 204
象徴的レベル　276, 301
象徴能力　46, 160, 168
情緒性　161, 176, 185
情動　12, 26, 32, 33, 65, 66, 71, 76, 187, 212, 223, 263, 281, 291

情緒的経験　187, 237, 238
情緒的理解　47, 187, 212, 248
身体化　92, 151, 211, 275, 291, 300
身体的分離性の気づき　229
心的仮死　264
心的苦痛　237, 238
心的構造体　186, 187
心的次元論　70, 82, 159, 164, 203
心のスペース　28, 66, 258
心的生命　153, 261
心的世界　iii, vi, 2〜4, 7, 8, 29, 37, 45〜50, 64, 81, 164, 247, 263, 294
心的脱皮　118, 127〜129, 131, 264
心的疼痛　247
心的皮膚　87, 118, 129〜131, 152〜154, 235, 255, 257〜260, 262〜264, 280, 281, 298, 299
心的要素　186
心理療法　vi, 7, 15, 18〜20, 22, 24〜26, 29〜31, 33, 34, 37, 49, 53〜61, 77, 79, 84, 86〜102, 105, 119, 120, 127, 128, 130, 131, 133〜136, 138〜143, 145, 146, 148, 151, 155, 156, 165〜167, 169, 170, 192〜197, 199, 200, 202〜204, 207, 209, 216, 219〜224, 235, 251, 258, 277, 284, 289, 290, 292, 303, 305
　――のためのアセスメント論　90
　――プロセス　235
スキゾイドパーソナリティ　225
スクィッグル技法　iv, 4, 37, 49
スザー Szur, R.　27, 66, 234
スターン Stern, D.　161, 166, 186, 187, 218
スタイナー Steiner, J.　32, 67
ストレンジャー・シチュエーション　5
巣の中の赤ん坊　31
スピッツ Spitz, R. A.　3, 294
スプリッティング　11, 12, 237, 247, 278
精神科臨床　87, 104
精神内界論的な視点　23
精神病　27, 29, 49, 50, 70, 150, 159, 164, 166, 179, 231, 249〜251, 257, 260, 262〜264, 279
　――を患う親　250, 263
精神病状態　70, 161, 237, 238, 256, 257
精神病的パーソナリティ　237

精神分析実践　23, 33, 34, 228
精神分析的アセスメント　vi, 51, 87, 117, 133, 150, 155
精神分析的観察　5, 19, 87, 88, 133, 138, 139, 150
精神分析的心理療法　iii, iv, vi, 2, 4, 5, 7, 15, 19, 20, 22〜24, 26, 27, 29〜31, 33, 34, 38, 46, 48, 50, 51, 53〜62, 64, 66, 73〜75, 82, 84, 86, 89, 97, 102, 133, 135〜137, 139, 160, 161, 163, 167, 172, 176, 187, 188, 190, 192, 199, 200, 202〜209, 211, 213, 216, 217, 220, 222〜224, 226, 231, 234, 235, 241, 283〜285, 287, 294, 303, 305, 306
　――のアセスメント　86, 89, 134, 140, 141, 155
精神力動的定式化　105
性的外傷　iv, 262
性的虐待　235, 281〜283, 291, 292, 300, 301
青年期　iii, iv, 2, 4, 119, 129, 131, 133, 139, 190〜192, 196, 234, 262
セカンド・スキン　118, 258, 262
世代間伝達　vi, 221, 235, 236, 266, 276, 281, 283, 284, 291, 292, 301
摂取 introjection　9, 11, 14, 18, 50, 192, 226, 263
摂取同一化　5
摂食障害　251, 252, 279
接触・障壁　235, 236, 287, 288, 290, 292, 298〜301
説明レベル　31
セラピスト中心の解釈　24, 28
前意識　158
戦争孤児　iv, 3
潜伏期　129, 145, 190, 235, 236, 275, 276, 292
　――の防衛　291
羨望　9, 10, 32, 99
早期エディプス・コンプレックス　2, 10
早期エディプス状況　65, 76
早期サディズム　158
早期超自我　iv
早期分析　8
相互交流　258, 284
相互的・互恵的なつながり　32, 69

相互投影同一化　87, 129
躁的傾向　291
躁的防衛　3, 13, 235, 279, 291
ゾーン Sone, L.　248
素材　15, 76, 113, 114, 120, 128, 130, 131, 135, 158, 161, 166, 188, 190, 193, 204, 210, 219, 251, 258, 262, 266～288

た行

体験主体　235, 251, 277, 281, 284, 285, 289
対人関係的な視点　23
対人関係フィールドの基層　235, 290, 299
対象関係論学派　iii, iv, 6
対人相互作用フィールド・モデル　30, 162, 167, 191, 204, 213, 214
体内化 incorporation　9
退避所　278
代理皮膚　29, 256, 258, 262, 298
大論争　iv, 3
タヴィストック・モデルの精神分析　33, 34
他機関連携　93
多型倒錯　247
多孔性パーソナリティ porous personality　262
他者性　191, 200, 213, 238, 289
多職種協働　86, 89～91
タスティン Tustin, F.　vi, 5, 27, 29～32, 68, 80, 158～160, 165, 166, 205, 207, 215, 226, 229, 231
脱価値化　248
ダビンスキー Dubinsky, H. & A.　187, 212, 234, 237, 238
ダマシオ Damasio, A.　218
短期介入　58, 128, 138, 145～147
　　　──モデル　97, 98
断片化　143, 216, 218, 255, 261, 280, 281
乳房対象　25
聴覚過敏　176, 186
超自我　10, 108, 114, 221, 253, 257, 263, 274, 278, 298
治療構造　51, 67, 105, 140, 227, 267, 280, 292, 295
治療者　5, 38, 48～50, 65～73, 84, 104, 105, 128, 131, 149, 151～153, 155, 167, 179,

204, 210～214, 226, 228, 235, 236, 247, 254, 259, 261, 262, 267～275, 277～285, 290, 297, 300～303
つながり　28, 31, 32, 69, 93, 122, 125, 135, 146, 279
定義　4, 23, 33, 161, 186, 187, 190, 259, 298
定型発達　168, 187, 199, 206
　　　──的な世界　229
停止　148, 186
ディック［症例］　vi, 158, 159, 163, 164, 207, 216, 217, 225, 231
定点観察　73
出来事水準　229
転移外解釈　199
転移解釈　14, 49, 160, 178, 199, 221, 235, 282, 283, 301
転移関係　14, 26, 145, 178, 188, 255
転移 - 逆転移　15, 114, 165, 208, 210, 216, 284
　　　──関係　92, 133, 150, 283
転移対象　48, 261
逃走逃避グループ　129
ドイッチェ Deutsch, H.　225
投影 projection　9, 11, 13, 14, 24, 25, 67, 82, 87, 114, 115, 118, 119, 127, 137, 138, 150, 158, 166, 192, 214, 225, 235, 237, 248, 250, 255, 257, 259, 261, 262, 264, 267, 277, 280, 282, 283, 287, 289, 290, 291, 297, 302
投影同一化　2, 5, 6, 13, 14, 23, 24, 29, 48, 67, 115, 128, 129, 130, 133, 137, 143, 144, 146, 150～153, 237, 258, 259, 261～263, 283, 287, 289, 297, 298, 301
倒錯　45, 166, 234, 238, 246～248, 278
洞察志向の治療モデル　234
当事者　142, 160, 209, 211, 223
　　　──研究　168, 169, 172, 207, 209, 211, 217
独創性　6, 34
独立学派　34, 155
トラウマ　vi, 49, 161, 178, 226, 229, 234～236, 251, 258, 260～262, 266～269, 274～277, 281～283, 285～287, 289～292, 297, 298, 300～303
　　　──治療　286, 300～302
取り入れ　9, 13, 49, 53, 57, 59, 61, 75, 82,

92, 116, 136, 148, 166, 168, 194, 212, 253, 257, 262

な行

内省　26, 27, 66, 67, 69, 295
　――できる力　26, 67, 71
内的空想　235, 259, 279
内的混乱　282
内的成長　67
内的世界　iv, 8, 12, 14, 23, 104, 116, 119, 262, 263, 279
内的対象　12, 26, 119, 129〜131, 138, 153
　――関係　26, 114, 250, 258, 263, 298
内的変容　67
2次元　29
二次受傷　283, 284
二次性自閉症　160
二次創作的な営み　200
乳児観察　29, 30, 61, 75, 76, 77, 202, 203, 208, 228, 258
乳幼児　2, 3, 5, 8, 10, 11, 14〜16, 19, 20, 33, 46, 57, 58, 61, 64, 76, 178, 182, 235, 238, 241, 247, 249
乳幼児観察　iv, 2, 4, 15〜17, 19, 20, 33, 64, 213
　――実践　23, 33
『乳幼児の精神衛生』　3
認知行動療法　286, 294
ネーゲル Nagel, T.　171, 172, 223
ネグレクト　3, 6, 115, 249, 250, 271, 276, 282, 283, 288, 291, 295, 296, 301, 302
能動態　223, 229

は行

排出 expulsion　9, 136
ハイマン Heimann, P.　iii
破壊性　11, 247, 248
迫害感　13, 28, 72, 238, 247, 255
迫害者　282, 283, 301
発達研究　30〜32
　――に裏打ちされた心理療法　30, 165, 203
発達障害　v, 4〜6, 38, 47, 49〜51, 87, 116, 117, 159, 161, 168, 238, 247, 303
『発達障害・被虐待児のこころの世界』　161, 234, 237
発達精神病理学　27
発達促進的　92
母親対象　5, 187, 247
母親の内部　18, 65, 237
ハムステッド・ハウス　3
パラノイア的性質　87
ハリス Harris, M.　5, 33, 34
ハンス［症例］　iii, 2, 8
万能感　11, 12, 237, 238, 245, 247, 248
万能的　13, 73, 245, 246, 248, 269, 275, 277, 278, 282, 298
非体験化のシステム　298
非意味化　298
ビオン Bion, W. R.　iv, vi, 5, 22〜29, 33, 34, 60, 65, 66, 71, 118, 128, 129, 166, 176, 186, 187, 200, 234, 287, 297, 298, 300
　――派　22
ひきこもり　v, 46, 68, 176, 214, 237, 238, 246, 247, 279, 296
被虐待経験　87
被虐待児　vi, 5, 27, 34, 66, 68, 70, 161, 204, 234, 237, 238, 249, 294, 303
非言語的コミュニケーション　16, 23, 32, 75, 138
非言語的な交流　228
非象徴的な経験様式　191, 206
非体験化　298, 299
ビック Bick, E.　iv, 4, 5, 15, 27, 29, 33, 87, 118, 131, 152, 154, 231, 258
人見知り　3, 39, 106, 169, 177
否認　11, 12, 116, 218, 235, 238, 247, 279, 291, 297
皮膚　29, 50, 152〜154, 236, 256〜262, 264, 280, 290, 292
　――コンテイナー　29
憑依性同一化 possessive identification　235, 255, 257, 260, 280
病院臨床　87, 104, 117, 135
表象　26, 130, 180, 181, 186, 187
豹変恐怖　260
病理的組織化　231, 234, 235, 238, 247〜249, 253, 256, 278〜281, 288, 289, 294, 298
ヒンシェルウッド Hinshelwood, R. D.

247
不安　4, 8〜15, 18, 19, 28, 38, 39, 65, 71, 75, 76, 94, 96, 100, 101, 105, 108, 111, 112, 114, 115, 118, 129, 143, 158, 164, 175, 176, 178, 179, 182, 185, 198, 210〜212, 219, 234, 239, 244, 252〜254, 258, 261, 267, 274, 275, 297, 298
フーク・ヘルムート Hug-Hellmuth, H.　2, 8
フェアバーン Fairbairn, R.　3
不協和音　68, 69, 80
複線思考　48, 49, 166, 194, 213
　　――の困難性　191
父性的機能　25, 67
附着　186, 205
付着的世界　160
付着同一化　29, 68, 165, 200, 222, 225, 259, 260
負の力 negative capability　297
部分対象と全体対象　2, 11
ブラックホール　65, 68, 160, 165, 262, 263
振り返り面接　58, 93, 94, 97, 102, 141
プレイセラピー　34, 54, 55, 56, 60, 78, 186, 218, 249, 267, 288, 291, 305
プレイ・テクニック　iii
フロイト Freud, S.　iii, iv, v, 2, 3, 8, 10〜12, 23, 24, 59, 166, 225, 247, 262
フロイト，アンナ Freud, A.　iv, 2, 3, 14, 15, 37
分解　161, 186, 187, 246
分解対象　187
分析家中心の解釈　67
分析状況　23, 27
分離性　154, 165, 191, 213, 214, 229, 289
分裂と理想化　192
分裂排除　116
ペアリング・グループ　129
併合 annexation　219
閉所　237, 245, 247, 278, 288, 289, 294
ベータ要素　29, 73, 176
　　――領域　29
ベッテルハイム Bettelheim, B.　159
変形　73, 219, 254
防衛　11, 12, 13, 25, 28, 29, 66, 70, 108, 116, 158, 163, 165, 166, 217, 226, 238, 247, 248,

250, 258, 259, 275, 277, 279, 292, 294, 298, 301
　　――過程　72, 235, 279, 282, 283, 301
包括的アセスメント　86〜88, 90, 91, 94, 97, 102, 134〜136, 141, 150
ボウルビィ Bowlby, J.　iv, 3〜5, 159
ホールディング　66
母子相互作用　30
ポスト・クライン派　5, 6, 22, 23, 25, 26, 28, 30, 32〜34
ボストン Boston, M.　27, 66, 234
母性的機能　25, 67
母性的コンテイナー　288, 289

ま行

マインド　v, 186, 303
無意識的空想　2, 8〜11, 14, 15, 18, 19, 187
無差別的微笑　3
無様式知覚　161, 186, 187, 212, 219, 226
無力感　19, 68, 70, 71, 197, 223, 238, 247
目盛定め　228, 229
メルツァー Meltzer, D.　vi, 5, 6, 27, 29, 70, 82, 87, 128, 129, 131, 158, 159, 161, 164, 186, 187, 203, 231, 248, 288
メンタライゼーション　5
妄想分裂ポジション　iv, 2, 3, 5, 12, 13, 28, 29, 66, 67, 192
もちこたえる　67, 68, 280, 281, 297
模倣性同一化 mimetic identification　260

や行

夜驚症　10
薬物療法　4, 38, 42, 43, 46, 47, 49, 50, 81
ユクスキュル Uexküll, J. von　171, 223
夢　5, 6, 48, 72, 100, 119, 129, 130, 183, 197, 210, 252, 254, 258, 259, 263, 267〜271, 275, 280, 282, 289〜292, 299〜301
よい対象　12, 13, 25, 192, 193, 248, 282, 301
　　――と悪い対象　2, 11, 13
よい乳房対象　31
よい内的対象　26, 129
養育環境　iii〜v, 2, 3, 226, 234, 251
養育対象　25, 28, 66
幼児性欲　2

抑圧　　11, 116, 175, 176, 197, 225, 267, 275
抑うつポジション　　2, 3, 5, 12, 13, 26, 29, 129
4次元　　29
欲求不満　　5, 6, 10, 12, 241

ら・わ行

ラスティン Rustin, M.　　86, 133, 134, 136, 150, 161, 175, 188, 211, 212, 234
リード Reid, S.　　160, 166, 207
理想化　　11, 12, 28, 237, 253, 255, 280
良性の父機能　　235, 283, 301
臨床心理士　　53, 54, 56〜59, 61, 62, 78, 81, 88, 89, 98, 100, 145
　　――資格　　78
　　――の養成　　53, 89

――養成大学院　　86
ローゼンフェルド Rosenfeld, H.　　247
ロード Rhode, M.　　31, 160, 219, 234
ワークディスカッション　　33, 34, 61

アルファベット

ASD　→　自閉スペクトラム症

DV　　66
D型（無秩序型）　　5

EMDR　　286

Psychotic States in Children　　161, 237

編著者略歴

木部則雄（きべ　のりお）
1983年　京都府立医科大学卒業
同　年　聖路加国際病院小児科
1986年　帝京大学医学部付属病院精神神経科
1991年　タヴィストック・クリニック児童家族部門に留学
現　職　白百合女子大学 人間総合学部 発達心理学科 教授
　　　　こども・思春期メンタルクリニック
著訳書　クリニカル・クライン（共訳　誠信書房），こどもの精神分析（岩崎学術出版社），こどものこころのアセスメント（監訳　岩崎学術出版社），自閉症の精神病理への展開（監訳　明石書店），母子臨床の精神力動（監訳　岩崎学術出版社），こどもの精神分析Ⅱ（岩崎学術出版社），発達障害・被虐待児のこころの世界（監訳　岩崎学術出版社），乳幼児観察入門（監訳　創元社），クラインとウィニコット（監訳　岩崎学術出版社），こころの発達と精神分析（金剛出版）

平井正三（ひらい　しょうぞう）
1994年　京都大学教育学部博士課程 研究指導認定退学
1997年　英国タヴィストック・クリニック児童・青年心理療法コース修了
　　　　帰国後，佛教大学臨床心理学研究センター嘱託臨床心理士，京都光華女子大学助教授などを経て，現在，御池心理療法センター（http://www.oike-center.jp/）にて開業の傍ら，認定NPO法人子どもの心理療法支援会（http://sacp.jp/）の理事長，精神分析的サイコセラピーインスティチュート大阪の会長を務める。2011年より大阪経済大学大学院人間科学研究科客員教授に就任。
著訳書　子どもの精神分析的心理療法の経験（金剛出版），精神分析的心理療法と象徴化（岩崎学術出版社），精神分析の学びと深まり（岩崎学術出版社），クラインとビオンの臨床講義（共訳　岩崎学術出版社），クリニカル・クライン（共訳　誠信書房），精神分析の方法Ⅱ（共訳　法政大学出版局），こころの再生を求めて（共訳　岩崎学術出版社），夢生活（共訳　金剛出版），現代クライン派入門（監訳　岩崎学術出版社），自閉症と小児精神病（監訳　創元社），被虐待児の精神分析的心理療法（監訳　金剛出版），臨床現場に生かすクライン派精神分析（監訳），学校現場に生かす精神分析（監訳），学校現場に生かす精神分析〈実践編〉（監訳），特別なニーズを持つ子どもを理解する（監訳），子どもを理解する〈0～1歳〉（監訳），子どもを理解する〈2～3歳〉（監訳　以上 岩崎学術出版社），児童青年心理療法ハンドブック（監訳　創元社）

著者略歴（50音順）

鵜飼奈津子（うかい　なつこ）
2004年　タヴィストック・クリニック児童・青年心理療法コース修了
現　職　大阪経済大学人間科学部教授
著訳書　子どもの精神分析的心理療法の基本（改訂版）（誠信書房），子どもの精神分析的心理療法の応用（誠信書房），虐待を受けた子どものアセスメントとケア（共編著　誠信書房），子どもの心理療法と調査・研究（監訳　創元社），乳児観察と調査研究（監訳　創元社），子どものこころの発達を支えるもの（監訳　誠信書房），子どもの精神分析的心理療法のアセスメントとコンサルテーション（監訳　誠信書房），トラウマを抱える子どものこころを育むもの（共監訳　誠信書房）

黒崎充勇（くろさき　みつはや）
1991年　広島大学医学部卒業
2005年　広島大学保健管理センター准教授
現　職　広島市立舟入市民病院小児心療科主任部長，日本精神分析学会認定精神療法医・スーパーバイザー，子どものこころ専門医・指導医・研修施設指導医，医学博士，広島大学医学部臨床教授
著訳書　摂食障害の治療（分担執筆　中山書店），クライン派用語辞典（共訳　誠信書房），発達障害・被虐待児のこころの世界（共訳　岩崎学術出版社），乳幼児観察入門（共訳　創元社）

飛谷　渉（とびたに　わたる）
1991年　大阪市立大学医学部卒業
1996年　同大学院博士課程修了，医学博士
　　　　大阪市立大学神経精神医学教室助手を経て，2004-2008年ロンドン・タヴィストック・センター思春期青年期部門留学，思春期青年期臨床課程修了。
現　職　大阪教育大学保健センター教授，日本精神分析学会認定精神療法医・スーパーバイザー，日本精神分析的精神医学会認定指導医
著訳書　新釈メラニー・クライン（訳　岩崎学術出版社），精神分析たとえ話──タヴィストック・メモワール（誠信書房），エディプス・マターズ──現代クライン派臨床理論から考える心のインフラ（思想1168: 95-117，岩波書店），アノレクシアの心（解題　金剛出版）ほか

脇谷順子（わきたに　じゅんこ）
2009年　Tavistock Centre　児童・青年心理療法コース修了
2011年　Tavistock and Portman NHS Foundation Trust & University of East London　専門家博士コース修了
現　職　杏林大学保健学部臨床心理学科　教授／こども・思春期メンタルクリニック
著訳書　入門メルツァーの精神分析論考（共訳　岩崎学術出版社），自閉症の精神病への展開（共監訳　明石書店），児童世年心理療法ハンドブック（共監訳　創元社），子どものこころの生きた理解に向けて（監訳　金剛出版），子どもと青年の心理療法における親とのワーク（共監訳　金剛出版），乳幼児観察入門（共監訳　創元社），こころに寄り添うということ（共著　金剛出版），子どもと青年の精神分析的心理療法のアセスメント（共編著　誠信書房）

【討論担当】
松本拓真（まつもと　たくま）
2013年　大阪大学人間科学研究科博士後期課程を単位取得後退学。博士（人間科学）
2018年　子どもの精神分析的心理療法スーパーバイザー（コンサルタントセラピスト）資格を取得
現　職　岐阜大学教育学部　准教授
著　書　自閉スペクトラム症を抱える子どもたち──受身性研究と心理療法が拓く新たな理解（金剛出版）

吉沢伸一（よしざわ　しんいち）
2014年　青山学院大学大学院文学研究科博士前期課程　心理学専攻臨床心理学コース修了
現　職　ファミリーメンタルクリニックまつたに　臨床心理士・公認心理師
　　　　子どもの精神分析的心理療法士（認定NPO法人子どもの心理療法支援会）
著訳書　青年期のデプレッションへの短期精神分析療法──CBTとの比較実証研究と実践マニュアル（共訳　岩崎学術出版社），子どもの精神分析的セラピストになること──実践と訓練をめぐる情動経験の物語（共編著　金剛出版），精神分析／精神科・小児科臨床セミナー　総論：精神分析的アセスメントとプロセス（分担執筆　福村出版），子どものこころの生きた理解に向けて：発達障害・被虐待児との心理療法の3つのレベル（共訳　金剛出版）ほか

セミナー 子どもの精神分析的心理療法
—こころのケアに生かす理論と実践—
ISBN978-4-7533-1252-8

編著者
木部 則雄
平井 正三

2024年11月8日　第1刷発行

印刷　（株）新協／製本　（株）若林製本工場

発行所　（株）岩崎学術出版社　〒101-0062 東京都千代田区神田駿河台3-6-1
発行者　杉田 啓三
電話 03(5577)6817　FAX 03(5577)6837
©2024　岩崎学術出版社
乱丁・落丁本はおとりかえいたします　検印省略

青年期のデプレッションへの短期精神分析療法
S・クレギーン他著　木部則雄監訳
CBTとの比較実証研究と実践マニュアル

メラニー・クライン ベーシックス
R・D・ヒンシェルウッド／T・フォーチュナ著　平井正三監訳
クライン精神分析の核を現代の視点から捉え直し的確かつ簡潔に伝える

クラインとウィニコット──臨床パラダイムの比較と対話
J・エイブラム／R・D・ヒンシェルウッド著　木部則雄／井原成男監訳
二大分析家を臨床体験から徹底比較

発達障害・被虐待児のこころの世界
M・ラスティン他編　木部則雄監訳
精神分析による包括的理解

母子臨床の精神力動──精神分析・発達心理学から子育て支援へ
J・ラファエル‐レフ著　木部則雄監訳
母子関係理解と支援のための珠玉の論文集

ワーク・ディスカッション
M・ラスティン／J・ブラッドリー編　鈴木誠／鵜飼奈津子監訳
心理療法の届かぬ過酷な現場で生き残る方法とその実践

新釈 メラニー・クライン
M・リカーマン著　飛谷渉訳
クライン理論へのさらなる関心の扉を開く

臨床現場に生かすクライン派精神分析
I・S・ウィッテンバーグ著　平井正三／武藤誠訳
精神分析における洞察と関係性

新版 子どもの治療相談面接
D・W・ウィニコット著　橋本雅雄／大矢泰士監訳
待望の新版！　卓越した治療技法と臨床感覚を生き生きと再現